ANTIKE METROPOLEN –
GÖTTER, MYTHEN UND LEGENDEN

HORST SCHÄFER-SCHUCHARDT

ANTIKE METROPOLEN – GÖTTER, MYTHEN UND LEGENDEN

DIE TÜRKISCHE MITTELMEERKÜSTE VON TROJA BIS IONIEN

BELSER VERLAG
STUTTGART

Die Deutsche Bibliothek – CIP-Einheitsaufnahme.
Ein Titelsatz für diese Publikation ist
bei der Deutschen Bibliothek erhältlich.

© 2001 by Belser AG für Verlagsgschäfte & Co. KG, Stuttgart
Alle Rechte vorbehalten

Lektorat und Redaktion: Regine Weisbrod, Mainz,
und Daniela Tivig, Böblingen
Grafische Gestaltung, Satz und Produktion:
Buchherstellung Dotzauer, Stuttgart
Reproduktionen: Eurolitho Zanotto, Tarzo
Druck: Graph. Kunstanstalt Huber, Diessen a. A.
Printed in Germany 2001

ISBN 3-7630-2385-2

INHALT

VORWORT

Es gibt sicherlich viele Anlässe, sich mit den Gebieten der türkischen Mittelmeerküsten sowie ihrer geschichtlichen und mythischen Vergangenheit zu befassen. Die ersten Anregungen reichen weit in die Jugend zurück. Waren es zuerst Märchenerzählungen von Ludwig Bechstein, Wilhelm Hauff und der Gebrüder Grimm sowie aus *Tausendundeine Nacht*, die irgendwo zwischen Istanbul und Bagdad spielten, so folgten bald die ebenfalls im Vorderen Orient und Kleinasien angesiedelten Abenteuer Karl Mays. Auch Goethe, Schiller, Grillparzer, Lord Byron und viele andere führten mit ihren Gedichten, Epen, Balladen und Bühnenstücken zu Stätten, deren Namen einem bislang kaum vertraut waren. Nur der klangvolle Name Troja war da eine Ausnahme. Immerhin hatte man in der *Ilias* von Homer reichlich Gelegenheit erhalten, Näheres über diese Stadt und ihre Lage zu erfahren, ebenso über ihre Bewohner, die Helden der Kämpfe um die Stadt, und natürlich über die Götter Griechenlands. Und weil es abenteuerlich, spannend und unterhaltsam zugleich war, verschlang man nach und nach die Götter- und Heldensagen der Griechen. Man machte sich mit den zahllosen Namen der Akteure vertraut, auch die Namen der vielen Städte und Inseln wurden geläufiger und prägten sich ein. Die Welt der Oper mit ihren Bühnenwerken wie *Iphigenie auf Tauris*, *Xerxex* oder *Ariadne auf Naxos* und das Drama *Des Meeres und der Liebe Wellen* taten ihr Übriges, die Protagonisten von damals wiederaufersteheu und lebendig werden zu lassen.

Auch die fantastisch anmutenden Historienberichte und Beschreibungen Griechenlands und Kleinasiens von Herodot, Strabo, Plinius d.Ä. und Pausanias weckten geschichtliches Interesse und Neugier. Man bekam Lust, diese Länder zu bereisen und in ihnen zu verweilen. Auch Herrschergestalten wie Alexander d. Gr., Kroisos, Kyros, Xerxes und Gyges, aber auch Marcus Antonius und Kleopatra sowie Trajan und Hadrian wurden aufgrund ihrer Taten, ihrer persönlichen Schicksale und nicht zuletzt, weil sie Weltreiche von ungeheuren Ausmaßen schufen, zu Idolen und Vorbildern.

Die in den Berichten und Beschreibungen aufgezählten so genannten Weltwunder in Griechenland, in Kleinasien und im Vorderen Orient sowie die Stätten, wo bedeutende Schlachten zu Wasser und zu Lande ausgetragen wurden, gewannen durch die Ereignisse und Vorgänge, die sich dort abspielten, beträchtlich an

Bedeutung und weckten Staunen und Bewunderung für die, die solche Werke schufen.

Es folgten Ausgrabungen und Entdeckungen, die man bis dahin nie für möglich gehalten hatte. Allen voran die von Troja und Pergamon: Das Auffinden und die Identifizierung der Stadt Troja, um die sich die berühmtesten Helden der Antike zehn Jahre gestritten hatten, sowie die Entdeckung des so genannten Priamos-Schatzes durch Heinrich Schliemann waren die Ausgrabungsereignisse des 19. Jahrhunderts. Dem gleichzusetzen ist die Rettungsaktion des bedeutendsten Figurenzyklus' Kleinasiens – die Reliefs vom Zeusaltar in Pergamon – durch den Archäologen Carl Humann.

Die Auf- und Ausstellung der Funde aus Troja und Pergamon in Berlin zogen Fachwelt wie Öffentlichkeit gleichermaßen in ihren Bann. Die antiken Schriftsteller erschienen jetzt in einem ganz anderen Licht. Sie nahmen nicht mehr die Rolle der Märchen erzählenden Dichter ein; ihre Erzählungen erwiesen sich vielmehr als Tatsachen, aus den Dichtern wurden Berichterstatter.

Ein ungeheurer Ausgrabungsboom brach aus und erfasste bald das gesamte Griechenland einschließlich seiner Inseln sowie die Küsten und die landeinwärts gelegenen Gebiete. Die Brücken zwischen den geschichtsträchtigen Stätten, ihren Protagonisten und unseren Dichtern waren geschlagen.

Es waren besonders die römischen Kaiser Trajan und Hadrian, die die Ostkolonien in Kleinasien weiter ausdehnten und mit ihren Reisen in diese Regionen das römische Weltreich festigten und gleichzeitig einen bis dahin noch nie gesehenen Bauboom entfachten. Neue Städte von enormen Ausmaßen entstanden. Die Palastanlagen, die Tempelbezirke, Theater für große Zuschauermengen, gigantische Stadien, luxuriöse Thermen sowie Gymnasien, Bibliotheken, aber auch Prachtstraßen und Marktforen zeigten sich in einem kaum mehr zu überbietenden Prunk.

Über die Apostel, besonders durch Paulus, breitete sich schließlich das Christentum in Kleinasien aus, und es kam zur Bildung zahlreicher Christengemeinden. In Ephesos, wo Johannes und Maria sich niedergelassen haben sollen, entstanden in byzantinischer Zeit zu ihren Ehren Kirchenanlagen, die die von Kaiser Konstantin d. Gr. in Rom, Konstantinopel oder Jerusalem errichteten Basiliken noch zu übertreffen schienen. Mit den Kreuzzügen kamen auch die Kreuzfahrerheere, die den Landweg gewählt hatten, um in das Heilige Land zu gelangen. In ihrer Begleitung waren Mönchs- und Ritterorden.

Die großen Seestädte Genua und Venedig gründeten an den Küsten Kleinasiens Kolonien und errichteten zu deren Schutz gewaltige Kastelle. Seldschuken und Osmanen rückten von Osten nach und schickten sich an, Kleinasien zu erobern, die Byzantiner zurückzudrängen und das Osmanische Reiche aufzubauen. Auch sie prägten mit ihren Kastellen, Moscheen und Minaretten die Silhouetten der Städte und Dörfer.

Bald umspannte das Osmanische beziehungsweise das Türkische Reich das gesamte Mittelmeer. Nach der Eroberung Konstantinopels im Jahr 1453 durch die Türken kam es wegen des unstillbaren Expansionsdrangs der Osmanen zur echten Gefahr für Europa. Erst als die kaiserlichen Truppen unter Markgraf Ludwig Wilhelm I. von Baden-Baden, dem Türkenlouis, und besonders unter Prinz Eugen von Savoyen-Carignan bei Wien und dann in Ungarn in erfolgreichen Abwehrkämpfen die Gefahr bannten und auch die osmanischen Flotten bei Lepanto und Malta entscheidend geschlagen waren, kam das große Aufatmen. Es blieb nicht aus, dass diese historischen Tatsachen bald von abenteuerlich-romantischen Geschichten umrankt wurden. Der orientalische Lebensstil, verbunden mit Essensitten, Kaffeetrinken und Tabakrauchen, wurde imitiert; Errungenschaften des Orients in der Astrologie, Mathematik und Geografie wurden wissbegierig studiert, die hohe Kunst des Dichtens bewundert und gewürdigt. Geschürt wurde die Neugierde außerdem durch Reiseberichte von Forschungsreisenden des 16. bis 19. Jahrhunderts, vor allem von Engländern.

Gegen Ende des 19. Jahrhunderts wurden die Grenzen des Osmanischen Reiches von allen Seiten bedroht und das Großreich begann zu bröckeln. Anfang des 20. Jahrhunderts kam es zu den Seekämpfen in den Dardanellen, die das Ende des Sultanats und damit des Osmanischen Reiches mit einleiteten.

Angesichts dieser Fülle entstand die Idee, den Leser an einige der historischen Orte heranzuführen, ihm das dort Geschehene und auch die mythischen Begebenheiten vorzustellen und dabei die großen Dichter und Denker zu Wort kommen zu lassen.

In der Hoffnung, dass dieser Band Anregung und Aufforderung zugleich ist – habe ich doch selbst mit meinen beiden Freunden Peter Drexler und Dieter Drosad eine solche „Orient-Expedition" mit viel Literatur im Gepäck durchgeführt – möchte ich auch denjenigen danken, die an der Entstehung dieses Bandes mitgewirkt haben. Das sind neben meiner Frau Christine und meiner Tochter Anna-Maria besonders die Ausgräberkollegen Prof. Dr. Radt und Prof. Dr. Korfmann, sowie die Ausgrabungsteams vor Ort. Außerdem danke ich Frau Regine Weisbrod für ihren Einsatz und ihre Anregungen als Lektorin.

Horst Schäfer-Schuchardt
Würzburg, 4. März 2001

ZWISCHEN THRAKIEN, TROAS UND MYSIEN

DER HELLESPONT

GALLIPOLI – DIE „SCHÖNE STADT"

Im Westen der Türkei, wo sich das europäische Festland und Kleinasien fast berühren, wo das Marmarameer in den Kanal von Çanakkale, den Schwarzen Golf, und über die Dardanellen ins Mittelmeer fließt, dort liegt an strategisch wichtiger Stelle die Hafenstadt Gelibolu, heute ein wichtiger Marinestützpunkt. Der ursprüngliche Name der Stadt, Gallipoli, bedeutet „schöne Stadt", und diesen Namen trug die am Meer und am Hang eines Hügels sich ausbreitende Ortschaft zu Recht. Die Stadt ist im fünften Jahrhundert v. Chr. von Athenern gegründet worden, doch schon im siebten Jahrhundert v. Chr. hatten griechische Kolonisten wie Dorer, Äolier und Ionier hier, an den Ufern des Hellespont, wie die Dardanellen im Altertum genannt wurden, zu siedeln begonnen. Die Gegend um Gallipoli wurde einst thrakische Chersones genannt, was thrakische Halbinsel bedeutet.

Linke Seite **Achilleus, Ausschnitt aus Chiron und Achilleus, Fresko aus Herculaneum, Museo Nazionale, Neapel**
Unten **Byzantinischer Hafenturm, ab 8. Jh., Gelibolu**

Ganz in der Nähe dieses anfangs noch recht unbedeutenden Brückenkopfs fand im Jahr 405 v. Chr. an den Ziegenflüssen (Aigospotamoi), die in den Hellespont münden, die alles entscheidende Seeschlacht statt, in der die Spartaner unter ihrem Anführer Lysandros über die Athener siegten und somit den Peloponnesischen Krieg beendeten und die Athener als griechische Vormacht ablösten.

Im vierten Jahrhundert lief Gallipoli dem auf der asiatischen Seite des Hellespont gelegenen Lampsakos (heute Lapseki) den Rang als Hauptfestung der Dardanellen und wichtigem Übergangspunkt von Europa nach Asien ab; im Mittelalter hatte die Stadt

Azebeler Namazgahi, islamische
Gebetsstätte, 1407, bei Gelibolu

große Bedeutung als Umschlagplatz des italienischen Handels. Wie zahllose andere Feldherren und Strategen vor und nach ihm setzte auch Kaiser Friedrich I. Barbarossa von hier über die Meerenge nach Asien über, um 1189 mit dem deutschen Kreuzfahrerheer ins Heilige Land zu ziehen.

1354 fiel Gallipoli nach heftigen Kämpfen zwischen den Venezianern, die hier ihre handelspolitischen Interessen wahren wollten, und den heranstürmenden Osmanen endgültig ans Osmanische Reich. Ihre erste europäische Eroberung nannten die osmanischen Türken fortan Gelibolu. Die Befestigungen wurden verstärkt, und ein neuer Hafen wurde angelegt.

Ein halbes Jahrhundert später, im Jahr 1407, wurde ganz in der Nähe auf einer Anhöhe am Meer eine Moschee-Anlage errichtet, die von der sonst allgemein üblichen und typischen Moscheebauweise abweicht. Die Gebetsstätte mit dem Namen Azebeler Namazgahi ist eine nicht geschlossene Raumeinheit, quasi eine Moschee ohne Dach. Sie besteht lediglich aus einer niedrigen Mauerumfassung mit einem Eingangstor im Norden und einer im Süden hochgezogenen und nach Mekka ausgerichteten Wand mit der Gebetsnische - Mihrab - im Zentrum, die auf beiden Seiten von je einer Kanzel - Minbar - flankiert wird. Für den Bau wurden Spolien - Baumaterial von anderen älteren Bauten - verwendet. Die Stätte soll für Seefahrer und Krieger angelegt worden sein, die dort, bevor sie in See stachen, den Segen Allahs erbitten konnten, damit das Unternehmen gelingen möge.

Heute ist Gelibolu ein malerisches Hafenstädtchen, von dem aus man auf den Spuren der großen Feldherren mit der Fähre nach Lapseki, auf die asiatische Seite des Kanals gelangen kann.

LAMPSAKOS – STADT EINES ZEUGUNGSWÜTIGEN GOTTES UND EINES OLYMPIONIKEN

Lapseki, das antike Lampsakos, liegt Gelibolu auf der asiatischen Seite gegenüber. Im siebten Jahrhundert v. Chr. wurde es von Ioniern aus Phokäa gegründet. Als mythischer Gründer gilt Priapos, der griechisch-römische Gott der Zeugung und Fruchtbarkeit. Als Sohn der Aphrodite und des Dionysos soll er hier geboren sein. Priapos war eine Missgeburt von scheußlicher Gestalt. Das Kind war so verunstaltet – es besaß eine große, überlange Zunge, einen gewaltigen, aufgequollenen Bauch und einen monströsen Phallus, der anstelle eines Schweifes aus ihm herauswuchs –, dass Aphrodite nichts von ihm wissen wollte und es von sich stieß. Schuld an der Missgestaltung soll die eifersüchtige Hera gewesen sein, die die schwangere Aphrodite mit einem unheilvollen Zauber belegt hatte.

Wie so oft in der Mythologie war es ein Hirte, der den verstoßenen Kleinen fand. In dessen seltsamem Wesen und in der abartigen Phallusstellung entdeckte der einfache Mann segensreiche Auswirkungen auf Vermehrung und Fruchtbarkeit in der Tier- und Pflanzenwelt. So entstand ein besonderer Fruchtbarkeitskult von wahrlich „ausschweifender" Art. Man brachte dem Kultbild des Priapos Opfergaben wie Feldfrüchte, Blumen, Kuchen, Honig und Milch, aber auch Tieropfer wie Schweine, Ferkel und Ziegenböcke dar. Häufig war die Figur mit einem Bauchaltar versehen, der von seinem Phallus gestützt wurde und auf den die Opfergaben gelegt werden konnten.

Bei besonderen Anlässen wie den Mysterien des Weingottes Dionysos, immerhin Priapos' Vater, wurde ihm Wein gespendet, denn Priapos galt auch als Gott der Weinberge. Feierlich wurde an diesen Festtagen ein Phallussymbol enthüllt, ekstatische Tänze und sexuelle Ausschweifungen waren sicher nicht zuletzt auf ausgiebigen Weinkonsum zurückzuführen.

Priapos nahm für sich das Privileg in Anspruch, Eselsopfer dargereicht zu bekommen. Die legendäre Fruchtbarkeit des Priapos sollte sich so mit der Fruchtbarkeit des Esels verbinden und den Boden besonders reichhaltig machen. Das legt die Vermutung nahe, dass Priapos auch so etwas wie ein Nachfolger eines früheren Eselsgottes am Hellespont gewesen ist.

War der Priaposkult zunächst nur auf Lampsakos beschränkt, so erfreute er sich seit alexandrinischer Zeit – um 300 v. Chr. – auch in anderen Gegenden zunehmender Beliebtheit, denn die Truppen Alexanders des Großen sorgten für die Verbreitung dieses Kults. Als er später auch bei den Römern Einzug erhielt, verkam er mehr und mehr zu einer Karikatur. Priapos wurde zu einer Art Gartengott, mitunter sogar zu einer Vogelscheuche, und man machte sich über ihn lustig. Allerdings nahm sich die römische Dichterwelt – darunter Catull,

Priapos-Statue, Marmor,
2. Jh. n. Chr., Ephesos-Museum,
Selçuk

13

Vergil und Ovid – seiner an, und das mag dem verhöhnten Gott eine Genugtuung gewesen sein.

Auch erzählte man sich in Rom Folgendes: Aus Dankbarkeit soll Dionysos einem Esel, der ihn geduldig getragen hatte, die Fähigkeit zum Sprechen verliehen haben. Der Esel jedoch fing mit Priapos einen Streit darüber an, wer von ihnen den größeren Phallus besäße. Priapos soll daraufhin so wütend geworden sein, dass er den Esel tötete. Den habe dann Dionysos zu den Sternen versetzt.

In Lampsakos war der Priapos-Kult noch bis in das vierte Jahrhundert hinein lebendig. So ist überliefert, dass der dem Gott geweihte Tempel erst von Bischof Theodosius im Auftrag Kaiser Konstantins zerstört wurde und der Kult damit sein Ende fand.

Herodot weiß noch von einem anderen Vorgang aus Lampsakos zu berichten: Miltiades, Olympiasieger von 560 v. Chr. im Viergespann und Gründer von Städten und Stadtgemeinschaften auf der thrakischen Chersones, geriet bei einem Feldzug gegen die Bewohner der südlichen Küstengebiete in einen Hinterhalt und wurde von den Lampsakenern gefangen genommen. Nun waren aber Miltiades und Kroisos, der letzte Herrscher der Lyder in Sardes (560–546), in Freundschaft miteinander verbunden. Als Kroisos von der Gefangennahme des Miltiades erfuhr, forderte er dessen sofortige Freilassung, andernfalls würde er die Stadt umhauen „wie eine Fichte". In Lampsakos konnten sie mit dieser Drohung zunächst nicht viel anfangen, bis ihnen ein alter und weiser Mann erklärte, dass die Fichte der einzige Baum sei, der keinen Spross mehr treibt, wenn man ihn fällt, sondern gänzlich abstirbt. Daraufhin erzitterten die Lampsakener vor Furcht vor dem übermächtigen Kroisos und übergaben ihm sofort Miltiades. Ihre Stadt blieb verschont. Das von Herodot zitierte Rätsel könnte auch auf ein

Die Dardanellen zwischen
Çanakkale und Kilitbahir,
Stich von R. Wallis, Mitte 19. Jh.

Wortspiel zurückzuführen sein, denn das griechische Wort für Fichte lautet *pitys*, und der vorgriechische Name der Stadt Lampsakos lautete Pityeia beziehungsweise Pityusa.

Im Jahr 471 v. Chr. übergab der mächtige Perserkönig Xerxes (485–465 v. Chr.) Lampsakos ebenso wie die karische Stadt Magnesia am Mäander dem aus Athen verbannten athenischen Feldherrn und Sieger der Schlacht bei Salamis, Themistokles, als Satrapie – Statthalterschaft. Durch den Sieg Lysandros' über die Athener 405 v. Chr. geriet Lampsakos schließlich unter spartanische Herrschaft.

MYTHISCHE NAMENSGEBER: KÖNIG DARDANOS UND DIE GESCHWISTER HELLE UND PHRIXOS

Es war kein Geringerer als Lord Byron, der 1807 bei seinem Aufenthalt in Troja und Umgebung die mythische Vergangenheit der geschichtsträchtigen Stätten heraufbeschwor und in poetische Verse fasste:

Der Sturmwind brauset, dumpf und schwer
Rollt Hellas' Flut zum finstern Meer;
Der Nacht umschleiernde Schatten deckt
Das weite Feld mit Blut befleckt
Und Gräber längst versunkener Pracht,
Die einzigen Zeugen von Priams Macht.

O Sänger! Still mit dir zu trauern,
Zu dichten unter jenen Mauern,
Wo deine Heldenschar gehaust,
Gewiss, dass dieser Hügel Grün
Bedeckt, was deine Sänger melden,
Nicht Asche fabelhafter Helden,
Und dass dort, noch im Wogensprühn
Dein breiter Hellespont erbraust.

Schon decket Nacht den Hellespont;
Auf Idas sanften Hügel scheint
Noch nicht der alte, stille Mond;
Hier, wo der Hirt so friedlich wohnt,
Hier lärmt und tobt kein wilder Feind;
Und Herden weiden jäh und steil,
Wo sonst geschwirret Dardans Pfeil.

Dardanos, Sohn des Zeus und der Elektra, einer Tochter von Atlas, gab nicht nur der Stadt Dardania am Berg Ida und der Siedlung Dardanos an besagter Meeresenge zwischen Mittelmeer und Schwarzem Meer seinen Namen, sondern auch die-

ser Wasserstraße selbst, die man heute als Dardanellen bezeichnet. Von den Türken wird sie Çanakkale Bogazi genannt.

Im Jahre 1959 legte man rund zehn Kilometer südwestlich der Stadt Çanakkale neben der Straße nach Troja einen Grabhügel frei – den so genannten Dardanos-Tumulus. Die Anlage besteht aus einem in den Hügel hineinführenden Gang und zwei Kammern, die in das vierte Jahrhundert v. Chr. datierbar sind. Da das Grab unberührt blieb, haben sich alle Grabbeigaben erhalten. Darunter fanden sich zahlreiche Gefäße aus Keramik, Bronze und Alabaster. Neben einem Musikinstrument fanden sich auch zahlreiche Gebrauchsgegenstände aus Holz. Besonders eindrucksvoll sind verschiedene Schmuckgegenstände aus Elfenbein und Gold, so unter anderem eine Keramik-Statuette der Aphrodite. Heute werden all diese Grabbeigaben im Archäologischen Museum in Çanakkale aufbewahrt. Außer dem Namen – im Türkischen Eski Dardanos – erinnert an dem Grab jedoch nichts an den großen Vorfahren der Trojaner.

Hellespont lautet die andere Bezeichnung für die Wasserstraße. Das griechische Wort „pontos" bedeutet „Meer" oder „Meeresküste". Helle ist der Name der Tochter von Athamas, König von Böotien, und der Wolkengöttin Nephele. Athamas' zweite Frau war Ino, eine Tochter von Kadmos, dem Bruder der von Zeus geraubten Europa und Gründer der Stadt Theben. Ino hasste Helle und deren Bruder Phrixos und wollte sie loswerden. Heimlich ließ sie verdorrte Getreidesaat aussäen, die, wie von ihr beabsichtigt, nicht aufging. Athamas ließ daraufhin das Orakel von Delphi befragen. Ino jedoch hatte die Gesandten bestochen, und so berichteten diese dem König, dass nach dem Spruch der Pythia die Unfruchtbarkeit behoben würde, wenn er seinen Sohn Phrixos Zeus opferte. Da nahm Nephele ihren Sohn gemeinsam mit seiner Schwester Helle mit sich, noch bevor es zum Opfervorgang kam. Auf einem von Hermes geschickten Widder mit goldener Wolle ritten sie über den Wolken dahin. So kamen sie an die schmale Wasserstraße, die das Mittelmeer mit dem Schwarzen Meer verbindet, Asien aber von Europa trennt. Helle verlor das Gleichgewicht, stürzte in die Fluten und ertrank. So kam die Meerenge zu dem Namen Hellespont. Phrixos aber landete bei Aietes, dem sagenhaften König von Aia (Kolchis), Sohn des Helios und Vater der Medea, und opferte zum Dank an Zeus den Widder. Dessen goldenes Fell, das goldene Vlies, verblieb in Kolchis, bis die Argonauten es unter Iason nach Griechenland zurückholen konnten. Ino wurde mit Wahnsinn bestraft und beging Selbstmord.

Links **Aphrodite-Statuette, aus dem Dardanos-Tumulus, Keramik, 4. Jh. v. Chr., Archäologisches Museum, Çanakkale**
Rechts **Goldener Lorbeerkranz aus dem Dardanos-Tumulus, Archäologisches Museum, Çanakkale**

HERO UND LEANDER – DES MEERES UND DER LIEBE WELLEN

Es waren zwei Königskinder,
Die hatten einander so lieb.
Sie konnten zusammen nicht kommen,
Das Wasser war viel zu tief.

Wer kennt sie nicht, die Anfangsverse dieser deutschen Volksballade, in welcher eine falsche Nonne den Tod des zu seiner Geliebten schwimmenden Königssohns verursacht. Nach einer anderen Version ist es die sittenstrenge Mutter, die der um ihren Geliebten bangenden Tochter verbietet, allein zum Meeresufer zu gehen. Doch die Liebe ist stärker, die Tochter bittet einen Fischer, ihr suchen zu helfen. Dieser findet den leblosen Königssohn mit Krone und Ring. Die verzweifelte Tochter überlässt beides dem Fischer und stürzt sich, im Tod die Vereinigung mit ihrem Geliebten suchend, ins Meer. Es war wohl der griechische Dichter und Grammatiker Musaios, der um

Leander, Stich von 1676

500 n. Chr. in einem in 340 Hexametern gefassten kleinen Epos *Hero und Leander* die Vorlage zu dieser Liebesgeschichte lieferte, die dann 1807 in Hochdeutsch niedergeschrieben wurde.

Des Meeres und der Liebe Wellen ist der Titel eines Bühnenstücks von Franz Grillparzer, das 1831 uraufgeführt wurde. Angeregt wurde er dazu von Ovids *Heroides* (17 und 18 n. Chr.) – fiktive Liebesbriefe von Leander an Hero – und von Friedrich Schillers Ballade *Hero und Leander*. Diese tragische Geschichte zweier junger Liebenden berührte auch Lord Byron in seiner türkischen Sage *Die Braut von Abydos*:

Leander, ein Fischer, lebte in Abydos, unweit der heutigen Stadt Çanakkale am Südufer des Hellespont. Am Nordufer war Hero als Priesterin der Aphrodite in der Stadt Sestos tätig. Die beiden liebten sich heimlich, denn es war ihnen nicht gestattet, ihre Liebe öffentlich zu zeigen oder gar zu heiraten, da Hero als Priesterin Ehelosigkeit gelobt hatte. So schwamm denn Leander, geleitet von dem Licht, das Hero in das Fenster eines Turmes stellte, der am Ufer sich erhob, Nacht für Nacht zu der Geliebten, um in ihren Armen bis zum Morgengrauen zu verweilen. Das ging so den ganzen Sommer. Aber eines Nachts im Dezember kam ein starker Sturm mit Regen und Wind. Das Meer wurde aufgewühlt, und die tobenden Wogen brachen sich schäumend und brüllend an den Felsen und Klippen. Dabei verlosch die Lampe – bei Grillparzer war es ein argwöhnischer Priester, der das Licht ausblies – und Leander fand nicht mehr zum Ufer und ertrank. Als sich das Unwetter am Morgen gelegt hatte, fand man den leblosen Körper. Stumm vor Trauer, aber noch voll des genossenen Glücks der vergangenen Nächte, stürzte Hero sich als freudiges Opfer an Aphrodite von dem Turm in die Tiefe, um im Tod für immer mit dem Geliebten vereint zu sein. Lord Byron sah das Ganze nicht so tragisch wie Schiller. Nachdem er die Strecke ebenfalls durchschwommen hatte – obwohl er einen Klumpfuß hatte, bewältigte er die vier Kilometer –, verglich er sich anschließend mit Leander:

> So oft Leander ist geschwommen,
> Wie uns die alte Fabel sagt,
> Aus Liebe stets ist er gekommen,
> Ich hab's aus Ruhmsucht nur gewagt.
>
> Wem ging es besser nun von beiden?
> Wer hat für seine Müh den Dank?
> Wir beide büßten es mit Leiden,
> Denn er – ertrank, und ich – ward krank.

SCHIFFSBRÜCKEN DES XERXES

Ein anderer hatte nicht die Absicht, diese Risiken einzugehen. Statt hinüberzuschwimmen wollte dieser den Hellespont zu Fuß überqueren. Das war Xerxes, König der Perser von 485 bis 465 v. Chr.

Auf die Idee gebracht hatte ihn sein Vater Dareios I. (522–486 v. Chr.). Dieser hatte auf Anregung seiner Frau Atosa bei seinen Unterwerfungsversuchen der Skythen und der Hellenen eine Brücke an der engsten Stelle des Bosporus schlagen lassen – an der türkischen Seefestung Rumeli Hissar ist die Meerenge nur 660 Meter breit. Xerxes beabsichtigte Gleiches über den Hellespont durchzuführen, allerdings misst der schmalste Teil hier immerhin noch 1350 Meter. Onomakritos, ein Orakeldeuter aus Athen, hatte geweissagt, dass ein Perser wegen eines Feldzugs eine Brücke über den Hellespont erbauen würde und dass dieser Perser König Xerxes sei (Herodot VII, 6). In einer von Herodot erfundenen Rede des Königs begründet dieser seinen Krieg gegen die Griechen, das heißt die Athener, damit, dass diese zusammen mit Aristagoras, dem Herrscher von Milet, in Sardes eingefallen und die Stadt zerstört hätten und er diesen Frevel rächen wolle. Trotz Abraten seines Oheims Artabanos rüste-

Die Dardanellen, Blick von Çanakkale auf Kilitbahir

tete Xerxes vier Jahre lang und stellte eine gewaltige Armee auf. Dann begann er mit dem Bau der Brücke von Abydos auf der kleinasiatischen Seite bis hinüber an einen Küstenvorsprung zwischen Sestos und Madytos auf der europäischen Landzunge Chersones. Zum Bau hatte er phönizische und ägyptische Arbeiter und Techniker bestellt. Als jedoch ein heftiger Sturm das Meer aufwühlte, begrub es die nur mit Hanf und Papyrosbast zusammengebundenen Boote, die die Brücke bildeten, unter sich.

Xerxes war außer sich. Die verantwortlichen Baumeister wurden geköpft, und – seine Wut am Wasser auslassend – ließ er tatsächlich den Hellespont mit 300 Hieben auspeitschen, mit Fußfesseln versehen, die er im Meer versenkte, sowie mit brennenden Scheiten brandmalen. Nach dieser Strafaktion wurde sofort mit dem Bau einer neuen Brücke begonnen.

Diesmal ging man sorgfältiger zu Werke. Aus einmal 360 und dann 314 Schiffen – Fünfer- und Dreier-Ruderer – wurde nun wegen der starken Oberströmung vom Marmarameer Richtung Mittelmeer eine schräge Doppelverbindung vom asiatischen zum europäischen Ufer hergestellt. Die Schiffe wurden in Zweierreihen angeordnet, verankert und mit starken Tauen untereinander verbunden. Durch hölzerne Winden wurden diese vom Ufer aus gestrafft und festgezurrt. Über die Taue legte man breite, durch Querhölzer miteinander verbundene Baumstämme. Diese belegte man mit Brettern, die zuletzt mit einer dicken Schicht Erde versehen wurden. Ein Geländer zu beiden Seiten bot Schutz und Sicherheit. Das Überschreiten des Hellespont konnte beginnen. Unter Darbringung eines Menschenopfers machte sich der Zug auf den Weg von Sardes, wo Xerxes sein Winterquartier bezogen hatte, in Richtung Abydos, dem heutigen Çanakkale. Laut Herodot (VII, 40 f.) setzte sich der Zug wie folgt zusammen:

Reste des Athene-Tempels, Troja

Lastträger, Zugtiere, erste Hälfte der Truppen verschiedener Volksstämme

Zug des Königs:
1000 persische Elitereiter, 1000 persische Elitelanzenträger, Spitze nach unten, zehn heilige Pferde, heiliger Wagen des Zeus, gezogen von acht weißen Pferden, Wagen des Xerxes, 1000 Lanzenträger des persischen Hochadels, Spitze nach oben, 1000 persische Elitereiter, 10 000 persische Elitekämpfer zu Fuß, 10 000 persische Reiter.

Es folgt die zweite Hälfte der Truppen verschiedener Volksstämme.

Als dieser Zug an Ilion-Troja vorbeikam – die Stadt war nach der Zerstörung wieder aufgebaut, es herrschten dort nur andere –, opferte Xerxes auf dem Altar des Athene-Tempels in der ehemaligen Burg des Priamos tausend Rinder. So erfreute er die Göttin und auch seine Truppen.

In Abydos hielt Xerxes dann eine Truppenschau. Die Ufer waren voll von Menschen und Kriegern, und auf dem Meer wartete seine Flotte – eine unüberschaubare Anzahl von Kriegsschiffen. Höhepunkt des gewaltigen Schauspiels war eine Scheinseeschlacht.

Am folgenden Tag wollte man mit der Überquerung des Hellespont beginnen. Den Göttern wurden Opfer dargebracht und die Brücken mit Weihrauch gesegnet, Xerxes sprach ein Gebet zu Mithras, dem persischen Sonnengott. Wohl als Versöhnungsgeste wegen seiner Strafaktion gegen die Fluten des Hellespont goss er aus einer goldener Schale ein Trankopfer ins Meer und warf zum Schluss die Schale, einen goldenen Mischkrug und einen persischen Säbel in die Fluten. Der Übergang des gewaltigen Heeres auf beiden Brücken dauerte sieben Tage und sieben Nächte.

Ein sonderbarer Vorgang indes – eine Stute hatte einen Hasen geworfen – kündete Unheil an. Die Wahrsager sahen in der Stute Xerxes auf seinem Feldzug gegen Athen, in dem Hasen sahen sie ebenfalls Xerxes, dieses Mal jedoch auf der Flucht. Wie man weiß, erlitten die Perser in der Seeschlacht bei Salamis 480 v. Chr. und bei Platää 479 v. Chr. empfindliche Niederlagen und mussten den Rückzug antreten. Schließlich zerstörten die noch im gleichen Jahr zum Gegenangriff angetretenen Griechen unweit von Priene die persische Flotte, die dort hatte überwintern wollen.

Der gescheiterte persische Invasionsversuch hatte zur Folge, dass sich bereits 477 v. Chr. einige griechische Städte an den Küsten Kleinasiens und auch einige Inseln mit Athen zu einem Bündnis gegen die Perser zusammenschlossen: der Attisch-Delische Seebund war aus der Taufe gehoben.

Als 454 v. Chr. zwischen den Verbündeten und Persern ein Friedensvertrag geschlossen wurde, funktionierte Athen das Bündnis in ein Schutzbündnis gegen das nun unbeliebte Sparta um, und die Verbündeten wurden von Athen gezwungen, am Peloponnesischen Krieg (431–404 v. Chr.) gegen Sparta teilzunehmen. Athen kam es hierbei auch auf die ungehinderte Durchfahrt im Hellespont an, die für die Stadt wirtschaftlich und strategisch von größter Bedeutung war. Mit anfänglichem Schlachtenglück – so bei Kyzikos 410 v. Chr. und bei Notion 407 v. Chr. – konnten die Spartaner schließlich die Oberhand gewinnen. 405 v. Chr. gelang es Lysandros, dem Anführer der Spartaner, die unzulänglich gesicherte Flotte der Athener bei den Ziegenflüssen (Aigospotamoi) am Hellespont bei Gallipoli zu überfallen und zu zerstören.

Doch schon um 400 v. Chr. kam es zu neuen Streitereien, diesmal zwischen Persern und Spartanern. Die Perser, angeführt von Konon, dem früheren Admiral Athens, siegten 394 v. Chr. bei Knidos. Ein von dem Perserkönig aufgesetztes Friedensdiktat von 386 v. Chr. sah eine Beendigung aller Streitigkeiten unter den Griechen vor und untersagte jedes Bündnis, das sich gegen die Perser richtete. Die bisherigen griechischen Städte an den Küsten Kleinasiens wurden von Persern annektiert und den Satrapien Lydien, Ionien und Karien unterstellt.

Es war schließlich Alexander der Große, der im Jahre 334 v. Chr. die persische Herrschaft brach und den Städten die Freiheit schenkte. Bei diesem „Alexanderzug", der ihn bis nach Indien führen sollte, hatte auch Alexander der Große den Hellespont überschritten. Es war dieselbe Stelle nördlich von Çanakkale, die Xerxes gewählt hatte, nur setzte er von Europa nach Kleinasien über. Wenige Kilometer weiter nordöstlich in einer Ebene zwischen dem Küstenstädtchen Karabiga und dem landeinwärts gelegenen Biga kam es schon bald darauf zum Kampf mit den Persern, zur legendären Schlacht am

Hier, in der Nähe des Flusses Granikos, besiegte Alexander d. Gr. die Perser im Jahr 334 v. Chr., Rechts und unten Ruinen der byzantinischen Burg Karabiga

Fluss Granikos (heute Kocabas), in der Alexander die Perser besiegte. Nun war der Weg für Alexander frei. Er hob das persische Verwaltungssystem, die Unterstellung der ehemaligen griechischen Städte Kleinasiens unter die persischen Satrapien, wieder auf und schloss sie seinem makedonischen Großreich an. Alexander besuchte auch Troja, wo er – wie einst Xerxes – der Göttin Athene in ihrem neu errichteten Tempel Opfergaben brachte.

278/277 v. Chr. überquerten die Galater – ein Bund keltischer Stämme, die sich in Byzantion, dem heutigen europäischen Teil der Türkei, niedergelassen hatten – das erste Mal die Dardanellen. Ab 230 v. Chr. stellten sich ihnen bei ihren Siedlungsvorhaben mit den Hirtenstämmen der Dardaner ernst zu nehmende Gegner entgegen.

Ruinen der byzantinischen Bergfeste Cremaste, eine der landeinwärts gelegenen Burganlagen

190 v. Chr. waren es die Römer unter L. Cornelius Scipius und dessen Bruder Scipius Africanus, die von Makedonien und Thrakien kommend über die Dardanellen setzten und in der Schlacht bei Magnesia am Sipylos – bei Manisa, nordöstlich von Izmir – das Heer der Seleukiden unter ihrem König Antiochos III. dem Großen besiegten. Dieser hatte sich der Freiheitserklärung Roms für die Städte an den Dardanellen widersetzt und zudem den Erzfeind der Römer, Hannibal, bei sich aufgenommen.

84 v. Chr. wurde die Stadt Dardanos Schauplatz eines Friedensschlusses zwischen dem iranischen König Mithridates VI. von Pontos – Schwarzes Meer – und Lucius Cornelius Sulla, Anführer des römischen Heeres in der Provincia Asia Romae, der im Ersten Mithridatischen Krieg die Perser besiegt hatte. Als Teil des römischen Weltreiches erfreuten sich viele Orte der Gunstbezeugung der römischen Kaiser, so besonders Troja, das man zwar 85 v. Chr. noch zerstört hatte, aber unter Sulla wieder aufbaute. In ihm erblickte man die Urheimat der Römer (Äneas) und nannte es *Nea Ilion*. In byzantinischer Zeit entstanden im Küstenbereich und auch weiter landeinwärts Kirchen, Klöster und Burganlagen.

DIE TÜRKEN ALS BEHERRSCHER DER WASSERSTRASSE

Strategisch wichtig wurde die Straße erst wieder zur Zeit der Kreuzzüge, als seldschukische Heere begannen, Konstantinopel zu bedrohen. In den ersten beiden Kreuzzügen 1097 und

1147 hatten die Kreuzfahrerheere den Bosporus als Übergang gewählt. Kaiser Friedrich I. Barbarossa jedoch überquerte im dritten Kreuzzug 1189 die Dardanellen bei Gallipoli, und auch der Anführer der Kreuzfahrerflotte des vierten Kreuzzugs, der Doge Dandolo, wählte 1203 den Weg durch die Dardanellen, allerdings fuhr er dann nach Konstantinopel, dem „inoffiziellen" Kreufahrerziel der Venezianer. Mit der Eroberung Gallipolis 1356 musste die Wasserstraße den anrückenden Osmanen überlassen werden – und zwar für immer, auch wenn es nach der Eroberung Konstantinopels 1453 durch die Osmanen unter Mehmet dem Eroberer immer wieder zu Seeschlachten zwischen Venezianern und Osmanen kam.

Größeres ereignete sich erst wieder im 20. Jahrhundert, im Ersten Weltkrieg. Es waren französische und englische Kriegsschiffe, die am 3. Dezember 1914 das Feuer auf die osmanischen Küstenbatterien in Kumkale am südwestlichen und in Seddülbahir am nordwestlichen Eingang der Dardanellen eröffneten. Gleichzeitig setzte man unter Leitung von Lord Sir Winston Churchill zur Landung auf der Gallipoli-Halbinsel an. Doch weder die erfolgten Landungen der Franzosen in Kumkale, noch die der Engländer im Seddülbahir und Ari Burnu Kabatepe und schließlich sogar in Gallipoli brachten entscheidenden Gewinn. Die Osmanen unter Mitwirkung von Mustafa Kemal Pascha Atatürk, dem Gründer des türkischen Staates und ersten Staatspräsidenten, und dem Oberbefehl des deutschen Feldmarschalls Liman von Sanders wehrten in harten Stellungskämpfen alle Angriffe ab. Dank der Ausrüstung der Küstenbatterien durch die Firma Krupp richteten die Türken verheerende Verluste unter den alliierten Kreuzern und Schlachtschiffen an.

Viele dieser stählernen Ungetüme sind noch vor Ort und auch im Armee-Museum in der Burg Mehmets II., das Sultaniye Kale von 1452 zu Çanakkale, anzutreffen – zum Teil mit Widmung an Ihre Majestät den Sultan. Im Frühjahr 1916 musste der Dardanellen-

Oben Burg Mehmets II. bei Çanakkale, Mitte 15. Jh., mit Geschützen der Firma Krupp
Mitte Gegenüber, auf der europäischen Seite der Dardanellen, liegt die Festung Kilitbahir, um 1462
Unten Venezianisches Kastell, 13. Jh., Insel Bozca Ada

Feldzug abgebrochen werden. Die Angelegenheit wurde politisch gelöst. Im Oktober 1918 wurde die Türkei zum Waffenstillstand verpflichtet, und die Dardanellen wurden für die Durchfahrt freigegeben. Heute gehören sie zum türkischen Hoheitsgebiet. Im Vertrag von Montreux vom 20. Juli 1936 wurden die Regeln des Seeverkehrs festgelegt.

Soldatenfriedhöfe auf der Halbinsel erinnern an die blutigen Auseinandersetzungen. In einer Inschrift spricht Atatürk zu den Müttern der gefallenen Alliierten: „... wischt die Tränen fort, ihr Mütter, die ihr von weit her eure Söhne hierher geschickt habt. Sie haben ihr Leben in diesem Land verloren und deshalb sind sie auch unsere Söhne. (1934)"

Noch heute strahlen die im Lauf der Jahrhunderte an den Gestaden des Hellespont, im Landesinnern und auf den vorgelagerten Inseln errichteten Festungsanlagen eine bedrohliche Wirkung aus, und man nimmt es ihnen ab, dass sie ihre kriegerischen Aufgaben wahrzunehmen wussten.

TROJA

TROJAS WACHT AN DEN DARDANELLEN

Hellespont und Dardanellen – klangvolle und geschichtsträchtige Namen für eine Wasserstraße, die auch heute noch die einzige Verbindung zwischen dem Mittelmeer und dem Schwarzen Meer ist. Am südwestlichen Eingang, etwas landeinwärts gelegen, erhoben sich einst auf einem Hügel, inmitten einer Ebene, die prunkvollen Paläste und Gebäude, die Tempel und die Burganlagen der wohl bedeutendsten und berühmtesten Stadt das Altertums. Troja war von Wasserläufen und Entwässerungskanälen umgeben und möglicherweise auch von einem weit nach Süden reichenden Meeresarm umspült. Erste Siedlungsspuren gehen sogar schon auf die frühe Bronzezeit, also auf eine Zeit zwischen 3000 und 2400 v. Chr., zurück. Insgesamt gab es in Troja im Laufe der Jahrtausende elf Haupt-Bauperioden. Die so genannte Periode VI, ca. 1800 bis 1250 v. Chr., gilt als das von Homer besungene Troja. Allerdings war es nicht Homer sondern Platon, der die Lage der Stadt beschrieb (Pl. III. 682 b):

> Von hohen Bergen aus also wurde, behaupten wir, Ilion in einer
> großen und schönen Ebene gegründet, auf einer nicht besonders
> hervorragenden Anhöhe, bewässert von vielen höher auf dem Ida
> entspringenden Flüssen.

Man sieht es als wahrscheinlich an, dass die Trojaner die sumpfartige Ebene zu ihren Füßen trockenlegten und durch

Das homerische Troja, Rekonstruktion von Ch. Haußner, Blick auf Akropolis und Unterstadt

Ausbau beziehungsweise durch Umleiten der beiden Flüsse Skamander und Simoeis, das sind die heutigen Flüsse Kücük Menderes und Dumrek, ein Wassersystem schufen, das mehrere Hafenanlagen zwischen der Bucht von Besik im Süden und der kleinen Siedlung Kumtepe im Norden mit einbezog. Ein schmaler und niedriger Hügelstreifen zwischen Besik und Kumtepe schirmte die Stadt nach Westen, zum Meere hin ab.

Diese geschützte, am Eingang einer wichtigen Wasserstraße gelegene Lage verhalf Troja zu seiner einmaligen strategischen Machtposition. Die Stadt wurde zur Anlaufstelle für jeden Reisenden, gleich ob er als Tourist, als Kauffahrer, als Händler, als Gesandter, als Politiker, als Sportler, als Freund oder als Feind kam. Denn wer hier aufkreuzte, brauchte entweder Schutz vor den unberechenbaren Witterungen in der Ägäis oder Proviant für die Weiterfahrt, und ohne die nautischen Kenntnisse der einheimischen Lotsen konnte eine Fahrt den Hellespont hinauf zum Kamikaze-Unternehmen werden. Die Gegend war – und ist es noch heute – gefürchtet wegen des Nordwinds, der unaufhörlich blies und zur Gefahr für die Schiffe werden konnte, deren technische Ausrüstung im dritten bis ersten Jahrtausend v. Chr. noch sehr zu wünschen übrig ließ. Zum einen fehlte der die Fahrtrichtung einhaltende Kiel, sodass ein unkontrollierbares Abdriften unvermeidlich wurde, zum anderen gab es kaum eine manövrierfähige Segelausrüstung. Die Takelung, die nur aus einem Mast und einem quadratisch-rechteckigen Rahsegel an einer losen Querstange bestand, erlaubte weder ein Kreuzen gegen den Wind noch ein exaktes Kurshalten vor dem Wind, was, wenn kein Land in Sicht war, zu riskanten Kursabweichungen führte. Segeln konnte man daher eigentlich nur bei Tage, in Küstennähe und auch dann lediglich in den witterungsbeständigeren Sommermonaten. Nur große Ruderschiffe waren den Situationen auf dem Meer einigermaßen gewachsen. Allerdings waren sie schon der großen Mannschaften wegen sehr proviant- und trinkwasserabhängig. Mit alldem konnten sich die Seeleute in Troja versorgen, wo zudem Schiffswerften und Docks Reparaturmöglichkeiten boten. Dies füllte die Kassen der Stadt.

Eine weitere bedeutende Einnahmequelle für Troja waren die Lotsen- und Abschleppdienste für Schiffe, die den Hellespont durchfahren wollten. Ob sie vom Mittelmeer oder vom Schwarzen Meer kamen, in beiden Fällen mussten sie über das Marmarameer und durch den Bosporus. Wie heute gab es wohl auch schon zur Blütezeit Trojas – also 1800 bis 1250 v. Chr. – im Schwarzen Meer durch die großen Flüsse Donau, Dnjepr und Don einen Wasserüberschuss im Vergleich zu dem wasserärmeren Mittelmeer, sodass schon damals im Bosporus und in den Dardanellen eine permanente Nordost-Südwest-Strömung herrschte, die in Engstellen eine Strömungsgeschwindigkeit von bis zu fünf Seemeilen pro Stunde erreichte.

Naturgemäß erzeugen solche Strömungen seitliche Gegenströmungen, so besonders in seichteren Gewässern, in Ufernähe und in Buchten. Wer diese Strömungen kannte – und das darf man von den Trojanern wohl annehmen –, der beherrschte und kontrollierte die Fahrtrinnen und konnte seine Lotsendienste gegen Bezahlung anbieten oder vielmehr „aufdrängen". Dem Durchfahrenden blieb gar keine andere Wahl, als diese Dienste in Anspruch zu nehmen, denn die Gefahr des Auflaufens auf Klippen und Untiefen barg zudem das Risiko des Überfallenwerdens, was zum Verlust des Schiffes und der Ladung oder gar in die Sklaverei und den Tod führen konnte.

Es ist anzunehmen, dass in Troja viele Kauffahrer und Händler mit ihren Schiffen überwinterten. Denn statt der Nordwinde konnten plötzlich heftige Weststürme auftreten, denen erbarmungslos jedes mit der damaligen Technik erbaute Schiff zum Opfer fiel, wenn es nicht rechtzeitig einen schützenden Hafen erreichte. Zahlreiche Funde von mit voller Ladung in der Ägäis gesunkenen Schiffen zeugen von den Launen des Meeresgottes Poseidon.

Troja war zweifellos einer der bedeutendsten Handelsumschlagplätze der damaligen Zeit. Dies – zusätzlich zu den genannten Einnahmequellen sowie einige Gold-, Silber-, Kupfer- und Zinnvorkommen im Umland – war Garant für den stetig wachsenden Wohlstand der Hafenstadt. Für die damalige Zeit war Troja eine Weltstadt. Vielleicht aber war Troja auch eine gewaltige „Raubritterburg", von wo aus Überfälle auf vorbeifahrende oder gestrandete Schiffe gestartet wurden, zum Beispiel auf solche, die glaubten, auf die Dienste der Stadt verzichten zu können und damit die Weggebühren zu sparen.

Manch einer hält Troja sogar für Atlantis, den versunkenen Kontinent – so jedenfalls Eberhard Zanger. Es klingt zwar sagenhaft, wie er aus Troja Atlantis machen will, doch die wissenschaftliche Bestätigung fehlt. Stattdessen also nur eine Glaubensfrage? Aber ist nicht auch die Beschreibung von Atlantis als einer Stadt unter dem Meer, einer zerstörten, untergegangenen Stadt mit zusammengesunkenen Tempeln, Fundamenten von Triumphbögen sowie Stadtmauern und Akropolis eine Glaubenssache? Der so detailliert berichtet, ist der an Bord der Nautilus bei Kapitän Nemo weilende Professor für Naturgeschichte, Pierre Aronnax. Beide sind Hauptpersonen in Jules Vernes Roman *20 000 Meilen unter den Meeren*. Sie befanden sich mit der Nautilus „jenseits des euro-asiatischen Kontinents, jenseits auch der versunkenen Säulen des Herkules", also nicht vor der kleinasiatischen Küste, denn nach altgriechischer Auffassung bezeichnen die Säulen des Herakles die Bergfelsen beidseits der Straße von Gibraltar. Sogar die Position der versunkenen Stätte wird genau angegeben: 16°17′ westlicher Länge und 33°22′ nördlicher Breite. Diese liegt nur wenige Meilen nordöstlich der Insel Madeira. Ein Großteil der antiken Schriftsteller wie Platon, Solon und Herodot sehen die örtliche Nähe von Atlantis zu den Säulen des Herakles als gegeben an. Plinius d. J. vermutet in dem nordwestlich von Gibraltar gelegenen Cádiz an der Küste Spaniens die atlantische Stadt Tartessos alias Gades. In den aus dem Meer herausragenden Inseln – Madeira, Azoren, Kanarische Inseln und Kapverdische Inseln – will man die höchsten Erhebungen des versunkenen Kontinents erblicken, doch auch hier fehlen wissenschaftliche Beweise. Aber wenn denn schon zwischen mehreren märchenhaften Beschreibungen von Atlantis zu wählen ist, sollte man es vielleicht doch am ehesten mit Jules Verne halten.

DIE RUINEN VON TROJA –
DAS WESENTLICHE IST FÜR DIE AUGEN UNSICHTBAR

In den im achten Jahrhundert v. Chr. entstandenen homerschen Epen *Ilias* und *Odyssee* wird unbestritten der Beginn des griechisch-abendländischen Literaturschaffens gesehen. Das erfolgreiche Auffinden des Burgbergs von Troja in der Nähe des Dorfes Hisarlik, nur wenige Kilometer südlich von Çanakkale, durch Heinrich Schliemann in den Siebziger- und Achtzigerjahren des 19. Jahrhunderts unter der Mitwirkung von Wilhelm Dörpfeld sowie die Entdeckung des so genannten Priamos-

Troja, dieser Graben wurde von Heinrich Schliemann durch den Burgberg geschlagen

Schatzes – eine Sammlung von kunstvoll gearbeiteten Gefäßen und Schmuckwerken, die, wie sich später herausstellen sollte, gut tausend Jahre vor die Zeit des trojanischen Königs zu datieren sind – waren für die kunst- und geschichtsinteressierte Welt von damals ebenso sensationell wie später die Entdeckung des Grabes des Pharaonenkönigs Tutanchamun durch Howard Carter im Jahre 1922.

Entsprechend hoch waren die Erwartungen, die man in die nachfolgenden Ausgrabungen setzte. Schließlich musste eine Stadt, die ein Jahrzehnt lang einer gewaltigen griechischen Streitmacht erfolgreich widerstehen und – nach Homer – nur durch die List mit dem Holzpferd erobert werden konnte, von gewaltigen Schutzmauern, der Mythologie nach ein Werk Poseidons, umgeben gewesen sein. Ein solches Festigungswerk barg zweifellos Kostbares in prunkvollen Palästen und Tempeln. Doch von alldem wird dem heutigen Besucher nichts geboten. Erfahrungsgemäß ist dieser enttäuscht, zumal wenn er zuvor antike Stätten wie Ephesos, Pergamon, Didyma oder Aphrodisias besichtigt hat. Ihn erwarten keine Weltwunder, gigantische Tempelanlagen oder riesige Stadien, sondern recht bescheidene Mauerreste, die ihn möglicherweise eher an seine Gartenmauern zu Hause erinnern als an Homers Troja – jedenfalls nicht zur Zeit, allerdings kann sich das im Laufe weiterer Grabungen natürlich ändern.

Heute braucht der unvorbereitete Besucher Hilfe, denn nicht prachtvolle Architektur- und Skulpturenwerke in weißem Marmor aus griechisch-römischer Zeit empfangen ihn, sondern grob bearbeitete Mauersteine aus Kalk. Doch sind sie geistige Zeugen von Ereignissen, die noch einmal rund 1500 bis 2000 Jahre älter sind und die nicht völlig in das Reich der Fantasie eines Homer zu verweisen, sondern hier, auf diesem bescheidenen Hügel, lokalisierbar geworden sind. Und so wird Homer glaubhaft. Er ist nicht mehr nur ein genialer Märchenerzähler, sondern er wird zum Berichterstatter, zum Auslandskorrespondenten, zum Chronisten.

Erst vor diesem geistigen Hintergrund wird Troja einmalig und gewinnt die Größe, die ihm zusteht. Es gibt nichts, was dieser gewaltigsten mythischen Wirkungsstätte der gesamten griechischen Götterwelt und dem Tummelplatz der größten

Oben links Homerisches Troja; Ostmauer mit Turm des Burgbergs

Rechts Zufahrtsrampe zum Burgberg von Troja II (um 2400–2200 v. Chr.)

Unten Altäre und Tempel von Troja VIII und IX (700–334 v. Chr. bzw. 334 v. Chr. – ca. 14. Jh.)

Helden aus Hellas und Troja an Vergleichbarem gegenübergestellt werden könnte. Für den Wissenden tut sich ein ungeheures Weltenpanorama auf, das zwischen dem Olymp der Götter Griechenlands und dem Reich des Hades das größte Multimedia-Spektakel der Antike darstellt.

DIE MYTHISCHEN GRÜNDER UND DAS SAGENHAFTE KÖNIGSHAUS TROJAS

Schon der Gründungsakt Trojas ist außergewöhnlich. Natürlich war es Zeus, dessen Verführungskünsten Elektra, Tochter des Atlas, erlag. Auf Samothrake gebar sie ihm zwei Söhne. Einer davon war Dardanos. Er ließ sich in der Troas – das ist die nordwestliche Region der heutigen kleinasiatischen Türkei – nieder, wo er am Ida-Gebirge die Stadt Dardania gründete. Nach seinem Enkel Tros wurden die Gegend und ihre Bewohner benannt. Tros' Sohn Ganymed galt als der schönste Knabe unter den Sterblichen. Zeus ließ ihn entführen, damit er den Göttern im Olymp als Mundschenk dienen und Unsterblichkeit erlangen solle. Dem trauernden Vater Tros schenkte Zeus zur Versöhnung schnelle und unsterbliche Pferde sowie einen goldenen Weinstock, ein Werk des Hephaistos. Ein anderer Sohn von

Tros war Ilos, jener, der die Stadt Ilion, der eigentliche Name für Troja, gründete. So weit die Mythologie.

Ausgrabungen in den Neunzigerjahren des 20. Jahrhunderts allerdings haben ergeben, dass Troja ursprünglich zum anatolischen Kulturkreis zählte und ein Vasallenstaat des hethitischen Reichs war. Troja blickt auf eine 3500 Jahre alte Kulturgeschichte zurück, und die These, dass das von Homer vorgestellte Troja des zweiten Jahrtausends v. Chr. mit Wilusa, einem hethitischen Vasallenstaat, identisch sei, konnte bestätigt werden. So lässt sich das Gebiet Troas, in dem die Stadt Ilion-Troja lag, die noch im sechsten Jahrhundert n. Chr. als das römische Ilium bestand, durchaus mit dem in hethitischen Quellen genannten Gebiet Wilusa/Taruisa identifizieren. Die Anlegung des Burgbergs mit einer gewaltigen Unterstadt ist typisch für anatolische Städtebildungen, auch die Gestaltung der Nekropole mit Grabhäusern und Grabgefäßen sowie der Totenkult, der die Verbrennung der Toten vorsah, weisen auf Sitten und Bräuche hin, die besonders in Anatolien beheimatet waren. 1995 fand man bei einer Grabungskampagne ein Bronzesiegel, das eine bei den Hethitern geläufige Hieroglyphenschrift aufwies.

Gewissheit über die anatolische Präsenz gewann man allerdings erst, als im Jahr 1997 ein Tunnelsystem mit Wasserbecken und einer Quellhöhle entdeckt wurde, in dem sich Tropf- und Grundwasser sammelte. In einem erhaltenen Schutzvertrag, den der hethitische Herrscher Muwatalli II. mit dem Fürsten Alaksandu von Wilusa im 1280 v. Chr. abschloss, musste das Land Wilusa für die gewährte Unterstützung einer Eingliederung als Mitglied in das hethitische Reich zustimmen. Bei einem solchen Vertrag war es üblich, die eigenen Götter als Zeugen zu benennen. So führte Alaksandu von Wilusa unter anderem eine Gottheit auf, die den Namen *Kaskal Kur* trug. *Kaskal* bedeutet „Weg", *Kur* kann man mit „in der Unterwelt" übersetzen. Dieser Name wurde auch für Wasserläufe genutzt, die abwechselnd oberirdisch und unterirdisch verliefen. Selbst künstlich ausgebaute Wasserhöhlen wurden bei den Hethitern so genannt. Homer selbst erwähnt „zwei schön fließende Brunnen" mit Waschgruben, an denen die trojanischen Frauen und

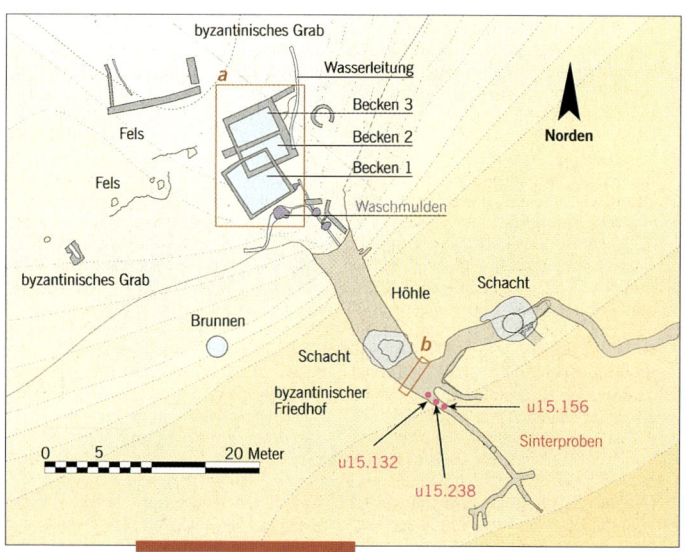

Troja, unterirdische Quelle mit Tunnelsystem und Wasserbecken, 3. Jahrtausend v. Chr.

Mädchen ihre schönen Gewänder wuschen, sozusagen als Kulisse für die Verfolgungsjagd zwischen Achilleus und Hektor. Naturwissenschaften setzten das Alter des „Stollensystems der Quellhöhle" an den Anfang des dritten Jahrtausends v. Chr.

Nachfolger des mythischen Gründers Ilos war sein Sohn Laomedon, der wegen seiner Tücke keinen guten Ruf besaß. Doch gelangte er dank eines einsamen Beschlusses von Zeus in die beneidenswerte Lage, zwei göttliche Diener, die sich ihm gegenüber zu einem Jahr Gehorsam verpflichten mussten, zu erhalten. Dies waren keine Geringeren als Apollo und Poseidon. Im XXI. Gesang der *Ilias* spricht Poseidon zu Apollo wie folgt:

> Tor, wie ist doch dein Herz vergesslich, weißt du denn nicht mehr,
> Wie viel Leiden wir einst an Ilios' Stätte erduldet,
> Wir von den Göttern allein als nach Kronions Geboten
> Wir ein Jahr in die Fron des stolzen Laomedon traten
> Um bedungenen Lohn und seinen Befehlen gehorchten?
> Ha! Ich baute den Troern rings um die Feste die Mauer
> Breit und prächtig auf, dass man nimmer die Stätte erstürme;
> Du aber weidetest, Phoibos, die glänzenden, wandelnden Rinder
> Auf den waldigen Höhen des tälerdurchwundenen Ida.
> Aber sobald die Stunde des Lohns die erfreuenden Horen
> Brachten, enthielt uns beiden der große Laomedon gänzlich
> Jeden Lohn und sandte uns fort mit drohenden Worten.
> Dir nun drohte der König, zu fesseln Füße und Hände
> Und dich dann zu verkaufen nach fern entlegenen Inseln,
> Prahlte sogar, mit dem Erz uns abzuschneiden die Ohren;
> Wir aber zogen gar schnell mit grollendem Herzen von dannen
> Zornig betrübt um den Lohn, den er versprach und nicht zahlte.

Mit dem versprochenen Lohn sind höchstwahrscheinlich die unsterblichen Pferde von Laomedons Großvater gemeint, die in seinen Besitz übergegangen waren. Poseidon und Apollo zögerten nicht lange mit ihrer Antwort. Poseidon schickte ein Meeresungeheuer, das Menschen, Tiere und ganze Ernten verschlang, und Apoll brachte die Pest nach Ilion. Das befragte Orakel des Apoll verhieß Befreiung, wenn König Laomedon seine Tochter Hesione dem Ungeheuer opfern würde. Dieser befolgte den Rat und setzte seine Tochter am Meeresgestade aus. Gleichzeitig versprach er demjenigen, der seine Tochter retten und das Untier erlegen würde, die unsterblichen Rösser.

Es war kein Zufall, dass gerade zu dieser Zeit Herakles in der Gegend weilte. Im Auftrag von Eurystheus, König von Tiryns, dem Herakles zwölf Aufträge erfüllen musste, sollte er nämlich für dessen Tochter Admete den Gürtel der Amazonenkönigin Hippolyte beschaffen, die am Schwarzen Meer herrschte. So musste er vor der Weiterfahrt durch den Hellespont in Troja Halt machen. Aber er hatte noch anderes in Sinn:

Kam er doch einst hierher nur wegen Laomedons Rossen
Mit sechs Schiffen allein und weit schwächerer Mannschaft.

Nichts konnte ihm willkommener sein als die Notlage von Kö
nig Laomedon. Sogleich traf er Vorbereitungen und ließ sich
am Meeresufer eine Schutzmauer errichten. Wieder lässt Homer Poseidon berichten:

Also sprach Poseidon, der dunkelgelockte und führte
Alle zum ragenden Walle, den einst die Troer und Pallas [Athene]
Rings im Kreise für den erlauchten Herakles türmten,
Dass er fliehend vermochte, das Ungeheuer zu meiden
Stets, sobald es vom Ufer ihn in die Gefilde verfolgte.

Es kam zum „Drachenkampf". Herakles sprang in den Rachen
des Ungetüms und schnitt ihm mit einer riesigen Sichel die
Zunge ab, worauf dieses verblutete. Doch als Herakles von
Laomedon die Rosse forderte, verweigerte ihm dieser den versprochenen Lohn und beleidigte ihn obendrein. Daraufhin
erstürmte Herakles mit seinen Gefährten die Stadt, und es kam
zur ersten Zerstörung Trojas:

Jener [Herakles] zerstörte die heilige Ilios
Wegen des glänzenden Helden Laomedons törichter Blindheit,
Der da die Wohltat des anderen mit kränkenden Worten vergolten
Und ihm die Rosse versagte, um die er von ferne gekommen.
...
Ilios verließ er [Herakles] verwüstet, die Stadt mit verödeten
    Gassen.

König Laomedon und seine Söhne büßten es mit ihrem Leben,
nur der Jüngste wurde dank seiner Schwester Hesione gerettet,
die ihn von Herakles freikaufte. Sein Name war Priamos, was
sich von *priamai* ableitet und „ich kaufe ihn frei" bedeutet.
Auch das Wort *peramos*, „König", ist darin enthalten. Als König
baute Priamos später die Stadt wieder auf. Allerdings war es
ihm als greisem Herrscher Trojas am Ende des Trojanischen
Krieges beschieden, ein zweites Mal den Untergang der Stadt
zu erleben.

König Priamos hatte fünfzig Söhne, die Töchter wurden gar
nicht erst gezählt. Davon gebar ihm allein 19 seine Gattin Hekabe. Der berühmteste unter ihnen war Hektor. Dessen Schwester Kassandra hatte von Apollo die Gabe der Weissagung erhalten. Da sie seine Liebeswerbungen zurückwies, bewirkte er aus
Rache, dass man ihren Weissagungen niemals Glauben schen-
ken sollte. Dies sollte sich für Troja als Katastrophe erweisen.

Die tragende Rolle in der Geschichte Trojas kam Priamos'
Sohn Paris zu. Als seine Mutter Hekabe mit ihm schwanger

ging, träumte ihr, dass sie eine brennende Fackel gebären und diese Fackel ganz Ilion in Brand setzen würde. Als das Kind geboren war, wurde es auf Anraten der Seher im Ida-Gebirge ausgesetzt, wo es zuerst fünf Tage von einer Bärin gesäugt und dann von einem Hirten, der es fand, aufgezogen wurde. Dieser gab ihm den Namen Paris. So wuchs er mit den Tieren zusammen auf und wurde wie sein Ziehvater ein tüchtiger Hirte, der seine Herden gegen wilde Tiere und Räuber zu schützen wusste. Deshalb nannte man ihn auch Alexandros, den Beschützer.

Eines Tagen nahm er an Wettkampfspielen unten in Ilion teil und besiegte alle seine Brüder, ohne dass sie voneinander wussten. Doch Kassandra, seine Schwester, erkannte ihn schließlich. Mit Freude wurde er, der Totgeglaubte, von seiner Familie in Troja aufgenommen, und der Spruch des Orakels war vergessen.

HELENA, DAS KÜKEN AUS DEM SCHWANENEI ODER ZEUS ALS KRIEGSTREIBER

Weit entfernt von Ilion, auf dem wolkenverhangenen Olymp, braute sich indessen Unheil zusammen: Zeus plante den Trojanischen Krieg, denn nach Ansicht des Göttervaters lebten auf der Erde zu viele Menschen. In einem Krieg hingegen würden viele sterben und eine Überbevölkerung somit vermieden werden.

Deshalb dachte er sich Folgendes aus: Aus Enttäuschung darüber, dass die Meeresgöttin Thetis ihm nicht zu Willen sein durfte – Themis, Göttin der Sitte und Ordnung, hatte ihm nämlich warnend geweissagt, dass ein von ihm gezeugter Sohn der Thetis ihn stürzen würde –, vermählte er sie mit einem Sterblichen, mit Peleus. Gleichzeitig teilte er ihr mit, dass ihr Sohn der größte aller am Trojanischen Krieg beteiligten Helden sein werde. Allerdings würde er dort fallen. Das Kriegsmotiv werde eine wunderschöne Frau, eine Tochter von ihm sein.

Die Hochzeit wurde bei dem Kentauren Chiron gefeiert, der in Thessalien im Pelion-Gebirge wohnte. Alle Götter und Göttinnen waren von Zeus geladen worden, nur nicht – und dies mit Absicht – Eris, die Göttin der Zwietracht. Es kam wie in Dornröschen. Die böse Fee beziehungsweise Göttin erschien dennoch, und das Unheil nahm seinen Lauf. Sie warf einen goldenen Apfel unter die Hochzeitsgäste mit der Aufschrift „der Schönsten". Sogleich erhoben Hera, Athene und Aphrodite Anspruch darauf, die Schönste zu sein.

Ein Sterblicher – von Zeus längst dazu ausersehen – sollte die Entscheidung treffen, wer die Schönste sei. Das war Paris, Sohn von Priamos, dem Herrscher über Troja. Zu ihm, ins Ida-Gebirge in der Troas, führte der Götterbote Hermes die drei

Göttinnen. Es ist müßig, darüber nachzusinnen, ob jemand – und noch dazu ein Sterblicher – in Gegenwart von Aphrodite, der Liebesgöttin, die ja unstrittig seit Anbeginn als Schönste unter den Göttinnen feststand, die Taktlosigkeit besitzen würde, einer anderen als ihr den Titel der „schönsten Frau des Universums" zu verleihen. Auch könnte man an der Kompetenz von Paris zweifeln, der zwar ein Prinz von königlichem Geblüt war, aber als Ziegen und Schafe hütender Hirte wohl eher ein Aussteiger mit bodenständigen Interessen. Doch Zeus rechnete – eigene Erfahrungen hierbei zugrunde legend – mit der natürlichen Schwäche des männlichen Geschlechts gegenüber den verführerischen Versprechungen der Liebesgöttin. So entschied sich denn Paris auch für Aphrodite und sie erhielt aus seiner

Hand den goldenen Apfel. Schon zuvor hatte sie ihm als Lohn die Schönste aller irdischen Frauen versprochen, was ein zusätzliches Argument gewesen sein mag. Die abgewiesenen Göttinnen Hera und Athene, die ihn mit Macht und Ruhm gelockt hatten, waren – wie von Zeus vorausgesehen – wegen des ungalanten Verhaltens von Paris gekränkt, sogar voller Hass und Rache. Ihre Wut richtete sich nicht nur gegen den trojanischen Prinzen, sondern gegen alle Trojaner; Sippenhaft könnte man sagen.

Der Moment, der den von Zeus gewünschten Trojanischen Krieg auslösen sollte, war jetzt zum Greifen nahe. Paris hatte sich nur noch mithilfe Aphrodites um die Schönste der irdischen Frauen zu bemühen. Das war unbestritten Helena, die Gattin des Menelaos, des Königs von Sparta.

Leda und der Schwan, nach Leonardo da Vinci, Öl auf Leinwand, um 1515, Villa Borghese, Rom

Helenas inoffizieller Vater war Zeus, der sich wieder einmal in eine Sterbliche verliebt hatte. Die Auserwählte war Leda gewesen, Gemahlin des Tyndareos, damals Herrscher über Sparta. Zeus soll sich Leda in Gestalt eines Schwans genähert haben. Aus dieser Begegnung brachte Leda ein Ei zur Welt, dem dann Helena entschlüpfte.

Eine ihrer Schwestern war Klytämnestra, die spätere Frau Agamemnons, und ihre Brüder waren die Dioskuren Kastor und Polydeukes. Auch sie gelten als Kinder des Zeus.

Helena wuchs heran, und der Ruf ihrer Schönheit verbreitete sich in der gesamten antiken Welt. Viele Freier bewarben sich um sie. Sie wurde sogar entführt, aber von ihren Brüdern bald befreit. Helenas offizieller Vater Tyndareos fürchtete beim Anblick der vielen Bewerber, dass die Abgewiesenen sich gegen ihn und den Auserwählten verbünden und gewaltsam vorgehen würden. Da kam ihm Odysseus, König von Ithaka, zu Hilfe. Da er für sich als Freier ohnehin kaum eine Chance gegenüber dem begüterten Menelaos sah, bot er Tyndareos seinen Rat an, wenn dieser ihm helfen würde, Penelope, die Tochter dessen Bruders Ikarios, als Frau zu gewinnen. Er riet Tyndareos, alle Bewerber schwören lassen, dem zukünftigen Gatten Helenas in jeder Hinsicht zu helfen, wenn diesen Feindseligkeiten wegen Helena erwarten würden. Und so geschah es. Helena wurde die Frau von Menelaos, Odysseus erhielt Penelope.

Paris und Helena, Jaques Louis David, Öl auf Leinwand, 1788

Trotz der Warnungen seiner Schwester Kassandra schickte sich Paris an, mit seinem Vetter Äneas, Sohn des Anchises und der Aphrodite, und anderen Gefährten nach Sparta zu fahren, wo es ihm – in Abwesenheit von König Menelaos und der Dioskuren – denn auch gelang, Helena zu entführen und sie sowie reiche Schätze nach Troja zu bringen. Der von Zeus eingefädelte Kriegsgrund war damit eingetreten. Alles lief nach Wunsch.

Jetzt begann das große Kriegsrüsten. Der betrogene Menelaos erinnerte die Großen Griechenlands an ihren Treueschwur, ihm zu helfen, wenn er wegen Helena angegriffen würde. Der Augenblick war nun gekommen. Unterstützung erhielt er von Hera, die jetzt die Gelegenheit erblickte, sich an den Trojanern für die Schmach, die ihr Paris erwiesen hatte, zu

Achilleus unter den Töchtern des Lykomedes, Fresko aus Pompeji, Reg. IX. Ins. 5,2, Museo Nazionale, Neapel

rächen. Sie alle waren sofort dazu bereit. Nur Odysseus musste mit einigen Tricks überredet werden. Agamemnon, Bruder von Menelaos und König von Mykene, wurde zum Heerführer ernannt. Unter den Vornehmen und Helden des Reichs beteiligten sich Nestor – Bruder von Agamemnon und Menelaos, Diomedes – einer der Epigonen, die Theben erobert hatten, Kalchas – erfahrenster Seher der Griechen, Idomeneus – ein Enkel von König Minos auf Kreta, Patroklos – er hatte mit seinem Vater Aufnahme bei Peleus gefunden, der in Pityeia herrschte, und – last but not least – Achilleus. Peleus war ja von Zeus mit der Meeresgöttin Thetis vermählt worden, um einen Sohn zu bekommen, der zum größten Helden der Griechen auf dem trojanischen Kriegsschauplatz werden sollte. Das war Achilleus. Von dem Kentauren Chiron in dessen Höhle aufgezogen, vollbrachte er schon als Knabe Wundertaten, dass selbst die Götter staunten. Patroklos wuchs mit ihm zusammen auf, und beide wurden unzertrennliche Freunde. Als Thetis, die Mutter Achilleus', von dem Rüsten gegen Ilion-Troja erfuhr, versteckte sie ihren Sohn als Mädchen verkleidet unter den Töchtern des Königs Lykomedes auf Skyros, denn sie hatte die tödliche Weissagung nicht vergessen. Doch nach der Weissagung des Sehers Kalchas konnte Troja ohne Hilfe von Achilleus – und das war von Zeus ja auch geplant – nicht erobert werden. Deshalb musste Achilleus mit einer List zum Mitmachen überredet werden. Diesmal war es Odysseus, der mit einem Kriegshorn einen Angriff vortäuschte und Achilleus so aus seinem Versteck lockte. Der Aufbruch konnte beginnen.

MARIONETTEN IN GÖTTLICHEN HÄNDEN – HELDEN UND GÖTTER IM KAMPF UM TROJA

Mit Interesse hatten die Götter all diese Vorgänge und Vorbereitungen für den Kriegszug gegen Troja beobachtet. Sie begannen nun ihrerseits Partei zu ergreifen und Position zu beziehen.

Der Aufmarsch der Griechen begann in Aulis. Fast 1200 Schiffe waren es, die auf günstigen Wind und ruhige See für die Überfahrt warteten. Eine erste Ausfahrt führte die Griechen an die Küste Kleinasiens, wo sie zunächst zu weit südlich von Troja in der Küstenlandschaft von Mysien, in Teuthrania, landeten. Dort zerstörten sie eine Stadt, die sie irrtümlich für Troja hielten, und segelten wieder in die Heimat zurück. Doch bald bemerkten sie ihren Irrtum und bereiteten erneut eine Überfahrt vor. Ihr Anführer Agamemnon allerdings hatte Artemis beleidigt, indem er seine Treffsicherheit mit dem Bogen über die ihre gestellt hatte. Deshalb sandte die Göttin gewaltige Stürme aus, die das Auslaufen der Griechenschiffe unmöglich machten. Nur ein Opfer könnte Artemis versöhnen. Kalchas, der Seher, riet Agamemnon, seine Tochter Iphigenie zu opfern. So schickte man nach ihr und ihrer Mutter Klytämnestra, wobei man ihre Hochzeit mit Achilleus als Grund vorgab. Am Opferaltar wurde Iphigenie von Artemis entführt und nach Tauris gebracht, an ihrer statt entdeckten die Griechen als Opfer eine Hirschkuh. Dies hatte zur Folge, dass Klytämnestra ihren Gatten Agamemnon zu hassen begann und auf Rache sann, während Artemis versöhnt war. Der Sturm legte sich, die Griechen setzten die Segel und fuhren los. Zunächst ging es nach Delos, dann bis Lesbos und schließlich bis zur Insel Tenedos, dem heutigen Bozca Ada. Dort tötete Achilleus trotz der Warnung seiner Mutter Thetis den König Tennes, der auf die lan-

Opferung der Iphigenie, Fresko aus Pompeji, Casa del Poeta tragico, Museo Nazionale, Neapel

denden Griechen mit Felsbrocken geschleudert hatte. Tennes war ein Sohn Apollos gewesen und wer einen Sohn des Gottes tötete, würde durch die Hand Apollos sterben – so war es geweissagt worden.

Gleich bei der Landung kam es zu Zweikämpfen – ob in der Bucht von Besik in Höhe der Insel Tenedos südwestlich von Troja, wo der deutsche Ausgrabungsleiter Manfred Korfmann den Hafen Trojas ausmachen konnte, oder an der Küste nördlich von Troja, ist nicht gesichert. Erneut zog Achilleus den Zorn Apollos auf sich, da er einen Sohn von König Priamos, den jungen Troilos, am Altar des Gottes tötete. Und damit nicht genug: Durch die

Tötung von Kyknos, eines Sohnes von Poseidon, zog er den Groll auch dieses Gottes auf sich.

Eine Aufforderung von Odysseus und Menelaos an die Trojaner, sich zu ergeben und Helena und die geraubten Schätze herauszugeben, wurde zurückgewiesen. So begannen die Griechen die Stadt zu belagern. Troja aber war durch seine Lage auf einem Hügel in der von den Flüssen Skamandros und Simoeis durchzogenen Ebene nicht gänzlich einzuschließen. Daher konnten sich die Trojaner teilweise außerhalb der Stadt frei bewegen und auch versorgen – sowohl mit Nahrung als auch mit Hilfstruppen. Die Griechen hatten ihr Lager auf der anderen Seite des Skamandros, weiter oben im Norden an der Küste, aufgeschlagen. Neun Jahre vergingen, ohne dass sich Entscheidendes ereignete. Inzwischen eroberten die Griechen in der Troas zahlreiche Ortschaften und Städte und plünderten sie. Aber Troja konnte so nicht bezwungen werden.

Bei fast all diesen Unternehmungen zeichnete sich Achilleus besonders aus. Aber erneut erzürnte er den Gott Apollo. Es war bei dem Eroberungs- und Raubzug gegen die Stadt Theben. Hierbei tötete er den Vater und sieben Brüder von Andromache, der Gattin Hektors, und Chryseis, die Tochter des Apollo-Priesters Chryses, führte er als Gefangene fort und schenkte sie, wie schon zuvor viele andere Mädchen, dem König Agamemnon. Als Chryses vor Agamemnon erschien, um seine Tochter gegen ein hohes Lösegeld einzulösen, wies ihn der Heerführer der Griechen höhnisch zurück. Daraufhin erflehte der Priester den Beistand Apollos. Dieser sandte zugleich seine Seuche bringenden Pfeile aus, erst gegen die Hunde und Maultiere, dann auch gegen die Griechen. So kam die Pest über die Griechen. Sie wütete neun Tage.

Am zehnten Tage verkündete der befragte Seher Kalchas, dass Apollo nur versöhnt werden könne, wenn Chryseis ihrem Vater zurückgegeben werden würde, ohne Lösegeld und unter Darbringung reicher Opfergaben am Altar des Gottes. Wutentbrannt willigte Agamemnon ein. Doch als Ersatz holte er sich aus dem Zelt des Achilleus die der Aphrodite sehr ähnlich sehende Briseis, die Achilleus von einem Beutezug in Mysien für sich mitgebracht hatte. Jetzt war es Achilleus, der zürnte. Und er bat seine Mutter Thetis, Zeus zu überreden, den Trojanern beizustehen, es sei denn, Agamemnon würde sich bei ihm für die Beleidigung und Kränkung entschuldigen. Zeus zeigte sich der Bitte geneigt, das Kampfgeschehen von nun an zugunsten der Trojaner zu lenken. Achilleus indessen zog sich vom Kriegsschauplatz zurück.

Zeus sandte Agamemnon ein Traumbild, das ihn und das griechische Heer zum Kampf mit den Trojanern aufforderte, denn der Sieg sei jetzt sicher. An die Belagerten erging die Botschaft, sich zur Entscheidungsschlacht vorzubereiten.

So rüsteten sich die Griechen. Aufseiten der Trojaner wappnete man sich ebenfalls, dort waren inzwischen Hilfstruppen eingetroffen. Unter ihnen namhafte Helden wie der aus Lykien stammende Sarpedon, ein Sohn des Zeus, und sein Vetter Glaukos, beide Enkel des Bellerophontes, der das Feuer speiende Ungeheuer, die Chimäre, mithilfe des von ihm gebändigten Flügelrosses Pegasus erlegt hatte. Hinzu kamen Euphemos, Fürst der Kikonen aus Thrakien, sowie der berühmte Bogenschütze Pandaros, und schließlich ein Verwandter des Königshauses, Äneas, Sohn des Hirten Anchises und der Göttin Aphrodite, (siehe Seite 69).

Die Schlacht begann. Beide Heerestruppen rückten vor. Die Heeresspitzen waren schon ineinander verkeilt, da forderte Paris lautstark den Stärksten der Griechen zum Zweikampf auf, um gleich darauf zu erschrecken, nämlich als sich Menelaos, der Gatte Helenas, voller Rachedurst bereit erklärte. Schon bereute Paris seinen Übermut, doch wurde er von seinem Bruder Hektor zurechtgewiesen. So vereinbarte man den Zweikampf. Dem Sieger würden Helena und auch die geraubten Schätze zugesprochen.

Der Zweikampf entbrannte in voller Wucht und Stärke. Schon bald erwies sich Menelaos als der Stärkere, der Sieg schien ihm sicher, doch Aphrodite stellte sich, für niemanden sichtbar, vor Paris und beschützte ihn. Menelaos betrachtete sich als Sieger und forderte seinen Siegeslohn. Hätte er ihn erhalten, wäre der Trojanische Krieg zu Ende gewesen und das griechische Heer in seine Heimat zurückgekehrt. Auch Menelaos hätte mit seinem Weib Helena und den geraubten Schätzen die Heimreise antreten können. Doch Zeus trat ja für den entehrten Achilleus ein und befahl den Göttern, für die Trojaner Partei zu ergreifen. Athene, die wegen des Parisurteils nicht gut auf die Trojaner zu sprechen war, brachte, ihrem Vater gehorchend, den Bogenschützen Pandaros dazu, gegen die Regeln des Zweikampfes zu verstoßen, nach denen sich kein Dritter einmischen darf. Pandaros schoss auf Menelaos und verwundete ihn. Dadurch ermutigt griffen die Trojaner an. Doch trafen sie besonders bei Diomedes, einem der Eroberer Thebens, auf harten Widerstand. Wie entfesselt wütete er unter den Trojanern, und es gelang ihm, Äneas zu verwunden. Als dessen Mutter Aphrodite ihn in Sicherheit bringen wollte, ging Diomedes sogar gegen diese vor und verwundete sie mit seinem Speer. Da erschien Iris, die pfeilschnelle Botin der Götter, und brachte Aphrodite auf dem Gefährt des Kriegsgottes Ares auf den Olymp in Sicherheit.

Jetzt griff Apollo ein und nahm Äneas mit sich nach Troja, wo sich seine Mutter Leto und seine Schwester Artemis des Verwundeten annahmen. Indessen bat Apollo Ares, dem Treiben des Diomedes ein Ende zu setzen. Doch dieser war nicht mehr zu bremsen und wurde obendrein unterstützt von Athene, die wieder in das Lager der Griechen übergewechselt war. Er stürmte sofort gegen den Kriegsgott an und verwundete ihn. Mit lautem Schmerzensgeschrei floh der Gott zum Olymp. Inzwischen waren die Griechen auf Anraten des Nestor dazu übergegangen, ihr Lager zu befestigen. Sie errichteten eine Mauer mit Türmen, Toren, Wällen und Gräben. Doch die Trojaner hatten dank Zeus' Hilfe die Festung fast erstürmt.

In ihrer Not versuchten die Griechen jetzt über Agamemnon und Odysseus, Achilleus umzustimmen. Aber dieser grollte immer noch und verweigerte jede Hilfe. Erst wenn Hektor die Schiffe der zusammen mit Achilleus gekommenen Myrmidonen angriffe, würde er zum Kampfplatz zurückkehren. Die Myrmidonen waren Bewohner der Insel Aigina, die ursprünglich Ameisen gewesen waren, aber von Zeus in Menschen verwandelt worden waren und als Erfinder der Segelschiffe gelten.

Das Kriegsglück lag nun eindeutig bei den Trojanern. Unter den Griechen gab es zahlreiche Ausfälle, auch wurden Odysseus, Agamemnon und Diomedes verwundet. Schon gelang es den Trojanern, die Griechenfestung zu stürmen, und Hektor hatte bereits einen Teil der Schiffe in Brand gesteckt. Da eilte Patroklos zu seinem Freund Achilleus und flehte ihn an, ihm wenigstens seine Rüstung und seine Waffen zu leihen und auch den Myrmidonen, die sich ja ebenfalls vom Kampfgeschehen zurückgezogen hatten, zu gestatten, den Griechen zu Hilfe zu eilen. Achilleus erfüllte den Wunsch des Freundes, warnte ihn jedoch davor, die Trojaner, sobald er sie vertrieben hätte, zu verfolgen.

Als die Trojaner den in der Rüstung des Achilleus herbeistürmenden Patroklos sahen, glaubten sie, dass es Achilleus selbst sei, und wandten sich zur Flucht. Dadurch angespornt vergaß Patroklos die Worte seines Freundes und verfolgte die Feinde bis weit vor die Stadtmauern Trojas. Viele Trojaner fielen von seiner Hand, auch der lykische Fürst und Sohn des Zeus Sarpedon. Da trat ihm Apollo entgegen. Von der Lanze des Euphorbos – Sohn des trojanischen Apollo-Priesters Panthus – getroffen, ward Patroklos eine leichte Beute Hektors. Nun begann ein heftiger Streit um den toten Patroklos. Während Hektor sich der Rüstung und der Waffen Achilleus' bemächtigte, die ja einst von Hephaistos geschmiedet worden waren, überbrachte man Achilleus die Todesnachricht.

Von seinem herzzerreißenden Wehklagen über den toten Freund und seinen lauten Racheschreien angelockt, erschien aus den Tiefen des Meeres seine Mutter Thetis. Voller Schmerz vernahm sie die Trauer ihres Sohnes. Obwohl sie von dem bevorstehenden Tode ihres Sohnes wusste – Zeus hatte ihr seinen Tod im Trojanischen Krieg vorausgesagt –, eilte sie zum Olymp, auf dass Hephaistos, der göttliche Schmied, neue Waffen für

Kampf um Troja, Miniatur, Ende
5. Jh., Biblioteca Ambrosiana,
Mailand

Achilleus anfertige. Unterdessen suchte die Götterbotin Iris auf
Geheiß von Zeus Achilleus auf, damit er sich den Trojanern
zeige, um allein durch seine Erscheinung dieselben zurückzu-
scheuchen. Athene hatte ihm zusätzlich ihre Aigis geliehen,
ein mit dem alles versteinernden Medusenhaupt geschmückter
Brustpanzer, einst von Hephaistos für ihren Vater Zeus geschmiedet, der ihn ihr geschenkt hatte. Achilleus' Furcht einflößende Gestalt näherte sich den Trojanern, die ängstlich zu-
rückwichen, und er konnte die Leiche seines Freundes Patroklos bergen.

Der folgende Tag sollte die Entscheidung bringen. Über
Nacht hatte Hephaistos eine neue Rüstung und neue Waffen geschmiedet. Und Achilleus brannte darauf, seinen Freund Patroklos an Hektor zu rächen. Vergessen war der Groll gegen Agamemnon, der ihn mit Versöhnungsgeschenken überhäufte und
ihm auch die schöne Briseis zurückgab. Da die Ehre des Achilleus wiederhergestellt war, änderte auch Zeus seine Kriegstak-
tik und war nun nicht mehr allein aufseiten der Trojaner. Vielmehr wies er seine Götter an, an dem Kriegsgeschehen teilzunehmen. So fanden sich auf der Seite der Griechen Athene,
Hera, Hephaistos, Hermes und Poseidon, während im Lager der
Trojaner Aphrodite, Artemis, Leto, Apollo, Ares und der Flus-
sgott Skamandros kämpften. Der Kampf entbrannte in furchtbarer Stärke und „Götter stritten so Göttern entgegen":

> Als die Olympier dann in der Männer Gedränge getreten,
> Hob sich die schlimme, verhetzende Eris, und gellend schrie Pallas
> Bald schon außer der Mauer, am Rand des gerichteten Grabens
> Bald auch schrie sie laut an des Meeres umdonnerter Küste
> Ares brüllte von drüben und glich einem finstern Sturmwind,

Hell erschallte sein Ruf von der Zinne der Feste den Troern,
Bald auch im Lauf bei Kallikolone am Rand des Simoeis.
Also stachelnd trieben die seligen Götter die beiden
Völker zusammen, sie hart zu heftiger Fehde zu reizen.
Brüllender Donner entfuhr dem Vater der Götter und Menschen
Hoch aus der Höhe, und unten erschütterte bebend Poseidon
Weit das unendliche Land und die ragenden Scheitel der Berge.
Alle Gründe wankten im quellendurchrieselten Ida,
Alle Gipfel, auch Priamos' Stadt und die Schiffe Achaias.
Furcht in der Tiefe erfasste der Schatten Fürst, Aidoneus,
Bangend sprang er vom Thron und schrie, damit ihm nicht droben
Der Umstürmer der Lande, Poseidon, die Erde zerberste,
Und den Unsterblichen nicht und den Menschen die ganze
    Behausung
Dumpf voll Moder erschiene, vor der die Götter selbst schaudern:
Solch ein Getöse erhob sich beim Angriff der streitenden Götter.
Denn schon stellte sich gegen Poseidon, den Herrscher des Meeres,
Phoibos Apollon und schwang in der Hand die gefiederten Pfeile;
Wider Ares erhob sich Athene mit leuchtenden Augen,
Hera trat entgegen mit goldenen Pfeilen die wilde,
Jauchzende Artemis, die Schwester des sicheren Schützen;
Letos Gegner war der starke, spendende Hermes;
Wider Hephaistos erhob sich der wilde, strudelnde Stromgott,
Den die Götter Xanthos, die Menschen Skamandros benennen.

Aber die feindlichen Heere wüteten ebenfalls und zahlreich waren die Gefallenen unter den Trojanern. Auf griechischer Seite war es Achilleus, der die Trojaner das Fürchten lehrte. Auf der Suche nach Hektor stieß er auf Äneas, den Sohn Aphrodites. Doch Poseidon breitete dichten Nebel über Achilleus aus und entführte Äneas. Dieser sollte nach dem Tod von Priamos die verbliebenen Trojaner wegführen und weit fort eine neue Stadt und ein neues Reich gründen. Da tauchte Hektor auf, gerade als Achilleus seinen jüngsten Bruder Polydoros mit der Lanze tötete, und es kam zu dem berühmtesten Zweikampf der Antike. Den gegen Achilleus geschleuderten Speer lenkte Athene beiseite. Jetzt war es Apollo, der Hektor vor dem tobenden Achilleus in Sicherheit brachte. Hektor wollte sich ihm stellen und erwartete ihn an einem der Stadttore. Doch als er jenen – in seiner neuen Rüstung eher einem Kriegsgott denn einem menschlichen Wesen gleichend – auf sich zustürmen sah, verließ ihn der Mut und er wandte sich zur Flucht. Dreimal verfolgte ihn Achilleus um die Stadtmauern. Dies erbarmte Zeus und schon wollte er ihn retten. Da erschien Athene, der es durch ein Trugbild gelang, dass Achilleus seinen Gegner mit dem Speer niederstreckte. Sterbend bat Hektor Achilleus, seine Leiche seinen Eltern zu übergeben. Doch stattdessen band jener den toten Hektor an seinen Wagen und schleifte ihn über das Schlachtfeld, um ihn dann unter glühender Sonne den Hunden und Vögeln vorzuwerfen.

Mittlerweile wurde Patroklos feierlich bestattet, ihm zu Ehren wurden während der Totenfeier Wettkampfspiele veranstaltet. Aphrodite indessen hatte heimlich den Leichnam Hektors mit Duftölen gesalbt und Apollo eine Wolke über ihn gebreitet, um ihn vor der Sonne zu schützen. Doch erneut schleifte Achilleus die Gebeine Hektors durch den Staub. Jetzt schritt Zeus ein und hieß Thetis ihrem Sohn auftragen, Hektor gegen Geschenke seinen Eltern zurückzugeben. Gleichzeitig schickte er die Götterbotin Iris zu Priamos, damit er sich zu Achilleus begeben solle, um die Leiche seines Sohnes von ihm zu erbitten. So geschah es und Hektor wurde in Troja feierlich bestattet.

> Priamos aber, der Greis, begann zum Volke zu reden:
> Schaffet jetzt Holz zur Stadt, ihr Troer, und keiner befürchte
> Feindlichen Hinterhalt. Denn als von den finsteren Schiffen
> Mich Achilleus entließ, hat er mir also versprochen:
> Nicht zu kämpfen, bevor der zwölfte Morgen sich rötet.
> Also sprach er, da schirrten sie gleich die Mäuler und Ochsen
> Unter das Joch und kamen dann schnell vor der Feste
>   zusammen,
> Schafften dann Holz herbei, neun Tage lang riesige Mengen.
> Wie nun der Morgen am zehnten Licht spendend die Hände
>   erhoben,
> Trugen sie unter Tränen hinaus den tapferen Hektor,
> Legten hoch auf die Scheite die Leiche und schürten das Feuer.
> Als nun die dämmernde Frühe mit Rosenfingern erwachte,
> Scharte das Volk sich rings um das Feuer des herrlichen Hektor.
> Aber nachdem sich am Platz vereint die Menge versammelt,
> Löschten mit funkelndem Wein sie erst völlig den Holzstoß
> Aus, soweit die Flamme noch fraß. Dann, ohne zu säumen,
> Sammelten Brüder und Freunde des Toten bleiche Gebeine
> Trauerbewegt, und heiß rann ihnen die Träne hinunter,
> Und sie legten die Reste dann nieder in goldener Truhe,
> Eingehüllt in weiche und purpurfarbene Gewänder
> Senkten sie dann in die Tiefe der Gruft, und oben drüber
> Häuften sie dicht aneinander gewaltige, steinerne Blöcke.
> Schnell ward der Hügel errichtet, und ringsum lagerten Späher,
> Ob die geschienten Achaier nicht früher schon stürmten zum
>   Angriff.
> Als geschüttet das Mahl, enteilten sie; aber von neuem
> Kamen sie wieder zusammen und hielten herrliche Mahlzeit
> Unter des Priamos Dach, des göttlich erhabenen Herrschers.
> Also feierten sie des riesigen Hektor Bestattung.

Achilleus, der um seinen eigenen baldigen Tod wusste, bat seine Gefährten angesichts der Bestattung Hektors ihm einen

Grabhügel zu errichten. In Goethes Epos *Achilleis* ist dies ergreifend geschildert:

Hoch zu Flammen entbrannte die mächtige Lohe noch einmal
Strebend gegen den Himmel, und Ilios-Mauern erschienen
Rot durch die finstere Nacht; der aufgeschichteten Waldung
Ungeheures Gerüst, zusammenstürzend, erregte
Mächtige Glut zuletzt. Da senkten sich Hektors Gebeine
Nieder, und in Asche lag der edelste Troer am Boden.
Nun erhob sich Achilleus vom Sitz vor seinem Gezelte,
Wo er die Stunden durchwachte, die nächtlichen, schaute der
    Flammen
Fernes, schreckliches Spiel und des wechselnden Feuers
    Bewegung,
Ohne die Augen zu wenden von Pergamos rötlicher Feste.
Tief im Herzen empfand er den Hass noch gegen den Toten,
Der ihm den Freund erschlug und der nun bestattet dahin sank.
Aber als nun die Wut nachließ des fressenden Feuers
Allgemach, und zugleich mit Rosenfingern die Göttin
Schmückte Land und Meer, dass der Flammen Schrecknisse
    bleichten,
Wandte sich, tief bewegt und sanft, der große Pelide
Gegen Antilochos hin und sprach die gewichtigen Worte:
So wird kommen der Tag, da bald von Ilios Trümmern
auch und Qualm sich erhebt, von thrakischen Lüften getrieben,
Idas langes Gebirg und Gargaros Höhe verdunkelt;
Aber ich werd' ihn nicht sehn! Die Völkerweckerin Eos
Fand mich Patroklos' Gebein zusammenlegend, sie findet
Hektors Brüder jetzt in gleichem frommen Geschäft,
Und dich mag sie auch bald, mein trauter Antilochos, finden
Dass du den leichten Rest des Freundes jammernd bestattest.
Soll dies also nun sein, wie mir es die Götter entbieten,
Sei es! Gedenken wir nun des Nötigen, was noch zu tun ist.
Denn mich soll, vereint mit meinem Freunde Patroklos
Ehren ein herrlicher Hügel, am hohen Gestade des Meeres
Aufgerichtet, den Völkern und künftigen Zeiten ein Denkmal.
Fleißig haben mir schon die rüstigen Myrmidonen
Rings umgraben den Raum, die Erde warfen sie einwärts
Gleichsam schützenden Wall aufführend gegen des Feindes
Andrang. Also umgrenzten den weiten Raum sie geschäftig.
Aber wachsen soll mir das Werk! Ich eile, die Scharen
Aufzurufen, die mir noch Erde mit Erde häufen
Willig sind, und so vielleicht beförd'r ich die Hälfte;
Euer sei die Vollendung, wenn bald mich die Urne gefasst hat.

Der Kampf entbrannte von neuem. Die Trojaner hatten mit dem äthiopischen König Memnon und mit der Amazonenkönigin Penthesilea Verstärkung erhalten. Beide fielen durch die Hand

des Achilleus. Doch es war der Moment gekommen, wo auch er, wie vorausgesagt, den Gang zum Hades antreten musste. Auf der Verfolgung einiger Trojaner war er bis an das skäische Tor der Stadt vorgedrungen. Da erblickte ihn Paris, und mit Apollos Hilfe, der die Pfeile lenkte, tötete er ihn mit einem Schuss in die Ferse und in die Brust.

So starb der gewaltigste und gefürchtetste Heros des Trojanischen Krieges. Mithilfe von Odysseus brachte man seine Gebeine in das Lager der Griechen. Dort wurde feierlichst die Totenfeier begangen, aus dem Meere entstieg seine Mutter Thetis mit ihren Schwestern. Groß war die Totenklage bei der Verbrennung auf dem Scheiterhaufen. Zusammen mit der Asche des Patroklos und des Sohnes von Nestor, Antilochos, wurde seine Asche in einer goldenen, von Hephaistos gefertigten Urne in einem gewaltigen Grabhügel am Meer beigesetzt. Auf Geheiß der Göttin Hera hatte Athene „den Busen des Peliden [Achilleus] mit göttlichem Leben gefüllt". Und so heißt es in der *Achilleis* von Goethe:

Meerwärts wandte die Göttliche sich, der sigeische Hügel
Füllt ihr das Auge, sie sah den rüstigen Peleionen
Seinem geschäftigen Volke der Myrmidonen gebietend.
Gleich der beweglichen Schar Ameisen, deren Geschäfte
Tief im Walde der eilende Tritt des Jägers gestöret,
Ihren Haufen zerstreuend, wie lang' er und sorglich getürmt war;
Schnell die gesellige Menge, zu tausend Scharen zerstoben,

Wimmelt sie hin und her, und einzelne Tausende wimmeln,
Jede das Nächste fassend und sich nach der Mitte bestrebend,
Hin nach dem alten Gebäude des labyrinthischen Kegels:
Also die Myrmidonen, sie häuften Erde mit Erde
Rings von außen den Wall auftürmend; also erwuchs er
Höher, augenblicks, hinauf in beschriebenem Kreise.
Aber Achilleus stand im Grunde des Bechers, umgeben
Rings von dem stürzenden Wall, der um ihn ein Denkmal
    emporstieg.
Hinter ihn trat Athene, nicht fern; des Antilochos Bildung
Hüllte die Göttin ein, nicht ganz, denn herrlicher schien er.
Bald nun zurückgewandt, erblickte den Freund der Pelide
Freudig, ging ihm entgegen und sprach, die Hand ihm ergreifend:
Trauter, kommst du mir auch, das ernste Geschäft zu befördern,
Das der Jünglinge Fleiß mir nah und näher vollbringt?
Sieh! wie rings der Damm sich erhebt, und schon nach der Mitt
Sich der rollende Schutt, den Kreis verengend, herandrängt,
Solches mag die Menge vollenden, doch dir sei empfohlen,
In der Mitte das Dach, den Schirm der Urne, zu bauen.
Hier! zwei Platten sondert' ich aus, beim Graben gefundne,
Ungeheure; gewiss der Erderschüttrer Poseidon
Riss vom hohen Gebirge sie los und schleuderte hierher
Sie, an des Meeres Rand, mit Kies und Erde sie deckend.
Diese bereiteten, stelle sie auf; aneinander sie lehnend,
Baue das feste Gezelt! darunter möge die Urne
Stehen, heimlich verwahrt, fern bis ans Ende der Tage.
Fülle die Lücke sodann des tiefen Raumes mit Erde,
Immer weiter heran, bis dass der vollendete Kegel,
Auf sich selbst gestützt, den künftigen Menschen ein Mal sei.

Ein hoch aufragender Hügel im Nordwesten Trojas mit abfallendem Hang Richtung Meer gilt als möglicher Grabhügel des Peliden.

DAS HÖLZERNE PFERD

Noch immer war Troja nicht gefallen. Gemäß einer Weissagung benötigten die Griechen für die Eroberung Trojas den Bogen des Herakles. Den aber besaß Philoktetes, der ihn einst von Herakles erhalten hatte als Dank dafür, dass er den Scheiterhaufen für den Heros angezündet hatte. Bei der Ausfahrt der Griechen nach Troja war Philoktetes krank auf einer Insel zurückgeblieben. Odysseus und Diomedes holten ihn nun und brachten ihn ins Lager der Griechen, wo er geheilt wurde. Und schon kurz darauf fiel Paris durch das Geschoss des Herakles. Der von Zeus programmierte Urheber des Trojanischen Krieges war gestorben.

Nacht über Troja, Szene mit
(v. l. n. r.) Helena, Menelaos,
Priamos, Ajax und Kassandra vor
dem Palladion, Fresko, Casa del
Menandro, Pompeji

Einer anderen Weissagung zufolge konnten die Griechen Troja erst dann erobern, wenn sie sich in den Besitz des Palladion, des hölzernen Standbilds der Göttin Athene, gesetzt hätten. Dieses war ein Geschenk des Zeus an seinen Sohn Dardanos, der es im Allerheiligsten des Athene-Tempels in Troja aufbewahrte. Die Griechen scheinen aber erst während der Erstürmung der Stadt in den Besitz der Statue gelangt zu sein. Dabei fiel ihnen auch die Seherin Kassandra in die Hände. Nach einer anderen Version soll sich Odysseus mit Diomedes als Bettler verkleidet in die Stadt geschlichen haben. Dabei sei ihnen Helena begegnet, die ihnen den Weg zu dem Palladion gezeigt habe, das sie mit sich nahmen. Der Raub des Palladion stellte eine Beleidigung der Göttin Athene dar, und sie grollte den Griechen.

Da kam Odysseus auf die Idee mit dem hölzernen Pferd. Es sollte so groß sein, dass es nicht durch die Stadttore Trojas passen würde. Sein hohler Innenraum war gedacht zur Aufnahme der griechischen Helden, um so unentdeckt in die Stadt zu gelangen. Odysseus vertraute auf die Neugier der Trojaner, die das beeindruckende Tier durch eine Mauerlücke in die Stadt ziehen würden, sodass sie von dort im geeigneten Moment die Stadt angreifen könnten, während sich die Verbündeten draußen heimlich an die Stadt anschleichen sollten.

Sie bauten also das riesige Tier, verbrannten ihre Zelte. Ein Großteil der Männer bestieg die Schiffe und segelte demonstrativ davon, während Odysseus mit den furchtlosesten Helden in

Kassandra warnt vor dem hölzernen Pferd, Stich von 1676

den Bauch des Pferdes kletterte. Ein Mann blieb als Wachtposten an der Küste zurück; er sollte Zeichen geben, wenn der Augenblick der Erstürmung gekommen sei.

Das Pferd war aber auch eine Art Sühnegeschenk an Athene wegen des geraubten Palladions – ihres hölzernen Standbildes. Einer ihrer Beinamen war Hippia, Pferdegöttin. So war eine Pferde-Statue als Opfergabe durchaus passend. Es soll auch mit einer Inschrift versehen gewesen sein: „Die Griechen der Athene zum Dank".

So sahen eines Morgens die Trojaner die Kampfebene und das Griechenlager verlassen. Aber inmitten der Ebene erblickten sie das gewaltige hölzerne Pferd. Ganz Troja versammelte sich, um den Abzug der Griechen wie einen Sieg zu feiern, und wunderte sich über das seltsame Tier. Die Griechen jedoch hatten einen der Ihren beim Pferd zurückgelassen, damit er den Trojanern raten solle, es zum Athene-Heiligtum in der Stadt zu ziehen und der Göttin zu weihen. Trotz der Warnungen Kassandras riss man den Torbogen des Skäischen Stadttores ab und holte das Pferd in einem gewaltigen Triumphzug in die Stadt.

In ihrem Siegestaumel begriffen die Trojaner auch nicht die Vorkommnisse um Laokoon, einen Priester des Poseidon und des Apollo. Dieser hatte misstrauisch seinen Speer gegen das Pferd geschleudert und die Trojaner davor gewarnt. Doch als er kurz darauf gemeinsam mit seinen beiden Söhnen dem Meeresgott Poseidon ein Stieropfer darbrachte, krochen zwei gewaltige Schlangen an Land und erwürgten ihn und seine Söhne. Es heißt, Laokoon habe Apollo beleidigt, da er mit seiner Frau im Tempel des Gottes seine Söhne gezeugt hatte. Insofern kann das Verhalten des Gottes, der ja bisher als Beschützer Trojas aufgetreten war, als ein Einschwenken auf die Linie des Zeus betrachtet werden, der den Untergang Trojas bezweckte. In nicht unerhebliche Gefahr gerieten Odysseus und die anderen

Helden im Bauch des Pferdes, als Helena, die möglicherweise von Odysseus bei seinem nächtlichen Besuch in der Stadt von dem Vorhaben erfahren hatte, zu dem Pferd ging und die Griechen – so schien es – mit der Stimme ihrer Frauen rief. Odysseus jedoch konnte seine Gefährten daran hindern, das Pferd zu verlassen, um sich in die Arme der „Frauen" zu stürzen.

Ein gewaltiges Trinken und Essen hub an, und als die Trojaner trunken vom Wein und vom Schlaf übermannt darniederlagen, krochen die Griechen aus dem Pferd heraus. Auf das verabredete Zeichen hin landeten auch die Schiffe, und das Heer der Griechen stürmte in die Stadt. Dort begann ein gewaltiges Morden unter den fast wehrlosen Trojanern. Am schlimmsten trieb es Neoptolemos, ein Sohn des Achilleus und der Königstochter Deidameia von der Insel Skyros. Er schreckte nicht davor zurück, den greisen Priamos, den sein Vater Achilleus noch geschont hatte, am Altar des Zeus zu ermorden. Den Sohn Hektors, ein Kind namens Astyanax, entriss er der Amme und warf es von der Stadtmauer hinunter. Zugleich sandte er zahlreiche Trojanerinnen als Sklavinnen auf sein Schiff. Unter ihnen war Andromache, die Gattin Hektors. Sie wurde Neoptolemos als Sklavin mitgegeben. Euripides und Racine haben in ihren Dramen den düsteren Lebensweg der trojanischen Königstochter in ergreifender Weise aufbereitet.

Das Geschlecht des Priamos war erloschen. Schon bei der Totenfeier für Patroklos hatte Achilleus die meisten der Söhne von Priamos und Hekabe geopfert. Nach und nach war auch der Rest gefallen, die Überlebenden gefangen genommen und getötet worden, so die Tochter Polyxena, die Odysseus zu Ehren des Achilleus opferte. Ein Sohn, Polydoron, wurde in der Fremde von dem thrakischen König Polymestor ermordet. Hekabe selbst wurde – so schildert es Euripides in seinem Bühnenstück *Hekabe* – in eine Hündin mit feurigen Augen verwandelt und in Thrakien begraben. Die Stätte trägt seitdem den Namen Hundegrab, Kynossema.

Doch es gab zumindest ein Happyend. Menelaos nämlich irrte, nach Helena suchend, im Königspalast umher. Odysseus, der sich im Palast ja auskannte, führte ihn zu Helena, die ihn bereits erwartete. Mit dem Schwert in der Hand stürzte sich Menelaos auf sie, die mit entblößter Brust bereit war, den Todesstoß zu empfangen. Es wird immer ein Geheimnis bleiben, ob es der ungebrochene Liebreiz der Schönsten aller irdischen Frauen war oder das Einwirken Aphrodites auf Menelaos, jedenfalls war die Umarmung, die daraufhin erfolgte, keine tödliche, sondern eine des Sich-Wiedersehens nach langer Zeit. Alles war vergessen. Menelaos schmolz dahin, Helena erbebte das Herz, und aus Tränen der Angst wurden Tränen der Freude. Die Liebe entbrannte aufs Neue – das Paar hatte sich wiedergefunden.

Nachdem Troja endlich erobert und in Flammen aufgegangen war, viele Trojaner gefallen oder geflohen, die Überlebenden mit den Frauen und Mädchen von den Griechen fortgeführt waren und reiche Beute gemacht worden war, dachten die Griechen nur noch an eine schnelle und glückliche Heimkehr. Doch diese war nicht jedem beschieden. Viele von ihnen erreichten die Heimat nie, andere – wie Menelaos und Helena – kamen erst nach acht Jahren zurück, und Odysseus benötigte gar zehn Jahre. Auf manche wartete zu Hause sogar der Tod, so auf Agamemnon. Einer der Trojaner hatte sich, bevor das Unheil über Troja hereingebrochen war, noch rechtzeitig in Sicherheit bringen können. Das war Äneas mit seinen Familienangehörigen, dem Vater Anchises und dem Sohn Askanios. Ihm war es bestimmt, nach dem Untergang des Geschlechts des Priamos noch einige Zeit in der Troas zu herrschen. Dann wandte er sich gegen Westen, wo er Aufnahme bei Dido, der Königin von Karthago fand. Äneas aber sollte nach Italien weiterziehen, so wollten es die Götter. Die unglückliche Dido gab sich wegen des Fortgangs des Trojaners den Tod. Vergil, der im zweiten Gesang seiner *Aeneis*, der packenden und ergreifenden Erzählung des Äneas, all die Ereignisse noch einmal vor der Königin aufrollt, hat in seinem vierten Gesang auch das tragische Ende der Königin besungen.

Äneas ließ sich in Latium nieder, wo er die Stadt gründete, die später die Hauptstadt des Römischen Weltreichs werden sollte – Rom. Für den Namen soll eine gleichnamige Trojanerin Patin gestanden haben. Dieser Gründungsmythos ist zwar nicht so populär wie der von Romulus und Remus, aber der römische Hochadel hatte seine Gründe, warum er die Gründung Roms durch den Trojaner bevorzugte. Die Römer nämlich sahen in Rom das wiedererstandene Troja-Ilion und suchten ihre Vorfahren in den Familien der Helden Trojas. So leitete Cäsar sein Familiengeschlecht – die Julier – von Askanios, dem Sohn des Äneas, ab, der den Beinamen Julus hatte.

Ein Sohn von Odysseus und Kirke, Latinos, soll sich ebenfalls in Italien niedergelassen und den Stamm der Latiner gegründet haben. Auch der Held Diomedes zog mit einigen Gefährten nach Italien, an den Monte Gargano, den Sporn des italienischen Stiefels, und auf die Tremitischen Inseln, eine vorgelagerte Inselgruppe. Als er starb, verwandelte Zeus die Gefährten in Möwen, die noch heute den Namen Diomedea tragen. Nach einer anderen Erzählung, die uns in das Reich der Franken führt und Teil der deutschen Heldensage wurde, soll Priamos den Kampf um Troja überlebt und sich mit einem Teil der Bewohner durch den Hellespont hinauf über das Schwarze

Meer bis an die untere Donau begeben haben. Von dort sei er dann weiter bis zum Niederrhein gezogen, wo er die Stadt Troja Nova, bekannter unter dem Namen Xanten, gründete. Damit sind wir beim Nibelungenlied angelangt, dort wird Xanten als Heimat Siegfrieds genannt. Auch der Name dessen Mörders, Hagen von Tronje, wird neben anderen Deutungen mit der ruhmreichen Stadt in Kleinasien in Verbindung gebracht.

Die Trojaner bringen das hölzerne Pferd in die Stadt

MOSCHEEN

**Vorhalle der Moschee Sultan Cami
in Manisa**

Die tiefe Frömmigkeit der islamischen Türken mit ihren Gebetsriten bestimmt ungebrochen ihren Tagesablauf – besonders den der Bewohner auf dem Lande. Und wie im Abendland die Kathedralen, Wallfahrtskirchen und Klöster, sind es im Morgenland die Sultansmoscheen mit ihren Medresen sowie die kleinen Dorfmoscheen, die den optischen Mittelpunkt, das geistig-religiöse Zentrum bilden und den Betrachter zum Betreten und Verweilen auffordern. Dabei spielt es kaum eine Rolle, ob der Sakralbau ursprünglich schon als Moschee geplant und als solche auch errichtet wurde oder eine im abendländischen Barockstil erbaute Kirche im Innenraum nach den Regeln der griechisch-orthodoxen Ostkirche mit einer Ikonostasis versehen zur islamischen Moschee umfunktioniert worden ist.

So sind es in Ayvalik, an der Küste gegenüber der Insel Lesbos, gleich zwei Sakralbauten, die Interesse wecken. Während der eine – die so genannte Taksiyarhis-Kirche – mit der noch vollständig und gut erhaltenen orthodoxen Kirchenausstattung nach dem Weggang der Neugriechen um 1920 vom türkischen Festland auf ihre Wiederverwendung zu warten scheint, steht der andere Bau – die ehemalige Aya-Nicola-Kirche – heute ganz im Dienst des Islam. Und beim Betreten des weiten, an eine Hallenkirche erinnernden Innenraumes, jetzt mit wunderschönen Teppichen ausgelegt, spürt man die vorhandene Harmonie und empfindet Wohlbehagen und Freude beim Anblick der vielen fröhlichen Kinder, die hier an dieser Stätte mit den Lehren Mohammeds und des Korans vertraut gemacht werden.

In dem knapp 50 Kilometer östlich von Bergama gelegenen Dorf Soma kann man ein weiteres Kleinod von Moschee entdecken, die noch ganz in der verspielten Holzbauweise des 18. Jahrhunderts gehaltene Carsi Cami.

Hervorzuheben ist die Vorhalle, die sich dem Besucher mit farbenprächtigen Fresken und Holzmalereien, Stukkaturen sowie einer Kassettendecke, Erkern und Balkonen mit Schnitzereien präsentiert. Dabei wird man bildlich auf die beiden wichtigsten Aufgaben eines gläubigen Muslim hingewiesen. So zeigen zwei Fresken, die über den beiden das Hauptportal flankierenden Fenstern angebracht sind, die bedeutendsten Pilgerstätten des Islam – Mekka und Medina. Mindestens einmal in seinem Leben sollte ein gläubiger Muslim dorthin gepilgert sein. Dann kann er sich mit dem Titel Hadschi – Pilger –

schmücken. In eindrucksvoller Schrägansicht hat sich der Künstler in einfacher aber anschaulicher Weise bemüht, die beiden heiligen Pilgerstätten dem Betrachter ans Herz zu legen.

Gelegentlich trifft man in Kleinasien auf islamischen Friedhöfen, in Moscheen oder Museen Grabsteine an, denen man die Einflüsse aus dem Abendland ansieht. So finden sich neben Gedenksteinen reinster islamischer Prägung auch solche, die, sieht man einmal von den arabischen Schriftzügen und Moscheendarstellungen ab, angesichts des reichen barocken Dekors durchaus im süddeutschen Raum entstanden sein könnten.

Moschee von Ayvalik (ehemalige Aya-Nicola-Kirche)

AUS TROAS

ALEXANDREIA TROAS

EINE GRIECHISCHE STADTGRÜNDUNG

Nach dem Tod Alexanders des Großen am 10. Juni 323 v. Chr. in Babylon, der neuen Hauptstadt seines Weltreichs, das sich vom Mittelmeer über Griechenland, Kleinasien, Ägypten, Persien, Mesopotamien bis nach Indien erstreckte, wurde das Reich unter seinen Nachfolgern – griech.: Diadochen – aufgeteilt. Diese setzten sich überwiegend aus dem griechischen Hochadel zusammen, dessen Vertreter als Feldherren im Heer Alexanders zu Ruhm und Ehren gelangt waren.

So bestimmte der Kronrat in Babylon, dass Thrakien an Lysimachos und Phrygien mit Pamphylien an Antigonos, beide vom Hofadel, fielen. Durch geschicktes diplomatisches Taktieren und siegreiche Schlachten erlangte Antigonos erst den Titel des Reichsregenten von Asien, dann den des Königs, und schließlich führte er sogar den Kult des „Gottes Antigonos" ein. In der Schlacht von Ipsos in Phrygien im Jahre 301 v. Chr. unterlag er jedoch Lysimachos und Seleukos und verlor seine Besitzungen in Kleinasien an Lysimachos.

Noch 310 v. Chr. hatte Antigonos – auch Monophtalmos, der Einäugige genannt – die Stadt Antigoneia gegründet, die von seinem Nachfolger Lysimachos ihren heutigen Namen Alexandreia-Troas erhielt. Nicht nur wegen ihrer Lage am Meer, sondern auch wegen des kleinen sicheren Hafens erlangte sie eine gewisse Bedeutung im Seehandel. In römischer Zeit wurde sie ausgebaut und befestigt. Reste der Stadtmauer, eines Theaters und von Thermenanlagen sind stumme Zeugen der Vergangenheit.

Links Alexander d. Gr., Marmor, aus Pergamon, 2. H. d. 4. Jh. v. Chr., Archäologisches Museum, Istanbul

Unten Thermen, Alexandreia Troas

Dass die Stadt Alexandreia-Troas nicht irgendeine Stadt war, wird auch von anderer Seite belegt, der Bibel nämlich. Apostel Paulus nahm hier Quartier, gründete eine christliche Gemeinde und wählte die Stadt als Ausgangspunkt für die Christianisierung Griechenlands.

„Da zogen sie durch Mysien und kamen hinab nach Troas… Da fuhren wir von Troas ab und kamen geradewegs nach Samothrake, am nächsten Tag nach Neapolis" (Apostelgeschichte 16,8 und 11). Bei dieser Gelegenheit erfährt man, dass auch ein Apostel nicht immer an alles denkt, denn in seinem zweiten Brief an Timotheus, den er in Rom abfasste, bittet Paulus Timotheus: „Den Mantel, den ich in Troas ließ bei Karpus, bringe mit, wenn du kommst, und die Bücher, besonders die Pergamente" (2. Tim 4,13).

Der einstige Hafen von Alexandreia-Troas – südlich von Odunluk in der Nähe des Dorfes Dalyan Köyü – mit der versandeten Zufahrtsrinne zum Meer bietet dem Besucher einen seltsamen Anblick. Über dem seichten roten Boden haben sich weiße Salzkrusten gebildet, und zwei Säulen von gewaltigen Ausmaßen warten am ehemaligen Kai – so scheint es – auf ihre Verschiffung, während draußen vor dem Hafenbecken ein weiteres Dutzend Säulen aus dem Wasser herausragt, die ihr Transportschiff offenbar nicht erreicht oder unfreiwillig verlassen haben.

Die Frage nach der Herkunft dieser wahrhaftigen „Säulen des Herkules" kann wenige Kilometer landeinwärts, unweit des Dorfes Kocali-Köyü, beantwortet werden. Vom Dorfrand führt ein unwegsamer Pfad zwischen häusergroßen Granitbrocken in einen Steinbruch, wo über dreißig dieser runden Giganten – sie weisen immerhin eine Länge von elf Metern und einen Durchmesser von circa 1,50 Metern auf und haben ein errechnetes Gewicht von sechzig Tonnen – zum Teil noch halb im Felsen, aber auch schon vollendet auf ihren Abtransport warten. Wie viele Ochsen und Holzrollen brauchte man wohl dafür? In unserer Zeit wären ein spezieller Lastenkran, ein Tieflader, eine Polizeieskorte mit Blau- und Gelblicht und an der Mole ein Hafenkran vonnöten.

Es ist überliefert, dass in byzantinischer Zeit viele dieser Säulen in die Hauptstadt des Byzantinischen Reichs nach Konstantinopel verfrachtet wurden, wo sie in den Palästen der Kaiser und in den Kirchen erheblichen Anteil an der prunkvollen Ausstattung hatten.

Oben Der ehemalige Hafen von
Alexandreia-Troas mit den „Säulen
des Herkules"

Unten Steinbruch von Alexandreia-
Troas, bei Kocali-Köyü

NEANDREIA

Nur wenige Kilometer östlich von Alexandreia-Troas erheben sich auf dem 500 Meter hohen Cigri Daği die Überreste der äolischen Stadt Neandreia. Man gelangt zu ihr über die Hauptstraße Çanakkale Richtung Ayvacik, die man bei Ezine nach Geyikli verlässt. Nach etwa acht Kilometern biegt man links ab nach Kemalli, dann über Uluköy bis nach Kayacik. Von hier

Reste der Stadtmauer und der Akropolis von Neandreia

führt ein schmaler Schotter- und Sandweg hinauf nach Neandreia-Kale, der Burg von Neandreia.

Durch die Südtor-Anlage der aus polygonalen Blöcken ausgeführten Stadtmauer betritt man das Areal der ehemaligen Bergstadt. Ein noch recht gut erhaltener Mauerring von über drei Kilometern Länge mit Türmen umgibt noch heute das kaum Ruinen aufweisende, eher steppenartige Stadtgebiet und zieht sich bis zum Akropolis-Hügel hinauf, der den Besucher mit gewaltigen Granitfelsen und polygonalem Mauerwerk empfängt. Ein grandioser Rundblick über eine archaische Bergwelt mit dem Ida-Gebirge, dem heutigen Kaz Daği, im Osten bis weit hinunter in die Ebene, die Einsamkeit einer Ziegenherde und ein ständig wehender Nordwind, den wir schon aus Troja kennen, sind die dramaturgischen Akzente des Besuchs.

Die Stadt gilt als eine der ältesten äolischen Siedlungen der Gegend. Reste von Fundamenten eines ionischen Tempels verweisen in das sechste Jahrhundert v. Chr. Ob nun hier oder an anderer

Äolisches Kapitell aus Neandreia, Marmor, 5. Jh. v. Chr., Archäologisches Musum, Istanbul

58

Stelle Kleinasiens, etwa in Larissa, jedenfalls war dies der Zeitraum, wo das so genannte äolische Kapitell geschaffen wurde. Im Tempelbereich hat man die Reste mehrerer Kapitelle gefunden (heute im Archäologischen Museum, Istanbul), die die typischen Formen des äolischen Kapitells aufweisen: über einem zweifachen Kranz von hängenden Blättern zwei unabhängig voneinander zu den Seiten aufsteigende große Voluten, über denen einzeln angeordnete, stehende Blätter den oberen Abschluss bilden. Es ist verwandt mit dem ionischen Kapitell, das ebenfalls zwei Voluten aufweist.

Der Stadt scheint es wirtschaftlich nicht gut gegangen zu

Links **Ehemaliges Stadtgebiet von Neandreia**
Unten **Burgberg Kizkalesi bei Kocali-Köyü**

sein. Das ist aus den Beitragszahlungen Neandreias an den Attisch-Delischen-Seebund – 477 v. Chr. unter Führung Athens zur Sicherung Griechenlands gegen die Perser gegründet – zu ersehen. So machte König Antigonos aus der Not eine Tugend. Er evakuierte die Stadt und siedelte ihre Bewohner in das gerade gegründete Alexandreia-Troas an. Von nun an geriet die Stadt in luftiger Höhe in Vergessenheit, und schon bald begannen sich Sagen und Märchen um die Burg von Neandreia zu ranken. Und da auf einem Nachbarhügel – etwa eine Stunde über Weideflächen mit Granitfindlingen und Eichen von der Mitte des zwischen ihnen liegenden Dorfes Kocali entfernt – die Ruinen einer anderen Burg erhalten blieben, wurde auch dieses Bergschloss in das sagenhafte Geschehen mit einbezogen. So erzählt man sich in dem kleinen Dorf Kocali im Schatten der Bäume vor dem Teehaus besonders gerne eine Liebesgeschichte, die auch von Scheherezades Lippen hätte kommen können.

Es war einmal eine Königin, die residierte oben auf Neandreia. Diese hatte einen Sohn, der mit allen Tugenden eines

Rechts Ebene bei Kocali-Köyü mit dem Hügel der Stadt Neandreia
Unten Ruinen der Burg Kizkalesi

Prinzen ausgestattet war: Edelmut, Tapferkeit und Ritterlichkeit. Er liebte die Falkenjagd. Und so ließ er eines Tages, als er wieder einmal mit seinen Gefährten zur Jagd ausgeritten war, seinen Lieblingsfalken – einen prächtigen Sperber-Falken – aufsteigen, nachdem er einige Perlhühner erblickt hatte. Der Falke jedoch kehrte nicht zurück. Neugierig, aber auch etwas in Sorge, machte sich der Prinz auf, ihn zu suchen. Nach langem Umherirren gelangte er auf eine Lichtung. Dort sah er auf dem Boden ein Mädchen sitzen, das war so schön, wie er noch nie eines gesehen hatte. Neben ihm weidete ein Pferd, von ihm war es herabgestürzt und hatte sich am Fußknöchel verletzt. Die Kleidung und das kostbare Zaumzeug verrieten die edle Herkunft des Mädchens. Auch sein Falke war da, er saß auf einem Baumast und tat so, als ginge ihn das alles gar nichts an. Das Mädchen war die Tochter des Königs von der Burg des Nachbarhügels. Der Prinz, der sich sofort unsterblich

in sie verliebt hatte, brachte sie zu ihrem Vater und ritt mit seinen Gefährten zur elterlichen Burg zurück. Nach wenigen Tagen ließ er um ihre Hand werben. Seine Mutter, die Königin von
Neandreia, und der Vater des Mädchens beschlossen die Heirat
der beiden. Doch das schöne Mädchen wollte von dem Prinzen
nichts wissen. Täglich sandte er ihr durch seinen Falken Blumen, Kostbarkeiten und glühende Liebesbriefe. Aber jedes Mal
kehrte der Falke zurück, ohne dass er die ersehnte Nachricht
brachte, dass sein Werben erhört worden wäre. Ja, sie wollte
nicht mehr darüber hören und ihn auch nicht mehr sehen.

So verging die Zeit und der König starb. Da ließ der Prinz,
der kaum mehr etwas aß und trank und schon ganz elend und
krank war, von dem Seile am Hof seiner Mutter eine Brücke
aus Hanf stricken und mit Papyrusbast befestigen. Als Laufsteg
dienten leichte Bambusstangen. Als die Brücke endlich fertig
gestellt war, befahl der Prinz, sie in einer Nacht von Burg zu
Burg zu spannen, um so zu seiner Angebeteten gelangen zu
können, denn die Prinzessin hatte die Zugbrücke zur Burg
hochgezogen, damit keiner hineinkommen konnte. Sie hatte jedoch gesehen, wie sie die Brücke errichteten. Heimlich und unbemerkt von dem Prinzen, der gerade auf der schwankenden
Brücke in Schwindel erregender Höhe hinüberlief, schlich sie
sich an die Halteseile und schnitt sie mit einem Messer durch.
Für den Prinzen gab es keine Rettung. Mit der Brücke stürzte
er in die Tiefe laut ihren Namen rufend: Bingül, das heißt Tau-
sendrose. Ihre Dornen hatten ihn getötet.

Der treue Falke aber hatte alles mit angesehen. Er flog
durch ein Turmfenster in das Gemach von Bingül, hackte ihr
mit seinem scharfen Schnabel die Augen aus und raubte ihr so
das Augenlicht. Danach verschwand der Falke und war seitdem
nie mehr gesichtet worden. Sie aber, die spröde Schöne, wohnte
bis an ihr Lebensende geblendet und vereinsamt in einem der
Türme. Wann sie starb, ist nicht überliefert. Aber seitdem heißt
die Burg Kizkalesi – Mädchenburg.

CHRYSE

DAS ORAKEL VON KRETA ODER
WIE APOLLO ZUM MÄUSEGOTT WURDE

Knapp fünfzig Kilometer westlich von Ayvacik, fast an der Küs-
te, stehen an der Peripherie der Stadt Gülpinar die Reste des
Apollo-Smintheus-Tempels von Chryse. Die durch die Firma
Mercedes ermöglichten Ausgrabungen haben das Stylobat –
den obersten Treppenabschnitt und gleichzeitig Basis für den
Tempelaufbau – eines Pseudodipteros von acht zu vierzehn
Säulen in ionischer Ordnung freigelegt, also eines Tempels mit

Oben **Tempel des Apollo-Smin-
theus, Chryse**
Rechts **Säulenfragmente aus dem
Tempel des Apollo-Smintheus,
Chryse**

eigentlich doppeltem Säulen-
umgang, bei dem der innere
Umgang weggelassen wurde.
Die Maße, 22,60 m × 40,45 m,
waren nicht die bescheidens-
ten. Dies, seine Datierbarkeit
in die zweite Hälfte des dritten Jahrhunderts v. Chr. sowie
reiches Schmuckwerk mit Fi-
gurenszenen an den Säulen,
ionische Volutenkapitelle und
möglicherweise ein Figurenfries am Gebälk lassen auf
den Architekten Hermogenes
aus Alabanda schließen, dessen bedeutendste Bauwerke
der Artemis-Tempel in Magnesia am Mäander und der Dionysos-Tempel in Teos sind.

Von dem griechischen Historiker Strabo erfahren wir, dass
sich in der Nähe des Ortes Chryse das Heiligtum des Gottes
Apollo-Smintheus befand. Der Beiname Smintheus des Gottes
Apollo lässt sich aus dem Kretischen ableiten und bedeutet

Maus. Apollo also als Mäusegott. Am Fuß der Kultstatue war eine Maus dargestellt als Attribut des Gottes. Strabo erzählt dazu folgende Geschichte: Der Stamm der Teukrer – bei Herodot mit den Trojanern identisch – war ursprünglich von Kreta in die Troas hinübergekommen. Ein Orakelspruch hatte den Teukrern geraten, sich dort niederzulassen, wo sie von „Erdgeborenen" angegriffen würden. So lagerten sie eines Nachts bei Hamaxitos in der Nähe von Chryse, und während sie schliefen, kamen unzählige Feldmäuse und richteten großen Schaden an Essensvorräten, Kleidern und Lederzeug an. Die Teukrer sahen das Orakel bestätigt, gründeten die Stadt und errichteten zu Ehren von Apollo – nun mit dem Beinamen Smintheus – ein Heiligtum. Inhalt des Kultes waren einerseits die Respektierung der dem Gott heiligen Mäuse, aber, und das scheint doch lebensnäher zu sein, auch die Verehrung des Gottes als Beschützer der Menschen vor der Plage der Mäuse.

DAS IDA-GEBIRGE

DER ZEUSALTAR

Die aus Kreta eingewanderten Teukrer gaben dem bis auf rund 1700 Meter aufsteigenden Gebirgszug im Süden der Troas den Namen ihres kretischen Heimatberges Ida. Das Gebirge wurde schon bald zum Tummelplatz mystisch-mythischen Treibens der Götter, so besonders von Zeus und Aphrodite.

Nur wenige Kilometer östlich des an der Küste und auf der Südseite des Ida-Gebirges gelegenen Städtchens Kücükkuyu, in der Nähe des antiken Antandros, führt eine Schotterstraße durch Olivenhaine und Wälder zu einer hoch aufragenden Felsnase. Eine gemauerte Konstruktion über einer Zisterne mit ansteigender Felsentreppe trägt den Namen Zeusaltar. Dabei dürfte es sich um einen Beobachtungsposten handeln, da von hier aus ein Großteil der türkischen Küstengewässer der Bucht von Edremit und der Insel Lesbos eingesehen werden kann. Der Name Zeusaltar ist wohl eine symbolträchtige Erinnerung an hellenistische Zeiten.

Eine mit bunten Tüchern und Bändern überreich behangene Kiefer wenige Meter vor dem Zeusaltar gilt bei den Türken – und das auch an anderen Orten in der Türkei – als Glück verheißender Talisman. Ob dieser Brauch des Baumschmückens auf einen von Herodot geschilderten Vorgang zurückzuführen ist, kann letzten Endes nicht sicher beantwortet werden, möglich aber ist es: So berichtet Herodot, dass König Xerxes, als er nach Sardis, der Hauptstadt des lydischen Königreichs, zog, um dort vor dem Griechenlandfeldzug mit seinem Heer das Winterlager zu beziehen, in der Nähe des Flusses Mäander an einer

Rechts Vom Zeusaltar bei Kücükkuyu öffnet sich ein atemberauben-
der Blick über die Bucht von Edremit.

Unten Mit bunten Bändern behangene Kiefer bei Kücükkuyu

wunderschönen Platane vorbeikam. Sie gefiel ihm so gut, dass er sie mit goldenem
Schmuck behängte und einen Angehörigen
seiner Leibgarde beauftragte, den Baum
gleichsam als heiliges Wesen zu behüten –
ein symbolträchtiger Vorgang mit Weihe-
charakter, vielleicht um einen Glück spen-
denden Dämon in dem Baum zu bannen.
Assyrische Reliefs zeigen diesen Kult, doch
Xerxes war Perser. Möglicherweise sah er
darin eine sakralen Verehrungsakt aus dem
Bereich der von ihm ausgeübten Naturreligion. Wo liegen die
Grenzen zum Weihnachtsbaum?

LIEBESNEST VON ZEUS UND HERA

Wieder unten bei Kücükkuyu angekommen folgt man der in
Serpentinen ansteigenden Staatsstraße 550 nach Westen und
biegt auf der Passhöhe bei einem Straßencafé rechts in eine
Staubstraße ein, nach 300 Metern dann rechts ab und fährt
noch etwa vier Kilometer weiter. Besteigt man nun den Hügel
zur Rechten, erreicht man nach etwa 15 Minuten den höchsten
Punkt. Schon vorher zeigen Spuren von Mauerwerk und Kera-
mikscherben die Präsenz der ehemaligen griechischen Stadt
Gargara an. Zwar ist spärlich, was sich dem Auge bietet: wenige
Reste einer Stadtmauer aus völlig unbehauenen Steinen, doch
der Rundblick nach allen Seiten ist grandios, und die Vorstellung, dass Zeus hier oder von einem anderen höheren Punkt
des Ida-Gebirges genüsslich und entspannt von seinem Thron-

sessel aus dem Treiben in Troja beiwohnen beziehungsweise dieses lenken konnte, ist durchaus überzeugend. Sicherlich konnte er sich der scharfen Augen seines Wappentiers, des Adlers, bedienen, falls er nicht selbst den notwendigen Weitblick gehabt haben sollte oder gar den Zauberspiegel, mit dem der mächtige Klingsor, der Feind der Gralsritter, die sich seiner Burg Nähernden beobachtete.

Hier oben in Gargara könnte sich auch die reizvolle Liebesszene zwischen Zeus und – zur Abwechslung – seiner eigenen Gemahlin Hera abgespielt haben, denn Homer benennt den „Tatort" ausdrücklich als Ida Gargaros. Tatsächlich war es Hera, die ihren Gatten zum gemeinsamen Liebeslager verführte, weil sie in den Trojanischen Krieg eingreifen wollte. Dazu aber musste der Schlachtenlenker Zeus erst einmal in einen tiefen Schlaf versetzt werden, was sie mit dem Liebesakt bewirken wollte. So berichtet Homer:

Ruinen der griechisch-römischen Stadt Gargara bei Ayvacik

Sitzen sah sie [Hera] auch Zeus auf des Quellen durchsickerten Ida
Oberstem Scheitel; sie hasste ihn tief in innerster Seele.
Sinnend bedachte sich da die augenglänzende Here,
Wie sie schmeichelnd das Herz des donnernden Gottes betöre.
So aber schien es ihr endlich im Herzen die beste Entscheidung,
Prächtig in Zierde und Schmuck zum hohen Ida zu schreiten,
Ob ihn nicht gar gelüste, ihr in umarmender Liebe
Still am Busen zu ruhn, und sie des Schlafes Erquickung
Über die Augen ihm gösse und über die ahnende Seele.
...
Mit Ambrosia wusch sie erst von den wonnigen Gliedern.
Alle Flecken ab und salbte sich hell mit dem feinen,
Köstlich ambrosischen Öl, das duftend sie immer bewahrte.
Wird es nur leise berührt in Zeus' metallnem Palaste,
Fließt ein würziger Hauch schon über Erde und Himmel.
Wie sie damit die schönen Glieder gesalbt und die Haare
Strählend geglättet, da wand sie schöne, schimmernde Flechten,
Die das unsterbliche Haupt in ambrosischem Schimmer umgaben,
Hüllte sich dann in ihr himmlisches Kleid, das Pallas Athene
Sorglich geglättet und auch mit künstlichen Mustern durchwoben.
Dann befestigte sie's am Busen mit goldenen Spangen,

Hera entschleiert sich vor Zeus auf
dem Ida-Berg, Metope vom Hera-
Tempel in Selinunt, Kalkstein, um
460 v. Chr., Museo Nazionale,
Palermo

Schlang den Gürtel sich um, den
hundert Quasten verzierten,
Fügte auch noch das Gehänge
der dreifach leuchtenden Beeren
In die durchstochenen Ohren
und strahlte in Fülle von Anmut.
Oben verhüllte die himmlische
Göttin mit schönem und neuem
Schleier das Haupt, der hell
wie das Leuchten der Sonne
erstrahlte;
Unten die schimmernden Füße
umband sie mit schönen
Sandalen.
Wie sie so rings den Leib mit
schmückendem Zierat umkleidet,
Schritt sie aus ihrem Gemach
von dannen und rief Aphrodite
...
„Gib mir der Liebe Verlangen
und Reiz, mit denen du alle
Ewigen Götter bezwingst und alle
sterblichen Menschen."
...
Ihr erwiderte drauf Aphrodite
mit lieblichem Lächeln:
„Unrecht wär es, unmöglich, dir
deine Bitte zu weigern,
Ruhst du doch in des Zeus, des höchsten Gottes, Umarmung."
Sprach's und löste unter der Brust den gemusterten, bunten
Gurt, worinnen sie alle verführenden Gaben bewahrte.
Drinnen lag der Genuss, das Sehnen und trauliches Kosen,
Lockende Mittel, das Herz des größten Weisen zu fangen;
Diesen legte sie ihr in die Hände und sagte bedeutend:
„Da, nimm hin und birg im Busen den schimmernden Gürtel;
Drinnen ist alles verwahrt. Nicht unverrichteter Sache,
Wähne ich, kehrst du heim, und alle Wünsche erreichst du."
Lächelnd hörte es Here, die Göttin mit glänzenden Augen,
Lächelnd nahm sie und barg in ihrem Busen den Gürtel.
...
Here aber voll Hast verließ die Höhn des Olympos.
...
Here stieg flink hinauf zum Gipfel des ragenden Ida
Gargaros; und es sah sie der Wolkenballer Kronion.
Kaum gewahrte er sie, umhüllte schon Sehnen sein ernstes
Sinnen, so stark, wie einst die erste Wonne sie einte
Und sie geheim vor den Eltern das Lager der Liebe bestiegen,
Und schon trat er heran und rief ihren Namen und sagte:

„Here, wo eilst du hin, was treibt dich vom hohen Olympos?
Rosse sind nicht zur Hand, noch gar ein Wagen zum Fahren!"
Listig erwiderte drauf die hohe, erhabene Here:
„...Deinetwegen kam ich zuerst hierher vom Olympos,
Dass du hernach nicht zürnest, weil ich so heimlich und
     schweigend
Zu dem Palast des Okeanos ging in die strömenden Tiefen." –
Ihr erwiderte Zeus, der Lenker der Wolken, und sagte:
„Here, du kannst dorthin wohl auch noch später hinabziehn.
Lass uns lieber lagern und uns in Liebe erfreuen,
Denn es hat mich noch nie zu Weibern der Götter und Menschen
So die Liebe umstürmt und alle Sinne bewältigt.
So hab ich nimmer geliebt, ... ja nie so glühend dich selbst,
Wie ich dich jetzt in Liebe und süßem Verlangen ersehne."
...
Listig erwiderte drauf die hohe, erhabene Here:
„O du arger Kronide, was hast du da eben geredet!
Wenn du so brennend verlangst, dich hier in Liebe zu lagern,
Hoch auf dem Gipfel des Ida, wo alles deutlich und sichtbar,
Sprich, wie wäre es denn, wenn einer der ewigen Götter
Uns gebettet erblickt und allen Göttern es eilend
Meldete? ..."
Ihr erwiderte Zeus, der Lenker der Wolken, und sagte:
„Here, fürchte dich nicht, dass einer der Götter und Menschen
Dich erblicke. Ich will so dicht uns hüllen in goldne
Wolken, dass Helios selbst uns spähend nimmer erkunde,
Dessen strahlendes Licht am schärfsten, alles zu schauen."
Sprach's, und es schloss in die Arme der Sohn des Kronos die
     Gattin.
Unter ihnen ließ sprossen die Erde blühende Kräuter,
Lotos, tauigen Klee und Hyazinthen und Krokos,
Dicht und schwellend und weich, die hoch vom Boden sie hoben;
Und da lagen sie drin und zogen die schimmernde, goldne
Wolke darüber, und funkelnder Tau fiel nieder zur Erde.
Also schlummerte fest auf Gargaros' Höhen der Vater,
Überwältigt von Liebe und Schlaf in den Armen der Gattin.

APHRODITE UND ANCHISES AN DER QUELLE AYAZMA

Ayazma liegt an der Nordseite des Ida-Gebirges am Eingang einer Wasser führenden Schlucht, die in einer Klamm mit einem
Wasserfall endet. Mächtige Platanen, Eichen und Esskastanien
sowie große Farngewächse in einer felsenmeerartigen Landschaft umsäumen Schatten und Kühle spendend die Schlucht.
Tische, Bänke und Steingrille laden zum Verweilen ein. In der
Tat ist der Ort ein beliebtes Ausflugsziel türkischer Familien,
die sich dort an den Wochenenden im Sommer schmausend

Quelle der Aphrodite als Ausflugsziel, Ayazma im Ida-Gebirge

und trinkend, fern der brütenden Hitze erho-
len. Ähnlich mag es bei antiken Opfermahlen
im Anschluss an sakrale Tieropfer zu Ehren
einer Gottheit zugegangen sein.

Ist es Zufall oder unbewusste Fortsetzung
einer Tradition – jedenfalls galt in hellenistisch-römischer Zeit der Ort als heilig, denn
an der Stelle, wo die Quelle aus dem Felsen
heraustritt, soll Aphrodite gebadet haben,
wenn sie hier verweilte. Dafür gab es einen
Grund, und das war Anchises, der Rinderhir-
te, der seine Tiere im Ida-Gebirge weidete.
Wie Priamos war er ein Urenkel von Tros, der dem Lande Troas
und der Stadt Troja seinen Namen gegeben hatte.

Die Liebesgöttin Aphrodite gilt einmal als Tochter des Zeus
und der Dione, Tochter des Okeanos, zum anderen aber auch
als Tochter des Uranos, Himmel und Urvater der Götter zugleich. Uranos hasste seine Kinder, und sobald ihm Gaia, die
Mutter Erde, eines geboren hatte, verschlang er es. Da beschloss sein jüngster Sohn Kronos mit seiner Mutter, den Vater
mit einer Sichel zu entmannen. So geschah es. Kronos schnitt
Uranos das Glied ab und warf es ins Meer. Der aus dem Glied

herausfließende Samenschaum befruchtete das Meer und so
entstand Aphrodite, „die Schaumgeborene". Sie war so schön,
dass alle Götter sie begehrten, und wo sie weilte, verbreitete sie
Liebe und Sehnsucht. Selbst der Göttervater Zeus verliebte sich
dank ihres Wirkens ständig in irdische Schönheiten. Als Strafe
verhängte er über Aphrodite die Sehnsucht nach einem Sterblichen. Dieser war Anchises.

Aphrodite bereitete sich sorgfältig auf die Begegnung mit
Anchises vor und schmückte sich, wie es sich für die Schönste
aller Göttinnen geziemte. Zu ihrem Gefolge erwählte sie Wölfe,
Panther, Löwen und Bären. Dann machte sie sich von ihrem
Tempel in Paphos auf Kypros, dem heutigen Zypern, auf und
fand Anchises allein bei seinen Tieren auf seiner Leier spie-
lend. Dieser erschrak bei ihrem Anblick, denn er hielt sie
gleich für eine Göttin. Sie jedoch gab sich als die Tochter eines
Königs aus. Sie sei von Hermes, dem Götterboten, geraubt und
hierher gebracht worden, damit sie die Frau von Anchises werde und ihm viele Kinder schenke. Anchises solle sie, die noch
Unberührte, zu seinen Eltern bringen, damit diese die Hochzeit
vorbereiten könnten. Doch zu diesem formalen Anstandsbe-
such ist es nicht mehr gekommen. Anchises war von dem Liebreiz der Göttin längst so umgarnt, dass er mit ihr sein Lager bestieg, um „nach Schickung und Willen der Götter ahnungslos
als Sterblicher bei der ewigen Göttin zu ruhen".

Als sie so geraume Zeit miteinander verbracht hatten, versenkte die Göttin Anchises in Schlaf, währenddessen sie wieder ihr göttliches Aussehen annahm, denn das hatte sie vor der
Begegnung mit dem Hirten verändert. Als dieser schließlich erwachte, stand sie vor ihm in ihrer ganzen göttlichen Schönheit,
gab sich ihm zu erkennen und beruhigte den zu Tode Er-
schrockenen. Er werde bald einen Sohn bekommen, Äneas solle
er heißen und er werde Herrscher über die Trojaner sein. Über
die Begegnung mit ihr, der Göttin, dürfe Anchises niemandem
erzählen, sonst treffe ihn der Blitzstrahl des Zeus. Dann verließ
die Göttliche den Sterblichen.

ASSOS – ÄOLISCHE STADT
ÜBER DEM MEER

GEHEIMNISVOLLER STEIN

In strategisch günstiger Lage, am südlichsten Punkt der Troas,
auf steilem Hügel 235 Meter über dem Meer, erstrecken sich an
der Einfahrt der Bucht von Edremit und geradewegs gegenüber
der nahen Insel Lesbos die Ruinen der Stadt Assos.

Im zweiten Jahrhundert v. Chr. soll hier das mythische Volk
der Leleger, nach Herodot die Vorfahren der Karer, eine erste

Rekonstruiertes Stadtmodell von Assos

Siedlung gegründet haben. Um 1000 v. Chr. errichteten Äolier von Methymna auf Lesbos einen Hafen und machten die Stadt zu ihrer Kolonie. Im sechsten Jahrhundert v. Chr. herrschten hier abwechselnd die Lyder unter König Kroisos und die Perser unter König Kyros, und im fünften Jahrhundert v. Chr. trat die Stadt dem Attisch-Delischen Seebund gegen die Perser bei. Während der Regierungszeit des Eunuchen Hermias, Tyrann auf Lesbos und in der Troas, außerdem Schüler von Platon auf dessen Akademie in Athen, weilte von 348 bis 345 v. Chr. Aristoteles hier, mit dieser befreundet war. Aristoteles, selbst ein Schüler Platons und für 20 Jahre Angehöriger dessen Akademie, gründete und leitete zusammen mit Theophrast, Erastos und Korsikos – alle aus Platons Schule – in Assos eine Tochterschule der Athener Philosophenschule und heiratete die Adoptivtochter des Hermias.

Um 346 entstand in Assos Theophrasts Abhandlung *Über das Feuer*, in der sich eine Passage über den attischen Stein findet. Aufschlussreichen Einblick in diese von Aberglauben erfüllte Gesteinskunde der damaligen Zeit gewährt uns auch Plinius. Von Licinius Mucianus, Konsul und Ratgeber Kaiser Vespasians, und eben von Theophrast hat er folgende „ernst zu nehmende Beobachtung" erhalten:

„Zu Assos in der Troas wird der Stein *Sarkophagos* gewonnen; seine Ader ist spaltbar. Es ist bekannt, dass in ihm beigesetzte Leichname binnen 40 Tagen aufgezehrt werden, ausgenommen die Zähne. Mucianus berichtet, dass auch Spiegel, Schabeisen, Kleider und Schuhe, die man den Toten mitgegeben hat, zu Stein werden. Von der gleichen Art gibt es auch in Lykien und im Orient Steine, die, sogar wenn man sie Lebenden anbindet, deren Körper zerfressen. ...

Der Stein von Assos, der salzig schmeckt, lindert die Fußgicht, wenn man die Füße in ein aus ihm gehöhltes Gefäß stellt. Außerdem werden in den dortigen Steinbrüchen alle Beinleiden geheilt, während die Beine in allen Erzgruben Schaden davontragen. Die so genannte Blüte dieses Steins ist weich wie Mehl und auf gleiche Weise bei gewissen Anwendungen wirksam. Sie ist dem rötlichen Bimsstein ähnlich. Gemischt mit zyprischem Wachs heilt sie Schäden an den Brüsten, mit Pech aber oder Harz verheilt sie Skrofeln und Drüsenbeulen. Sie ist auch für Schwindsüchtige, wenn sie daran lecken, von Nutzen. Mit Honig bringt sie alte Geschwüre zur Vernarbung, entfernt wildes Fleisch und trocknet Wunden, die vom Bisse wilder Tiere stammen, eitern und nicht heilen wollen. Durch Beimischung von Bohnenmehl macht man aus ihr Umschläge für Gichtkranke."

Nach der modernen Wissenschaft macht man den Alaunstein als Bestandteil des Vulkanfelsens des Burgbergs Assos für diese Wirkung verantwortlich. Das Doppelsalz Alaun sondert bei der Zersetzung Schwefelsäure ab, die zur raschen Aufzehrung der im Stein gelagerten Toten führen konnte.

Später folgte Aristoteles einem Ruf des makedonischen Königs Philipp, dessen Sohn – Alexander den Großen – zu erziehen. Ab 334 v. Chr. gehörte Assos dem Reich Alexanders des Großen und von 241 bis 133 v. Chr. dem Pergamenischen Reich an. Aufgrund der testamentarischen Bestimmung des pergamenischen Königs Attalos III. Philometor, die eine Eingliederung des Pergamenischen Reichs in das Imperium Romanum vorsah, fiel Assos an Rom.

Auf seiner zweiten Missionsreise 53 bis 58 n. Chr. kam auch der Apostel Paulus nach Assos (Apg. 20,13-14), wo sich eine frühchristliche Gemeinde gebildet hatte:

Osmanische Brücke aus dem 14. Jh. bei Assos

Von Troas nach Milet.

Wir aber zogen voraus zum Schiff und fuhren
nach Assos und wollten dort Paulus zu uns nehmen; denn er hatte es so befohlen, weil er selbst
zu Fuß gehen wollte.

Als er nun uns traf in Assos, nahmen wir ihn zu
uns und kamen nach Mitylene.

Oben **Athena-Tempel, Assos, um
530 v. Chr.**

Rechts **Stadtmauer und Stadttor
von Assos, hellenistisch-römische
Zeit**

SPUREN DER GESCHICHTE

Rund tausend Jahre dauerte die byzantinische Phase, bis 1330
unter Sultan Murad I. (1326–1389) die Osmanen die Stadt einnahmen. Nähert man sich Assos von Norden, so ist der Anblick
des Burgbergs mit der heutigen Ortschaft Behramkale sehr eindrucksvoll, und die Spuren osmanischer Zeit sind denn auch
die ersten. So führt der Weg über eine osmanische Brücke aus
der Zeit Murads I. durch das malerische Dorf (Abb. Seite 71)
und endet an einer Moschee ebenfalls aus der Zeit Murads I.,
die sich auf steilem Fels über dem Ort erhebt. Aus Spolien unterschiedlichster Herkunft und Datierung errichtet, gilt sie als
eine der ältesten osmanischen Moscheen Kleinasiens.

Hinter den Mauer- und Turmresten der byzantinisch-osma-
nischen Burganlage erheben sich an höchster Stelle einige
wieder errichtete dorische Säulen eines Tempels von etwa 530
v. Chr. aus archaischer Zeit. Der der Göttin Athene geweihte
Tempel hatte auf dem Stylobat eine Grundfläche von 14 × 31,3 m
mit 6 auf 13 Säulen um eine Cella. Kapitelle, Gebälkteile wie
Triglyphen und Metopen mit Reliefs sowie Teile eines Figuren-
frieses befinden sich in den Museen von Paris, Boston und
Istanbul. Die aus groben Vulkansteinen gehauenen Bauelemen-

te besaßen ursprünglich eine weiße Stuckverkleidung aus Marmorstaub, die dem Tempel einen weithin sichtbaren leuchtenden Glanz verlieh. In seinem dorischen Stil aus archaischer Zeit gilt der Tempel als einzigartig in Kleinasien.

Wer sich für antike Stadtmauern zu begeistern vermag, der sollte sich auf die Westseite des Burgbergs begeben, denn dort haben sich noch weitere Relikte erhalten, darunter beachtliche Reste der Stadtmauer, die rund 3 Kilometer lang und 19 Meter hoch war, und sehenswerte Teile eines großen Stadttors sowie eine kleine Pforte und ein Ausfalltor. Zusammen mit der Nekropole außerhalb der Mauern gehören sie der hellenistischen und der römischen Phase an.

Eine schmale Straße führt in Serpentinen vorbei an der ehemaligen Unterstadt hinab zu einem kleinen, ebenfalls sehr malerischen Hafen mit in Hotels, Cafés und Restaurants umgewandelten ehemaligen Lagerhäusern und Karawansereien des 19. Jahrhunderts. Hier befand sich auch der antike Hafen, wo die Gefährten von Paulus auf ihn warteten.

Früheres Hafengebiet von Assos

PINIENKERNE

Im Nordosten von Bergama, unweit von Kozak, breiten sich über den Hügellandschaften umfangreiche Pinienwälder aus. Ursprünglich auf natürliche Weise dort gewachsen, wurden sie später kultiviert, zu einer Monokultur geführt und präsentieren sich uns heute als großzügig angelegte Pinienhaine.

Auf den bis zu 25 Meter hohen Bäumen mit ihren charakteristischen schirmförmigen Kronen wachsen Pinienzapfen mit

den heiß begehrten Pinienkernen. Im Juli und August ist Erntezeit. Unter teilweise archaisch anmutenden Erntemethoden werden die Zapfen eingesammelt. Fallen sie nicht von selbst hinunter, werden sie von Hand gepflückt. So steigen die Pflücker an den Stämmen mit Steigeisen hinauf und benutzen, so weit möglich, auch lange Leitern. Die Zapfen werden dann eingesammelt und in den Waldlichtungen zum Trocknen ausgelegt. Sie werden regelmäßig gewendet, bis sie sich öffnen und ihre wohlschmeckenden Kerne preisgeben.

In der Türkei werden Pinienkerne in vielen Süßspeisen, aber auch in Fleisch-, Reis- und vegetarischen Gerichten verwendet und sind wegen ihres Wohlgeschmacks sehr beliebt. Auch in Italien schätzt man das Pinienkernaroma,

Rechts Die vielschuppigen Pinienzapfen galten in der Antike und im frühen Mittelalter als Lebenssymbol.

und das „Pesto alla Genovese" ist ohne diese Kerne nicht mehr denkbar.

Aus den Kernen wird außerdem Pinienöl gewonnen, das zum Würzen und Verfeinern vieler Speisen verwendet wird.

AUS ÄOLIEN

PERGAMON – HAUPTSTADT DES PERGAMENISCHEN REICHES

PERGAMONS MYTHISCHE KÖNIGE

Während ihres Kriegszugs gegen Troja war die griechische Flotte mit ihren Verbündeten aus Versehen zunächst an der Küste Mysiens gelandet. Dort in Teuthrania herrschte Telephos, Nachfolger von König Teuthras, dessen Tochter er gerade geheiratet hatte. Telephos war ein Sohn des Herakles und der Auge, Tochter des Königs Aleos von Arkadien. Seine Residenzstadt war Pergamon, die aber erst später diesen Namen erhielt.

In der kriegerischen Auseinandersetzung gelang es Telephos, die Griechen zurückzudrängen; nur Achilleus und sein Freund Patroklos widerstanden noch. Doch nachdem Patroklos und Telephos verwundet worden waren, segelten die Griechen zurück, um sich erneut gegen Troja zu sammeln. Achilleus, durch seinen Lehrer, den Kentauren Chiron, in der Heilkunst bewandert, heilte Patroklos. Die Wunde von Telephos indes wollte nicht verheilen. Das Orakel des Apollo im lykischen Patara verhieß ihm, dass die Wunde nur durch die Waffe, die sie geschlagen hatte, geheilt werden könne; es war dies der Speer Achilleus'.

So machte sich Telephos auf zu Achilleus, der in Agamemnons Palast in Argos weilte, um mit den anderen Griechen einen neuen Kriegszug gegen Troja vorzubereiten. Da ein Orakel den Griechen verhießen hatte, dass sie Troja nur unter Telephos' Führung einnehmen konnten, nahmen sie Telephos freundschaftlich auf. Achilleus konnte mit seiner Lanze tatsächlich die Wunde seines ehemaligen Kampfgegners heilen. Das erinnert an das *Parzival*-Epos, wo nur der heilige Speer die Wunde von Amfortas zu heilen vermochte.

Von nun an war das Verhältnis von König Telephos zu den Griechen sehr freundschaftlich. Als sich Trojas Herrscher Priamos an Telephos' Sohn Eurypylos wandte und um Hilfe gegen die Griechen bat, zögerte dieser, denn sein Vater hatte Achilleus versprochen, dass niemand von ihnen den Trojanern zu Hilfe eilen werde. Eurypylos' Mutter Astyoche war Priamos' Schwester, und als jener ihr den von Hephaistos geschaffenen goldenen Weinstock schenkte, den

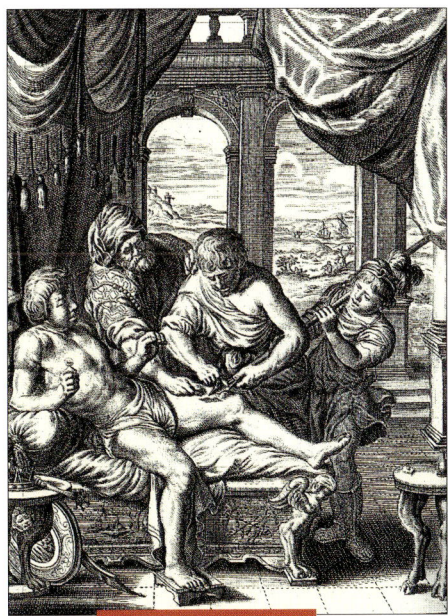

Oben **Der verwundete Telephos; Stich um 1676**
Linke Seite **Göttin Demeter, 4. Jh. v. Chr., aus Halikarnassos, dem heutigen Bodrum**

einst Zeus als Versöhnungsgeschenk für den Raub des Ganymed seinem Vater Tros, Urgroßvater des Priamos, gegeben hatte, ließen denn die Eltern den Sohn nach Troja ziehen.

Dort zeichnete er sich durch große Tapferkeit aus. Da er jedoch Machaon, den Sohn des Asklepios und Arzt der Griechen, tötete, durfte sein Name im Heiligtum des Asklepios – im Asklepieion – zu Pergamon nie erwähnt werden. Er selbst fiel von der Hand des Neoptolemos, Sohn des Achilleus. Dieser hatte als Kriegsbeute Andromache, die Witwe Hektors, zugesprochen bekommen. Eines ihrer Kinder habe den Namen Pergamon getragen; dieses soll der Stadt seinen Namen gegeben haben.

DER UNGLAUBLICHE AUFSTIEG EINER STADT

Bis zum Sieg des persischen Königs Kyros über den lydischen König Kroisos im Jahr 546 v. Chr. gehörte die Stadt dem Lydischen Reich an, bis zum Sieg Alexanders des Großen über die Perser im Jahre 334 v. Chr. am Granikos dem Persischen Reich. Nach Alexanders Tod am 10. Juni 323 v. Chr. in Babylon erfolg-

Die Akropolis von Pergamon, Stich von J. Redaway, Mitte 19. Jh.

te die Besitzergreifung durch den Diadochen und ehemaligen Feldherrn Alexanders, Antigonos, der 301 in der Schlacht bei Ipsos dem Diadochen Lysimachos unterlag – ebenfalls ein früherer General Alexanders. Dieser, König von Thrakien, hatte sich nach Alexanders Tod in den Besitz des größten Teils der

Kriegskasse des Reiches gebracht, das waren 9000 Talente, die etwa 32 Millionen Goldmark entsprechen. So war er mächtig genug, Pergamon zu verstärken und ein schlagkräftiges Heer zu unterhalten.

Als Lysimachos 281 v. Chr starb, ergriff Philetairos (281–263 v. Chr.), General und Finanzverwalter, die Macht und trat die Nachfolge an. Er baute den Burghang weiter aus und vergrößerte die Stadt. In seiner Regierungszeit entstanden das älteste Bauwerk auf dem oberen Burgberg, der Athene-Tempel – eine dorische Anlage wie in Troja und in Assos – sowie das Demeter-Heiligtum auf dem unteren Burgberg. Zusammen mit seinem Neffen und Nachfolger Eumenes I. (263–241 v. Chr.) gründete Philetairos die Dynastie der Attaliden. 262 v. Chr. gelang es ihm durch einen Sieg über den Seleukiden Antiochos I. Soter – Sohn von Seleukos I. Nikator, König über Persien und Herr über Kleinasien – bei Sardis, sich von der Seleukiden-Herrschaft – man war Vasalle derselben – zu befreien.

Im Jahr 230 v. Chr. konnte sein Neffe Attalos I. (241–197 v. Chr.) das junge Pergamenische Reich, das jetzt das Taurus-Gebirge im Südosten Kleinasiens, das nahe gelegene Kaikos-Tal – Bakir Çayi -, die Waldgebiete von Mysien und der Troas bis hinauf zur Halbinsel Erdek im Marmarameer mit der Stadt Kyzikos umfasste, durch einen Sieg an den Kaikos-Quellen über die Galater, einen keltischen Stämmeverbund, dem sein Reich tributpflichtig war, weiter verselbstständigen. Im Athene-Tempel wurde ihm ein Denkmal mit Darstellungen seines Sieges über die Galater errichtet (siehe Seite 88), und man verlieh ihm die Titel Soter, Retter, und Basileus, König. Aus dem Militärregime war eine Monarchie geworden.

Attalos I. ist auch der Erste der pergamenischen Herrscher, der sich um Beistand an Rom wandte. Ihm kam das Auftauchen der ersten römischen Flotten unter Sulpicius Galba in der Ägäis sehr gelegen, denn Rom befand sich damals im Kriegszustand mit Makedonien (Erster Makedonischer Krieg 215–205 v. Chr.), mit dem Pergamon zerstritten und deshalb in Bedrängnis geraten war. Da ein Hilfeersuchen an Rom stets mit Gegenleistungen verbunden war, darf man in dieser Kontaktaufnahme die Ursprünge der Entstehung der römischen Provinz Asia auf dem kleinasiatischen Festland erblicken.

Oben Lysimachos, 1. H. d. 3. Jhs. n. Chr., Ephesos-Museum, Selçuk
Unten Athene-Tempel, 3. Jh. v. Chr., Pergamon

König Eumenes II. (197–159 v. Chr.), Sohn von Attalos I., baute das Bündnis mit Rom aus. Dies hatte einen guten Grund, denn 190 v. Chr. hatten die Seleukiden unter Antiochos III. dem Großen Pergamon eingeschlossen und mit der Belagerung begonnen. Durch eine Freiheitserklärung für alle von Makedoniens König Philipp V. abhängigen griechischen Staaten seitens des römischen Feldherren T. Quinctius Flamininus im Jahre 196 v. Chr. bei den Isthmischen Spielen in Korinth, mit der die römische Herrschaft in Griechenland beginnt, und eine ähnliche Freiheitserklärung für die von dem Seleukidenkönig Antiochos III. von Syrien abhängigen Städte an den Dardanellen kam es zum Krieg mit Antiochos. Dem Bündnis zwischen den Römern, König Eumenes II., der Insel Rhodos und jetzt auch König Philipp V. gelang es jedoch in der Schlacht bei den Thermopylen (191 v. Chr.), dann in den Seeschlachten gegen Hannibals Flotte an der Südküste Kleinasiens bei Side – Hannibal unterstützte König Antiochos –, bei Myonnesus nahe Ephesos, sowie in der Schlacht bei Magnesia im Nordosten von Izmir, wo die römischen Feldherren L. Cornelius Scipio und sein Bruder Scipio Africanus mit dem römischen Landheer aufmarschiert waren, König Antiochos II. entscheidend zu schlagen. Im Frieden von Apamea 188 v. Chr. musste Antiochos als Kriegsentschädigung an Rom innerhalb von zwölf Jahren 15 000 Talente – etwa 70 Millionen Goldmark – zahlen, seine Kriegsschiffe bis auf zehn überstellen sowie die gesamten seleukidischen Gebiete und Besitzungen in Kleinasien an Pergamon abtreten. Nach erfolgreichen Auseinandersetzungen mit den Galatern (184 v. Chr.) und mit Prusias I. von Bithynien, der Gegend um Bursa, (184/183 v. Chr.) baute Eumenes II. das Pergamenische Reich bis zum Marmarameer aus.

Pergamon selbst erblühte nun dank des Baueifers seines Königs zur prachtvollsten Stadt an der kleinasiatischen Westküste. Zum Gedenken an den Sieg über die Galater ließ Eumenes den berühmten Zeusaltar (heute besser bekannt als Pergamonaltar) anfertigen, wobei die dort gezeigte Schlacht der olympischen Götter gegen die Mächte der Finsternis, die Giganten, analog zur siegreichen Auseinandersetzung der Pergamener mit den Galatern betrachtet werden muss. Weitere Bauten sind die Hallen, die den Athene-Tempel umgeben, sowie die auch eine Kunstsammlung enthaltende Bibliothek. Mit ihr wollte Eumenes die größte und bedeutendste Bibliothek der antiken Welt, die des ägyptischen Alexandria, übertreffen. Immerhin sollen sich in Pergamon etwa 200 000 Schriftrollen befunden haben. Die ptolemäischen Bibliothekare von Alexandria reagierten und ließen die Ausfuhr von Papyrus nach Pergamon einstellen. Doch die Pergamener fanden Ersatz in dem nach der Stadt benannten Pergament – hauchdünn verarbeitete Tierhäute. Später, um 34 v. Chr., wurde die gesamte Bibliothek gewis-

sermaßen als eine Art Hochzeitsgabe des Marcus Antonius an Kleopatra nach Alexandria gebracht. Die dortige Bibliothek war 47 v. Chr., als Julius Caesar in Alexandria einmarschiert war, ein Raub der Flammen geworden.

Es folgten weitere Bauten wie die Anlage der Unteren Agora – des Marktplatzes –, die Stadtmauer mit dem Eumenes-Tor, einige Vorgängerbauten des heute sichtbaren römischen Heilbezirks Asklepieion, das Mittlere Gymnasion, Thermen, Schulen und auch das Theater.

König Eumenes war also nicht nur ein erfahrener und weitsichtiger Politiker und Feldherr mit Fortune, sondern auch ein großer Förderer von Kunst und Wissenschaft gewesen. So verbreitete sich der Ruhm von Pergamon als Kunststadt und Heilbad bald über den gesamten Mittelmeerraum.

Sein Nachfolger und Bruder Attalos II. (159–138 v. Chr.) mit dem Beinamen Philadelphos – der Brudertreue – bekam große Schwierigkeiten mit Prusias II. von Bithynien, als dieser Pergamon überfiel und plünderte, während Attalos sich auf dem Burgberg verschanzte. Auf Intervention Roms brach Prusias sein Unternehmen bald ab. Auf der Heimreise wütete eine Seuche im Heer, und ein Sturm vernichtete seine Flotte. Noch bevor Pergamon die Situation jedoch hätte ausnutzen können, griff Rom schlichtend ein und ordnete die Rückgabe aller eroberten Gebiete an Pergamon an. Attalos konnte sich nun ungestört der Vollendung des Zeusaltars mit dem berühmten Telephos-Fries widmen.

Hadrian, Statue aus Pergamon, Anfang 2. Jh. n. Chr., Pergamon-Museum, Berlin

Attalos III. Philometor (138–133 v. Chr.), den Sohn von Eumenes II. und Enkel Attalos II., könnte man als hochgelehrten Aussteiger bezeichnen. Er gab sich ganz dem botanischen Studium hin und vermachte schließlich durch testamentarische Verfügung das Pergamenische Reich an Rom. Doch erst vier Jahre später, 129 v. Chr., gelang es den Römern, gegen den Widerstand des Thronanwärters Aristonikos, das Erbe anzutreten und Pergamon zum Teil der römischen Provinz Asia zu machen, deren Hauptstadt Ephesos wurde. Der Provinz gehörten Mysien, Lydien, Ionien, Karien und ein Teil Phrygiens an.

In der Folge breitete sich die Stadt immer weiter aus. Ein Aufstand unter Mithridates VI. von Pontos, der so genannte Erste Mithridatische Krieg 88–84 v. Chr., richtete sich von Pergamon aus gegen die erpresserische Ausbeutung durch die römischen Steuerpächter und Verwaltungsbeamten und führte zur „Vesper zu Ephesos", wobei über 80 000 Italiker getötet wurden. Unter Sulla, Lucullus und Pompeius wurde der Aufstand niedergeworfen.

Nun begann für Pergamon eine friedvolle Zeit, die unter den Kaisern Trajan (98–117 n. Chr.) und Hadrian (117–138 n. Chr.) – beide besuchten die Stadt – zur größten Blüte seiner Geschichte führte. Schon zuvor hatte Kaiser Augustus 31/30 v. Chr. die Stadt dreimal besucht und die Erlaubnis gegeben, einen Kaisertempel zu errichten, was eine hohe Auszeichnung bedeutete.

Zu Ehren von Trajan begann man – auch hier nur mit einer Sondererlaubnis des Kaisers –mit dem Bau eines weiteren Tempels. Da mit dem Tod des Kaisers jedoch auch das Recht auf den Tempelbau erlosch, bemühte sich Pergamon bei Hadri-

Tempel des Trajan mit Unterbau, Pergamon

an, der das Bauwerk vollenden ließ. Deshalb wurde neben dem Kultbild Trajans auch sein Bild im Tempel aufgestellt. Und die Stadt war stolz auf den damit verbundenen Titel: Neokoros.

Es folgten der Bau des in seiner heutigen Form noch sichtbaren Asklepieion – das Heiligtum des Heilgottes Asklepios – und des Dionysos-Tempels auf der Theaterterrasse.

MYSTERIENSPIELE IM HEILIGTUM DER DEMETER

Der heilige Bezirk der Göttin Demeter erstreckt sich über dem unteren Burgberg direkt oberhalb des Städtchens Bergama. Man betritt ihn von Osten durch ein schlichtes Eingangstor, das Propylon, von dem noch zwei Säulen mit Blattkapitellen erhalten sind. Vor dem Propylon seitlich in den Hang gebaut, gewahrt man die Reste einer Brunnenanlage. Dort reinigte man sich vor dem Betreten des Heiligtums. Auch soll man hier die Weihegeschenke für Demeter, die Göttin der Erde, der Feldfrüchte und besonders der Ernte, und vielleicht auch für ihre Tochter Persephone, die Göttin der Unterwelt und des Wachstums, niedergelegt haben. Über eine Treppe gelangt man hinunter auf die Terrasse des Heiligtums. Die Basen von vier kleinen Altären, ein rekonstruierter großer Altar sowie die Fundamente eines Athene-Tempels mit später angefügter Vorhalle heben sich von der langgestreckten Terrasse ab und erwecken Neugierde. Ringsum sind Mauerreste von Hallen und Kammern zu sehen.

Demeter-Heiligtum, Pergamon

Demeter war neben Zeus eines der vielen Kinder von Kronos und Rhea. Sie gehörte zu dem Zwölfer-Rat der olympischen Götter. Von Zeus hatte sie eine Tochter mit dem Namen Persephone, was Ferkeltöterin bedeutet. Sie wurde auch Kore, Mädchen, genannt. Eines Tages spielte sie mit den Töchtern des Okeanos – Herrscher der Gewässer – auf einer blühenden Wiese. Da öffnete sich plötzlich die Erde, und auf einem goldenen Wagen erschien Hades, der Gott der Unterwelt, und entführte das Mädchen in die Tiefen seines unterirdischen Reiches. Gleichzeitig sollen auch die Schweine des Hirten Eubuleus, der dort gerade seine Herde weidete, von dem Abgrund verschlungen worden sein. Zehn Tage irrte Demeter suchend umher, doch keiner konnte ihr Auskunft über den Verbleib ihrer Tochter geben. Da traf sie auf Helios, den Sonnengott, der von seinem Sonnenwagen aus alles beobachtet hatte: Hades habe mit Zeus' Hilfe Persephone entführt, um sie zu seiner Gemahlin und zur Königin des Totenreichs zu machen. Tröstend fügte Helios hinzu, dass Hades immerhin ein bedeutender Gott sei und über ein Drittel der unter den Göttern aufgeteilten Welt, nämlich über die Unterwelt, herrsche. Doch Demeter grollte gewaltig und verließ den Rat der Götter, um sich fortan bei den Menschen aufzuhalten. So kam sie nach Eleusis, der nordwestlich von Athen gelegenen Stadt, wo König Kelios herrschte. Dort wurde sie als Amme und Erzieherin von Demophon, dem Sohn des Königs, aufgenommen, ohne dass man in ihr eine Gottheit erkannte. Tagsüber gab die Göttin dem Knaben Ambrosia, die Unsterblichkeit verleihende Götterspeise, und behauchte ihn mit ihrem göttlichen Atem, nachts bettete sie ihn im Feuer. So sollte er Unsterblichkeit erlangen.

Dies gewahrte eines Nachts die Königin Metaneira, die entsetzt und voller mütterlicher Sorge das göttliche Tun untersagte. Da nahm die Göttin ihre wahre Gestalt an und zeigte sich in ihrer göttlichen Größe und Macht, nun auch voll Zorn gegen die Menschen und ihre Dummheit. Voll Furcht befahl König Kelios, einen Tempel zu errichten, um die Göttin zu versöhnen. Als das Bauwerk vollendet war, ließ sie sich darin nieder, um von nun an die heiligen Weihen, die sie die Menschen gelehrt hatte, von diesen entgegenzunehmen.

Doch jetzt brach eine schreckliche Zeit an. Denn da sie sich von allem, auch von dem Rat der Götter, fernhielt und sogar ihre Aufgaben als Göttin der Feldfrüchte nicht mehr wahrnahm, konnte das Korn nicht mehr heranwachsen und reifen, und die Menschen hatten nichts mehr zu ernten und zu essen. So unterblieben natürlich auch die Opfergaben an die Götter.

Da erkannte Zeus, dass man die Göttin versöhnlich stimmen müsse, und er ordnete an, dass Persephone nur noch ein Viertel des Jahres, zur Winterszeit nämlich, in der Unterwelt verweilen solle, den Rest aber bei ihrer Mutter verbringen dürfe. Mit dieser Botschaft sandte er den Götterboten Hermes zu Hades, und der Gott der Unterwelt ließ Persephone zu ihrer Mutter auf die Erde ziehen. Schnell schwand der Groll der Demeter. Besänftigt, versöhnt und froh ließ sie die Früchte wieder wachsen und reifen, sie empfing die Opfer der Menschen und die heiligen Weihen und wurde eine den Menschen wohlgesinnte Göttin.

So kam es zu den Mysterienspielen an den Kultorten der Demeter und ihrer Tochter Persephone. Eine dieser Kultstätten war das Heiligtum der Demeter auf dem unteren Burgberg in Pergamon.

Wegen der Bedeutung und der Beliebtheit, die Demeter genoss, ließen die Herrscher von Pergamon und ihre Gattinnen bereits im dritten Jahrhundert v. Chr. die Anlage errichten und entsprechend ausstatten. So konnten die Bewohner von Pergamon mit ihren Anliegen vor die Göttin in ihrem Heiligtum treten, diese vorbringen und den göttlichen Rat durch den Mund der Priester einholen. Weihegeschenke wie Hühner, Schweine und Früchte, die bei dem Brunnen außerhalb des Heiligtums niedergelegt wurden, sollten die Göttin geneigt machen, die Wünsche der Menschen zu erfüllen. Einmal im Jahr – im Oktober zur Zeit der Getreideaussaat – fanden, wie wir auch von anderen Orten Griechenlands und besonders von Eleusis wissen (siehe Seite 87), feierliche Mysterienspiele statt.

Diese Spiele, die Thesmophorien genannt wurden, sollen – so Herodot (II, 171) – ihren Ursprung in Ägypten gehabt haben. Zunächst waren sie ausschließlich Frauen zugänglich, erst später wurden auch Männer zugelassen. Teilnehmen durften Freie und Sklaven, Mädchen und verheiratete Frauen sowie Angehörige des Adels. Diese wohnten dem insgesamt drei Tage dauernden Fest, das von Priestern geleitet wurde, auf einer Zuschauertribüne bei. Bei den kultischen Handlungen spielten die Ferkel eine nicht unwesentliche Rolle. Schon in Ägypten ließ man – so Herodot (II, 14) – das ausgesäte Korn von Schweinen in den Boden stampfen und nach der Ernte die Ähren durch die darauf herumtrampelnden Schweine dreschen.

Inwieweit diese Bräuche Einzug in die Mysterienspiele hielten, also vielleicht wie eine Theateraufführung zur Schau gestellt wurden, entzieht sich unserer Kenntnis. Bekannt ist – wahrscheinlich auf das mit Persephone gleichzeitige Verschlingen der Schweine des Hirten Eubuleus zurückgehend –, dass man im Juli, also drei Monate vor Festbeginn, lebende Ferkel in tiefe Höhlen warf und, wenn der Zeitpunkt des Festes gekommen war, die verwesten Kadaver von ausgewählten Frauen heraufholen ließ, auf den Altären von Demeter und Persephone mit anderen Gaben vermengte und höchstwahrscheinlich verbrannte. Diese Opfer wurden später zusammen mit dem Saatgut auf die Felder gebracht und verteilt. Damit wollte man die

Fruchtbarkeit der Felder und Äcker mithilfe der Göttin erhöhen. Auch die Empfänglichkeit der Frauen sollte beeinflusst werden. So nannte man den dritten Festtag Kalligeneia - Tag der Empfängnis und der glücklichen Geburt. Von den Demeter-Mysterienspielen Spartas ist überliefert, dass man vier Kühe einzeln in den Tempel der Demeter führte, wo sie von vier Greisinnen mit Sicheln getötet wurden.

Es ist nicht klar, was von alldem auf den Stufen im Demeter-Heiligtum zu Pergamon geboten wurde. Auch wissen wir nicht, ob man auch Persephone gedachte. Denn als Gattin des Hades gehörte sie der Unterwelt an und konnte deshalb eine besondere Opferhandlung beanspruchen. Diese - das so genannte Vernichtungsopfer - sah das Schächten von Tieren vor, wobei das Blut in einer Opfergrube aufgefangen und die Tiere dann auf einem Altar vollständig verbrannt wurden. Dagegen stand Demeter als olympischer Gottheit wie den anderen Göttern ein Speiseopfer zu. Dabei wurde das Fleisch der geschlachteten Tiere von den Menschen - also den Zuschauern und den Teilnehmern an den Mysterienspielen - gegessen, während die in die Fettteile gewickelten Schenkelknochen auf den Altären zu Ehren der Götter verbrannt wurden. Demeter wurde nicht immer zusammen mit den anderen Göttern des Olymp verehrt. So können wir nur spekulieren, dass in Pergamon entweder Ferkel oder Rinder auf den fünf sichtbaren Altären geopfert und anschließend von den Teilnehmer verspeist wurden.

Die Spiele sollen zur nächtlichen Stunde stattgefunden haben. Die Liturgie beinhaltete zweifellos die Aussöhnung der wegen des Raubes der Tochter erzürnten Demeter. Es ist nicht auszuschließen, dass den Zuschauern in Pergamon bei den nächtlichen Feiern in Fackel- und Öllampenschein - einer Theaterinszenierung vergleichbar - der Raub und die Suche nach der Tochter, das Grollen der Göttin, ihr Aufenthalt als Amme am Königshof in Eleusis, ihre Zurückgezogenheit im Tempel daselbst, das Unterbleiben der Kornreife, das Einlenken des Zeus, das Zusammenführen von Tochter und Mutter und schließlich die glückliche Rückkehr der versöhnten Demeter in den Rat der Götter des Olymp, vorgeführt wurden. Begleitet wurde das Spektakel durch entsprechende religiöse Rituale - also Anbeten der Göttin und feierliches Schneiden der Ähren unter dem Schweigen der Anwesenden. Die Ähre gilt als das Wahrzeichen von Demeter. Wie in anderen Mysterienspielen auch kam Zeichen und Wundern eine nicht zu unterschätzende dramaturgische Bedeutung zu. Ob nun Zaubertrick der Priesterschaft oder Wunder, wenn der Höhepunkt des Mysteriums erreicht war, so zeigte man eine Kornähre, deren Spitze vor den Augen der Anwesenden abgeschnitten wurde und die dann sofort wieder zu wachsen begann. Dies bezeugte die Anwesenheit der Gottheit.

Apollodor von Athen schreibt zudem über die Mysterien von Eleusis, die dort in einer tempelartigen Säulenhalle abgehalten wurden, dass bei dem eben geschilderten Handlungsablauf Musikinstrumente erklangen und das Mysterium darin gipfelte, den geweihten Teilnehmern durch Demeters Hilfe ein glückliches Weiterleben nach dem Tode zu verheißen.

Heute kann man sich nur noch auf eine der wenigen verbliebenen Stufen der Zuschauertribüne – zwischen Disteln, Oregano und Lavendel – setzen und über das kultische Geschehen von damals in diesem Hain voll sprechender Steinfragmente nachdenken. Aber so wie der Dunst über dem im Gegenlicht heraufschimmmernden Bergama sich nur langsam löst, so wenig darf eine rasche Entschlüsselung der Mysterien im Demeter-Heiligtum von Pergamon erwartet werden.

Hier, auf dem oberen Burgberg, stand des Wahrzeichen Pergamons, der Zeusaltar

DER ZEUSALTAR VON PERGAMON

Nur wenige Schritte nach links, gleich hinter dem Kassenhäuschen auf dem oberen Burgberg, wo einige mächtige Kiefern zum Verweilen in ihrem Schatten einladen und Stufen ein Quadrat von Mauerresten und Platten umschließen, erhob sich einst jenes Monument, das das Wahrzeichen Pergamons im Kult ihrer Schutzpatronin Athene und des Göttervaters Zeus sowie Höhepunkt des pergamenischen Kunstschaffens war und heute die Zierde und den Anziehungspunkt des Pergamon-Museums in Berlin darstellt – der Pergamon-Altar.

Schon im dritten Jahrhundert v. Chr. ließ König Philetairos (281–263 v. Chr.) das erste Monument zu Ehren von Athene erbauen – einen dorischen Tempel, vor dem König Attalos I. (241–197 v. Chr.) ein Kriegerdenkmal mit Szenen aus dem siegreichen Kampf der Pergamenen gegen die Galater von 230 v. Chr. aufstellte. König Eumenes II. (197–159 v. Chr.) umgab den Platz des Athene-Tempels mit teilweise zweistöckigen und zweischiffigen Säulenhallen, innerhalb derer sich die berühmte Bibliothek und eine Sammlung griechischer Bildwerke befanden. Das Propylon, die Eingangshalle, wurde im Pergamon-Museum in Berlin wieder aufgebaut. Nur einige Meter weiter südlich terrassierte Eumenes den Hang und sicherte ihn mit Stützmauern. Auf dem so gewonnenen Plateau errichtete er den Altar zu Ehren der Athene und ihres Vaters Zeus.

Die Könige von Pergamon, so besonders Attalos I. und Eumenes II., waren Kunstliebhaber und Sammler. Attalos legte eine umfangreiche Sammlung von griechischen Kunstwerken an, die von Eumenes vergrößert wurde. Heute weiß man, dass König Attalos II. einheimische Künstler nach Delphi schickte, nicht nur, um Apollo Weihegaben zu überreichen, sondern auch, um dortige Bilder und Bildwerke zu studieren und zu kopieren. Auf diese Weise entstand auch die etwa 2,50 Meter hohe Marmorstatue der Athene, die sich auf einem ein Meter hohen Sockel im großen Saal der Bibliothek zu Pergamon befand (heute im Pergamon-Museum zu Berlin). Sie stellt, wenn auch mit Abweichungen, die verkleinerte Kopie der etwa zwölf Meter hohen Goldelfenbeinstatue der Athene Parthenos aus dem Par-

Altarterrasse aus dem Modell des Burgbergs von Pergamon

thenon auf der Akropolis in Athen dar. Sie war das Werk von keinem Geringeren als von Phidias, der sie bis 438 v. Chr. fertiggestellt hatte.

Die pergamenischen Könige aus dem Geschlecht der Attaliden verfolgten ihren Stammbaum zurück – über Eurypylos, Telephos und Herakles bis zu Zeus – und sahen in dem Göttervater ihren Stammvater. Deshalb, aber auch als Dankesbezeugung für die von ihm gewährten Unterstützungen und noch mehr für die während vieler Kriege dargebotenen Hilfe durch Athene erkoren sie die Göttin zur Schutzpatronin über die Stadt und weihten den Altar beiden Gottheiten.

Athene im Gigantenkampf, Ausschnitt aus dem großen Fries des Pergamon-Altars

Der bisherige Altar vor dem Athene-Tempel war klein und ungünstig gelegen und konnte wohl den anspruchsvollen Kult- und Opferhandlungen nicht mehr genügen. Dagegen nahmen sich die Maße des neuen Altars mit 36,44 Meter auf 34,20 Meter geradezu gigantisch aus.

Eine etwa zwanzig Meter breite Freitreppe führte hinauf zum Oberbau, einem von Säulenhallen umschlossenen Altarhof, wo sich der eigentliche Opferaltar befand. Die Wände des Altarhofs schmückte ein Figurenfries – der so genannte kleine pergamenische Fries – mit Szenen aus dem Leben des Telephos. Darunter war das Aussetzen seiner Mutter Auge in einem Kasten auf dem Meer durch ihren Vater Aleos, König in Arkadien, dargestellt. Denn Auge war Priesterin der Athene und hatte ein Keuschheitsgelübde ablegen müssen. Doch Herakles hatte sie in trunkenem Zustand vergewaltigt. König Teuthros von Mysien fand und adoptierte sie. Ihr Sohn Telephos, den Aleos in einem Hain hatte aussetzen lassen, wurde von einer Löwin gesäugt, doch schließlich von seinem Vater Herakles aufgefunden. Als junger Mann kam Telephos auch nach Mysien, wo ihm Teuthros seine „Tochter" Auge als Frau versprach, wenn er ihm gegen seine Feinde helfen würde. Telephos gelang es, die Feinde zu schlagen und die Hochzeit wurde vorbereitet. Als er und Auge schon auf dem gemeinsamen Lager ruhten, erschien eine Schlange, von Athene geschickt, und Mutter und Sohn erkannten sich.

Weitere Szenen zeigen den Kampf des Telephos gegen die Griechen und Achaier mit Achilleus, als diese bei ihrem Zug gegen Troja irrtümlich an Mysiens Küste gelandet waren. Der

Fries blieb unvollendet. Die drei Außenseiten nebst den beiden Stirnseiten seitlich der Freitreppe des Unterbaus waren mit den Figuren-Szenen versehen – dem großen pergamenischen Figurenfries –, die wegen der thematischen Gestaltung und des künstlerischen Ausdrucks den Ruf Pergamons als Kulturstadt von höchstem Rang im ganzen Mittelmeerraum begründeten. Dargestellt war der Kampf der Götter gegen die Giganten – ein symbolisch zu wertendes Substitut für den siegreichen Krieg der Pergamener gegen die Galater im Jahre 184 v. Chr.

Es hatte damit begonnen, dass – wie schon beschrieben – Kronos und seine Mutter Gaia, die Urmutter des Kosmos, beschlossen, den seine Kinder verschlingenden Vater Uranos zu entmannen. So schnitt ihm Kronos mit einer Sichel das Glied ab, das ins Meer geworfen wurde, wobei aus dem ausströmenden Samenschaum Aphrodite entstand. Dabei tropfte aber auch Blut auf die Erde; so wurde Gaia wieder befruchtet, und sie gebar die Erinnyen (griech. die Zürnenden), Meineid und Elternmord ahndende Rachegeister, Baumnymphen und die Giganten. Letztere waren gewalttätig und sannen auf Unheil gegen die Götter und waren diesen verhasst. Ein Orakel hatte den Göttern verkündet, dass ein Kampf gegen die Giganten nur dann siegreich ausfallen könnte, wenn ihnen ein Sterblicher helfe. Gaia aber wollte verhindern, dass jene, immerhin ihre Kinder, durch die Hand eines Sterblichen fielen, und ließ deshalb besondere Kräuter wachsen, aus denen sie einen Zaubertrank bereiten wollte, der unverwundbar macht. Doch Zeus vernichtete all diese Kräuter und ließ seinen Sohn Herakles zu sich kommen. Es begann ein furchtbarer Kampf, an dem sich alle Gottheiten des Olymps beteiligten. Unter den Giganten waren ihr Anführer Eurymedon, ferner Enkelados, Mimas, Porphyrion, Polybotes und Alkyoneus, der, solange er die Erde berührte, unsterblich war.

Die Künstler in Pergamon – einige ihrer Namen wie Dionysiades, Menekrates, Orestes und Theoretos wurden an dem Altar entdeckt – stellten die gewaltige Schlacht außerordentlich expressiv und spannend dar. Gewagte Körperdrehungen, Ge-

Byzantinische Mauer, Fundort der ersten Reliefplatten des großen Altars (links) und Abtransport der Reliefplatten (rechts), nach Zeichnungen von Ch. Wilberg, Pergamon 1879

sichtszüge, in denen sich rasender Schmerz oder Siegeszuversicht zeigt, ins Gigantische gesteigerte Figuren, bei den Göttern heroisch, bei den Giganten mit Schlangenbeinen, Löwenköpfen, Hörnern oder mit Vogelkrallen Grauen erregend wiedergegeben, belegen das vielseitige Können und die Meisterschaft der pergamenischen Bildhauer.

Dass der Altar fast vollständig erhalten blieb und sich wieder aufgebaut im Pergamon-Museum in Berlin befindet, haben wir dem Bauingenieur und Altertumsforscher Carl Humann zu verdanken. Von höchster Stelle seitens der türkischen Regierung mit Landvermessungen und Straßenbauarbeiten betraut, entdeckte er eines Tages bei einem Besuch auf dem Burgberg in Pergamon ein großes Hochrelief, das einen Gott in voller Größe darstellte. Als er einige Tage später wieder hinaufging, um es in Sicherheit zu bringen, stellte er fest, dass es zu einer Treppenstufe verarbeitet worden war. Humann ließ den „Täter" einsperren. Das war im Jahre 1869.

Bereits vier Jahre zuvor, als Humann das erste Mal in Pergamon geweilt hatte, hatte er bei seinem Rundgang durch die antiken Stätten die traurige Entdeckung gemacht, dass Kapitelle, Architrave und andere Marmorblöcke von Arbeitern mit Hämmern zertrümmert und in Kalköfen geworfen worden waren. Doch voll Stolz berichtete er, dass „den Kalkbrennern nach vierzehn Tagen das Handwerk gelegt war".

Von nun an begann eine umfangreiche Rettungsaktion für Pergamon und insbesondere für die vielen Fragmente des Altars, die man bei den Ausgrabungsarbeiten zutage förderte und deren Bedeutung Alexander Conze, Direktor der Skulpturenabteilung der Königlichen Museen in Berlin, sofort erkannt hatte.

Mit der amtlichen Ausgrabungserlaubnis von allerhöchster türkischer Stelle, die am 17. August 1878 beim Deutschen Konsulat in Smyrna eintraf, hatte Humann sein Ziel erreicht. Es war der Beginn einer enormen Forschertätigkeit und Laufbahn in Kleinasien. Im Herbst 1896 war es dann so weit. Die von der türkischen Regierung ihm zugesagten Fundstücke wurden auf die im Hafen von Smyrna liegende „Loreley" verladen und traten den Weg nach Deutschland an, um in Berlin ihrer Auferstehung als Altar entgegenzusehen, wobei Seestürme bange Momente hervorriefen. Heute hätte die Türkei den Altar gerne an alter Stätte zurück.

Heiliger Bezirk und Stelle des Zeusaltars, Pergamon

DAS THEATER AM OBEREN BURGBERG
UND DER DIONYSOS-KULT

Das auffallendste Bauwerk auf dem Burgbcrg ist zwcifcllos der schon aus weiter Entfernung sichtbare Theaterhang mit seiner Terrasse. Trotz mehrerer Bauphasen ab dem dritten Jahrhundert v. Chr. ist es ein Bravourstück der Architekten, stellt es doch in seiner Lage am Berghang das steilste Theater der Anti-

ke dar, das auf einer 246 Meter langen, gut 15 Meter breiten und zwölf Meter hohen Stützmauer fußte. Den oberen Abschluss bildete eine hohe Mauer mit ausgesparten Nischen. Der Zuschauerraum, die Cavea, würde heute sicherlich von keiner Baubehörde mehr abgenommen und in Deutschland wäre das Betreten entweder verboten oder nur auf eigene Gefahr gestattet. Die Cavea fasste immerhin rund 10 000 Zuschauer, die sich auf drei „Ränge" verteilten – unterbrochen von zwei horizontalen Zugängen und fünf beziehungsweise sechs vertikalen Treppengängen. Eine halbkreisförmige Orchestra trennte die Cavea von der Bühne, Scaena, und dem Bühnenhaus. Letzteres war ursprünglich aus Holz und wie eine Kulisse versetzbar. Auf der insgesamt dreigeschossigen Terrasse flankierten an beiden Längsseiten Säulengalerien einen schmalen Korridor, der von Süden über die Bühne zu dem am Nordende errichteten Dionysos-Tempel führte. Dieser war im ionischen Stil in der Form eines Prostylos erbaut. Die südliche Stirnseite der Terrasse war als Eingangshalle mit zwei Toranlagen gestaltet.

Die Anlage wirft Fragen auf. Sicherlich brauchte man für Bühnenaufführungen keine 250 Meter lange Terrasse. Aber wenn man Theater, Terrasse und Dionysos-Tempel als die Architektur-Requisiten einer dem Gott Dionysos geweihten heiligen Stätte mit Kult- und Bühnenweihspielen ansieht, wird manches vorstellbar. In der Tat besteht ein enger Zusammenhang zwischen Theater, Terrasse und Tempel, denn an anderen Orten – wie zum Beispiel im heiligen Bezirk des Dionysos Eleuthereus zu Füßen des Akropolishügels in Athen, im Dionysion in Sikyon oder im Heiligtum des Dionysos in Elis – sind dieselben Gegebenheiten anzutreffen.

Sie sind als Kult- und Verehrungsorte von Dionysos überliefert. Die Verehrung von Dionysos geht in Griechenland bis in das zweite Jahrtausend v. Chr. zurück. Im Laufe der Jahrhunderte entstanden mehrere und unterschiedliche Dionysosfeiern, unter ihnen das attisch-ionische Fest der Anthesterien, das auch in Kleinasien – von den Ioniern – feierlich begangen wurde. Wer war dieser Dionysos, zu dessen Ehren all dies geschah?

Wieder einmal begann alles mit Zeus, der sich erneut in eine Sterbliche verliebt hatte. Dieses Mal war es Semele, eine der Töchter des Königs Kadmos von Theben. Es fiel Zeus nicht schwer, sie zu verführen. Als Semele im sechsten Monat schwanger war, beschloss die eifersüchtige Hera, sich zu rächen. Sie verleitete Semele dazu, Zeus zu bitten, sich ihr in

Zeus und Semele, Stich von 1676

seiner ursprünglichen Gestalt als Gott zu zeigen, denn sie wusste, dass Zeus diese Bitte nicht abschlagen durfte und dass Semele bei seinem Erscheinen an seinen Blitzen verbrennen würde. Zeus, der alles durchschaut hatte, musste ihre Bitte erfüllen. Und Semele wurde tatsächlich von den Blitzen getötet und verbrannte. Zeus jedoch riss das frühgeborene Kind rechtzeitig aus den Flammen und nähte es in seinen göttlichen Schenkel ein, damit es dort zum Gott heranreife.

Als die Zeit um war, gebar Zeus Dionysos. Somit wurde Dionysos, nachdem er zuerst von einer Sterblichen geboren war, nun ein zweites Mal, dieses Mal aber von einem Gott geboren. Zeus hatte Semele noch verhießen (Nonnos VII, 367):

Glückselige du, die du Göttern und
Menschen
Wonne gebären wirst, denn du hast
einen Sohn
Empfangen, der Vergessenheit bringt
dem Leide der Sterblichen.

Laut Homer (Ilias XIV, 325) hatte Semele Dionysos zur Freude der Menschen geboren. Denn nach dem Willen von Zeus sollte der Sohn den leidgeprüften Menschen – es war kurz nach dem Rückgang der Sintflut – etwas bringen, das ihnen die Sorgen nehmen und dafür umso mehr Freude bereiten konnte: den Weinstock. Der Mythos der Doppelgeburt brachte es mit sich, dass Dionysos den Menschen als Doppelwesen erschien. Er galt nicht nur als Freudenbringer und Erlöser – Lysios –, sondern auch als der leidende und sterbende Gott, der in den Wahnsinn treiben konnte.

In einem göttlichen Bergwald im fernen Nysa, dem Lande der Fantasie, gelegen und für keinen Sterblichen sonst zugänglich wurde Dionysos von Ino, der Schwester seiner Mutter, von Nymphen und Silenen aufgezogen. Als er alt genug war, zog er fort, um seinen göttlichen Auftrag auszuführen. Und überall, wo er hinkam, verbreitete er die Weinrebe und seinen Kult. Heilige Haine wurden angelegt, Tempel errichtet, und sogar die Priester des Apolloheiligtums in Delphi – allerdings eher aus politischen Gründen und zum Zwecke der Selbsterhaltung – nahmen seinen Kult an und trugen so zur Verbreitung desselben in ganz Griechenland bei. So kam es, dass Apollo und Dionysos häufig nicht nur an Tempeln – wenn auch auf verschiedenen Seiten –, sondern auch auf Vasenbildern abgebildet sind.

Nach Attika scheint Dionysos auf dem Seeweg gelangt zu sein. Darauf verweisen nicht nur der homerische Hymnus an Dionysos, sondern auch verschiedene Darstellungen von ihm auf einem Schiff sowie auf einem Schiffskarren. Letzterer, der so genannte *carrus navalis*, von dem man das Wort „Karneval" ableitet, wurde bei den Prozessionsumzügen anlässlich der Dionysosfeste in Athen verwendet.

Bei seiner Ankunft in Attika, so will es die Sage, habe er freundliche Aufnahme bei einem Bauern mit Namen Ikarios gefunden. Als Gastgeschenk gab er ihm einen Weinstock. So begann der Weinanbau in dieser Landschaft. Er brachte aber nicht nur Freude, sondern auch Tod und Verzweiflung. Denn trunkene Bauern, die dem Wein des Ikarios eifrig zugesprochen hatten, erschlugen diesen in ihrem Wahn. Als die Tochter ihren toten Vater fand, beging sie aus Verzweiflung Selbstmord.

Die Charakterzüge des Weins und des Dionysos gleichen sich. So wie beim Genuss von Wein alle Stufen und Phasen menschlicher Empfindungen und Ausbrüche sich zeigen – angefangen von Wohlbefinden, Ausgelassenheit und Freude über den Drang nach Wahrheit und Befreiung von allen Fesseln bis hin zu Streit, Raserei und Wahn, sogar Tod –, so stellte sich Dionysos dar, vielgestaltig und doppelgesichtig. Diese Doppelgesichtigkeit fand ihren Ausdruck im Symbol der Maske.

Bei den Festen, die man in Athen zu Ehren von Dionysos hielt, spielte besonders bei den schon erwähnten Anthesterien im Frühling (11. bis 13. Februar), dem Fest der Fassöffnung, die Maske eine besondere Rolle. Bei der Feier der Weinmischung war der Gott symbolisch anwesend in der Gestalt einer Maske, die an einer hölzernen Säule hing. Sie war mit Efeu bekränzt und unter ihr war ein langes Gewand angebracht. Eine Vase im Museo Nazionale di Napoli zeigt diesen Vorgang: Vor dem Gott wird der Wein, der sich in zwei Gefäßen auf einem Tisch befindet, von einer Priesterin gemischt und zuerst ihm, sodann den Anwesenden angeboten. Währenddessen sorgen Musikantinnen und Tänzerinnen für den musikalischen Rahmen. Den Festteilnehmern wird der gemischte Wein in ihre Choenkannen eingeschenkt, die ein Fassungsvermögen von zwei bis drei Liter besaßen. Trompetenstöße waren dann der Startschuss zum großen Wetttrinken, wobei der Wein aus Trinkschalen getrunken werden musste. Sieger war, wer zuerst einen Weinkrug geleert hatte.

Dionysos wurde bei diesem Fest auch als Gott der Kinder und der Jugend verehrt. Selbst Dreijährigen überreichte man ein Kännchen Wein. Anschließend trug man sie in die Bürgerlisten ein. Für die Vierzehn- bis Siebzehnjährigen war der Moment gekommen, die Kindertoga durch die Männertoga zu ersetzen. Begleitet wurde dieses Inititiationsritual von einem Trunk aus einer Schale. Ein Mysterienfries in der Villa dei Misteri in Pompeji aus der ersten Hälfte des ersten Jahrhunderts v. Chr. zeigt die Einführung einer jungen Frau in den dionysischen Kult. Da stehen junge Satyrn in zu großen Togen, während ein erwachsener Silen die mit Wein gefüllte Trinkschale hält.

Ein anderes Athener Fest, die großen städtischen Dionysien (8.–13. März), bot neben ausschweifenden Weingelagen, bacchantischem Schwärmen in den Straßen sowie

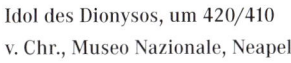

Idol des Dionysos, um 420/410 v. Chr., Museo Nazionale, Neapel

Mysterienfries (Ausschnitt) in der Villa dei Misteri, Pompeji, 1. H. 1. Jh. v. Chr.

Festprozessionen auch die Darbietung von Dichtungen und Chorgesängen sowie die Aufführung von Komödien, Tragödien und Satyrspielen. Am Vorabend des Festes stellten sich Dichter und Schauspieler dem Volke vor, und an den Festtagen erfolgten die Aufführungen, die von einer Jury beurteilt und prämiert wurden. Dies alles, versteht sich, geschah zu Ehren von Dionysos.

Ausgesprochen komisch wirkt auf einer Hydria um 460 v. Chr. die Versammlung einiger hochbetagter Silene (Abb. oben links). Diese ewig lüsternen und oft mit zottigen Fellen bekleideten Kerle und dienstbaren Geister des Dionysos sitzen hier wie Ratsherren in vornehmer Gewandung manierlich auf Stühlen und lauschen den Worten der vor ihnen auf einem Felsen kauernden Sphinx. Es handelt sich um eine Szene aus dem Satyrspiel *Sphinx* von Aischylos.

Die einzige uns erhaltene Tragödie, die sich mit Dionysos und seinem Kult befasst, sind *Die Bakchen* des Euripides, die wie viele andere Bühnenstücke in Theatern bei Dionysos-Tempeln aufgeführt wurde. *Die Bakchen* bringen das ganze Ausmaß der Wildheit, der Raserei und des Wahnsinns, die Schattenseite des Gottes zum Ausdruck. Höhepunkt ist die Zerfleischung des Königs Pentheus von Theben, der sich verbotenerweise einem bacchantischen Treiben auf dem Parnass genähert hatte und von den rasenden Bacchantinnen sowie von seiner eigenen verblendeten Mutter Agaue nach dem Willen von Dionysos zerrissen wurde.

Der Stier ist das älteste Attribut des Gottes. Daher wird er häufig auf einem Stier reitend oder auf einem von Stieren gezogenen Triumphwagen dargestellt. Rebzweige fehlen ebenso wenig wie sein Trinkgefäß, der Kantharos. Manchmal tritt auch Poseidon auf, ebenfalls auf einem Stier, was die Verbundenheit beider Götter, bedingt durch den häufigen Aufenthalt von Dionysos in den Tiefen des Meeres, symbolisiert. Dionysos be-

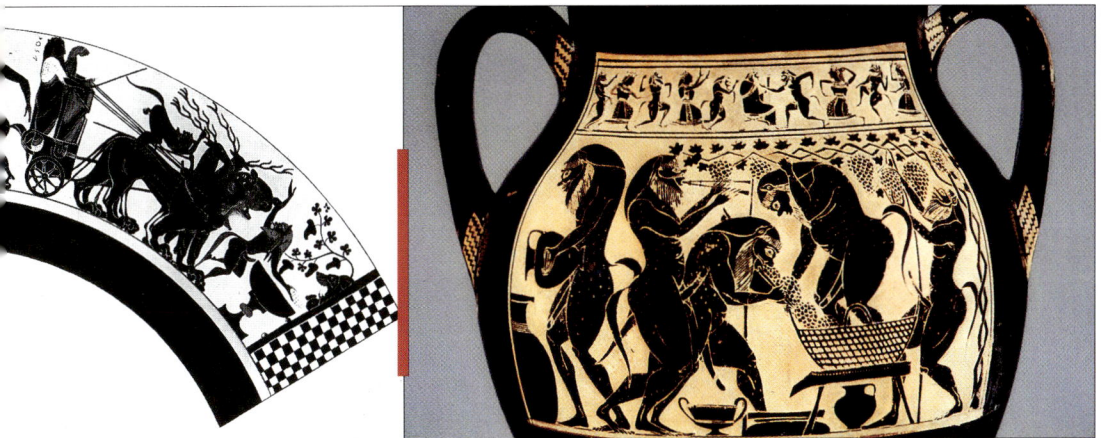

Kelternde Silene, attische Amphore, um 530 v. Chr., Martin-von-Wagner-Museum, Würzburg

fasste sich natürlich auch mit der Herstellung von Wein, das heißt, seine dienstbaren Geister, die Satyrn und Silene, mussten dies für ihn tun.

Das Wahrzeichen des Dionysos ist sein Thyrsosstab. Dieser ist an seinem oberen Ende mit Efeulaub umwunden und mit einem Pinienzapfen besetzt. Mit diesem Stab hat es eine besondere Bewandtnis. Davon weiß der Bote in *Die Bakchen* des Euripides zu berichten:

> Nun schlug wohl eine (Mänade) mit dem Thyrsos an den Fels,
> Taufrischen Wassers Strahl sprang da sogleich heraus, stieß eine andere
> Auf den Boden ihren Stab, auch ihr sandt eine Quelle Weins empor der Gott.
> Von dem Efeuschmuck der Thyrsen quollen Honigströme süß herab.

Eine solche Epiphanie des Dionysos, die Verwandlung von Wasser in Wein, zeigt ein Innenfries einer chalkidischen Trinkschale, die so genannte Phineus-Schale aus der Zeit um 530 v. Chr. (Abbildung oben Mitte). Ausgesprochen fantastisch gestaltet sich hier der Aufzug von Dionysos. Zusammen mit Ariadne fährt er auf seinem nun von zwei Hirschen, einem Panther und einem Löwen gezogenen Wagen. Zottige, mit Pferdeschwanz und monströsem Phallus, tierischen Ohren, Stupsnase und häufig mit Hufen und Hörnern versehene Silenen und Satyrn, die immer zu Unfug aufgelegten und stets lüsternen Waldgeister, begleiten das Gespann. Einer von ihnen reißt jubelnd seine Arme hoch, denn aus einem Brunnen fließt durch ein Wunder des Dionysos Wein. Darauf deuten die Weinranken hin. Dieses Wunder, von dem wohl mancher Winzer träumen mag, soll sich bei der Hochzeit des Dionysos mit Ariadne zum ersten Mal ereignet haben. Bei dieser Abbildung handelt es sich also um die Hochzeitsfahrt des Gottes mit Ariadne. Diese, Tochter von König Minos auf Kreta, war der Sage nach von Theseus entführt und dann auf einer Insel allein zurückgelassen worden. Dorthin segelte gerade Dionysos, der eben von einem Liebesabenteuer mit der Zauberin Circe kam und noch ganz liebestrunken war. Er sah Ariadne, verliebte sich nun in diese und vermählte sich mit ihr.

Ein riesiger attischer Mischkessel, ein Kolonettenkrater, zeigt ebenfalls besagte Hochzeitsreise (Euphiletos-Maler, Abbildung links). Auf der einen Seite sieht man den Gott von tanzenden und musizierenden Mänaden und Silenen umgeben; auf der anderen Seite sitzt er auf einem vierspännigen Wagen zusammen mit Ariadne, die sich als Wagenlenkerin betätigt.

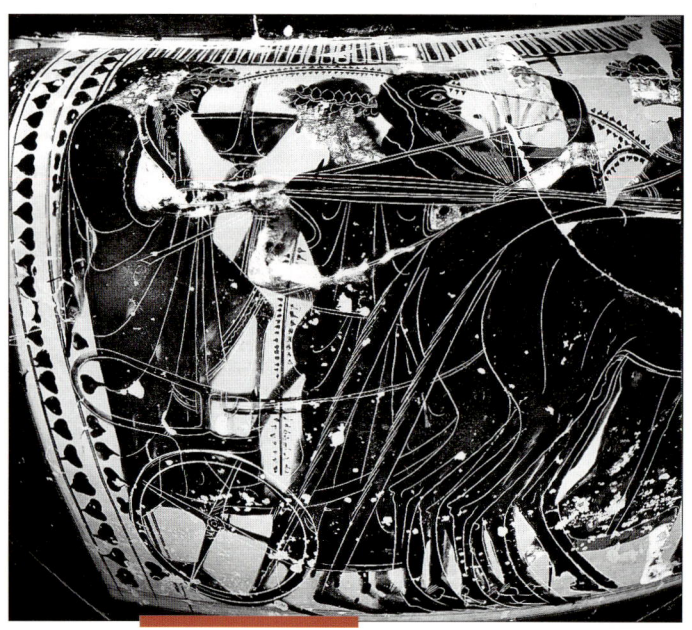

Hochzeitsreise des Dionysos,
Attischer Mischkessel,
Martin-von-Wagner-Museum,
Würzburg

Er scheint jedoch mehr an dem Inhalt seines geliebten Trinkgefäßes, einem Kantharos, interessiert zu sein als an seiner Umwelt. Wahrscheinlich musste auch schon damals die Frau nach einer Weintour oder Hochzeitsfeier den Ehemann am „Steuer" seines Wagens ersetzen und die Zügel selbst in die Hand nehmen.

Als Ariadne starb, verlieh ihr Zeus ewiges Leben und ewige Jugend. Und so fuhr sie, von Dionysos und Hermes geleitet, auf einem vierspännigen Wagen aus dem Hades hinauf zum Olymp. Dabei trug sie eine Krone, die einst Hephaistos geschmiedet hatte und die ihr von Theseus geschenkt worden war. Unter den Verstorbenen, die Dionysos aus dem Reich der Toten in den Olymp führte, war auch seine Mutter Semele, die so erneute Jugend und Unsterblichkeit erlangte.

Dionysos hat auf seinen vielen Reisen, als er den Meeresgott Poseidon besuchte und auch häufig Gast war bei Persephone, Tochter von Demeter und Gemahlin von Hades, viele Bootsfahrten unternommen. So gibt es zahlreiche Darstellungen auf Vasen, die ihn und sein Gefolge bei einem Festgelage oder alleine auf einem Segelschiff zeigen. Letzteres geht auf folgende Sage zurück: Dionysos wurde von tyrrhenischen Seeräubern auf einem Boot entführt, ohne dass sie ihn erkannten. Da wuchs plötzlich aus der Mitte des Bootes ein Weinstock, der so riesig wurde, dass er sich über dem Segelmast und das ganze Schiff ausbreitete. Auch reiften an seinen Zweigen viele Weintrauben heran. Die Seeräuber sprangen voll Schrecken ins Meer, wo sie in Delphine verwandelt wurden. Nur der Steuermann kam mit dem Schrecken davon. Dieses Wunder bildete gemeinsam mit dem Weinwunder – der Verwandlung von Wasser in Wein und Entspringen von Weinquellen – wohl den Auftakt für das Anthesterien-Fest.

Es ist vorstellbar, dass sich in dem Dionysos-Tempel auf der Nordseite der Theaterterrasse am Burgberg zu Pergamon jenes „Wunder" ereignete, von dem Pausanias (VI, 26 1, 2) berichtet:

> Die Priester bringen drei Kessel in ein Gebäude und stellen sie
> leer hin im Beisein der Bürger und Fremden, wenn gerade welche
> anwesend sind; dann bringen die Priester selbst und wer von
> den übrigen Lust hat, ihre Siegel an den Türen des Gebäudes an.
> Am folgenden Tage können sie die Siegel prüfen, gehen in
> das Gebäude hinein und finden die Kessel mit Wein gefüllt.

Das Wunder des Weinstocks zeigte sich beim Fest der Erscheinung des Gottes als so genannte „Eintagsrebe", die „innerhalb weniger Stunden blühte und reifte". Euripides (Phoenissen 229) spricht von einem Weinstock, „der täglich die saftige, beerendrängende Traube hervortreibt" und Sophokles (Thyestes fr. 234) berichtet von einer heiligen Rebe, die am frühen Morgen grünte, am Mittag bereits die Traube bildete und am Abend geerntet und gekeltert werden konnte. Dasselbe bestätigt Euphorion (fr. 118 Sch) für Aigai, eine achaische Stadt.

Vielleicht folgte dann der triumphale Einzug des Weingottes auf einem in Schiffsform gestalteten Wagen, dem *carrus navalis*, mit seinem Thiasos, seinem Gefolge von Mänaden, Nymphen, Silenen, Faunen und Satyrn, die häufig auch Löwen, Stiere, Eber, Bären, Panther, Esel und Böcke mit sich führten. Die Rolle des Gottes nahm ein Schauspieler ein, aber – wie wir von Ephesos und von Alexandria in Ägypten wissen – einmal auch Marcus Antonius, der als Oberbefehlshaber über die römischen Ostlegionen in der Provinz Asia weilte. Von dem Anthesterien-Fest in Athen ist überliefert, dass der „Dionysos" mit der Frau des Basileus, des Herrschers von Athen, in deren Haus mit ihr Hochzeit hielt, das heißt sich mit ihr vereinigte. Dies ist eine symbolische Anspielung auf die Abtretung von Theseus' Frau Ariadne an Dionysos, als dieser Ariadne auf Naxos besuchte. In Ephesos dürfte es sich im Falle des Marcus Antonius bei der Gemahlin des ersten Mannes der Stadt wohl um seine eigene Gefährtin, nämlich um Kleopatra VII., Königin von Ägypten, gehandelt haben. Hierbei wird es Venus bestimmt nicht gefröstelt haben, denn das alte römische Sprichwort „sine Cerere et Baccho friget Venus", ohne Ceres, hier verantwortliche Göttin für köstliche Speisen, und den für den Wein verantwortlichen

Bacchus fröstelt es der Venus, hatte bei diesem Freudenfest seine Aussagekraft ganz bestimmt verloren.

Im Anschluss an den Einzug folgte die schon beschriebene Feier der Weinmischung. Das Weinmischen nahm die Frau des Basileus vor, indem sie symbolisch der an einer Säule aufgehängten Maske des Gottes Wein in einer Kantharos-Schale reichte. Priesterinnen füllten die Kannen der anwesenden Teilnehmer und Gäste, und das Trinkgelage begann. Man opferte einen Kranz, den man zuerst um sein Trinkgefäß legte, um ihm dann dem Gott in dessen Heiligtum – wahrscheinlich ein Tempel – zu opfern. All dies wurde von Musik begleitet. Das Bacchanal dauerte drei Tage. Der letzte Tag endete in einer Totengedenkfeier, in einem Allerseelenfest. Dadurch sollten symbolhaft auch die Verstorbenen an den ausgelassenen Feierlichkeiten teilnehmen.

DAS ASKLEPIEION – HEILBAD DER SCHICKERIA IN DER KLASSISCHEN ANTIKE

Im Westen, außerhalb der Stadt, hatte man die Stätten angelegt, die zur Unterhaltung und Erbauung des Volkes dienten. Das waren das Amphitheater, das Schauspieltheater und das Stadion.

Das Amphitheater, Anfang des dritten Jahrhunderts n. Chr. errichtet, zeigt sich heute als malerische Ruine, eingebettet in die hügelige Landschaft. Es war genau über einem Bach erbaut und konnte für die beliebten Schiffskämpfe geflutet werden. Das fast kreisrunde Areal (136 × 128 Meter) bot immerhin 50 000 Zuschauern Platz. Östlich davon erstreckte sich das Stadion und im Süden erhob sich das Theater. Auch sie sind Bauten aus römischer Zeit. Alle drei Monumente warten noch auf die Stunde des Gewecktwerdens, auf den Ausgräber.

Vom Theater aus führt die fast 1000 Meter lange so genannte Heilige Straße zu der Stätte, die sowohl einen Sebastian Kneipp als auch einen Thomas Mann begeistert und fasziniert hätte. Den einen wegen der dort praktizierten Heilmethoden mit Wasser, den anderen wegen der häufigen Besuche von kaiserlichen Majestäten aus Rom und dem damit verbundenen Auftritt der Schickeria des römischen Imperiums. Es geht um das

Amphitheater, 3. Jh. n. Chr., Pergamon

dem Heilgott Asklepios geweihte Heil- und Kurbad der Stadt, um die zentrale Pilgerstätte für Kranke und Genesung Suchende in der Antike für mehr als ein halbes Jahrtausend, um das Baden-Baden und Marienbad von damals, um das Modebad Asklepieion – ein Sanatorium für Leib, Seele, Geist und Bildung. Das Priesterkolleg, das die Heilstätte leitete, war um seinen guten weltweiten Ruf bedacht. So wurden die Ankömmlinge

Asklepieion, nördliche Vorhalle, Pergamon

gründlichst untersucht. Die Patienten mit Aussicht auf Heilung wurden aufgenommen, die *Moribundi*, die Totgeweihten, abgewiesen.

Die ältesten Funde auf dem Areal verweisen auf das fünfte Jahrhundert v. Chr. Von Epidauros und der Insel Kos aus hatte sich der Kult des Asklepios ausgebreitet und war von den pergamenischen Königen gefördert worden. So wuchs gleichzeitig mit dem Ruhm der Stadt auch der Ruf der Heilstätte. Das größte Ansehen wurde ihr in der römischen Kaiserzeit zuteil, als der prunkvolle Ausbau der Anlage erfolgte. Es blieb nicht aus, dass auch bald die entsprechenden Kapazitäten eintrafen.

So war es fast selbstverständlich, dass der nach Hippokrates wohl bedeutendste Arzt der damaligen Zeit , Claudius Galenus (um 129 bis nach 200 n. Chr.), wohl auch dank der Förderung durch Kaiser Antonius Augustus Pius (138–161 n. Chr.) die medizinische Leitung des Asklepios-Heiligtums übernahm. Da er außerdem Arzt des Kaisers Mark Aurel war – dieser hielt sich im Jahre 162 n. Chr. in Pergamon auf – wurde er zum Modearzt seiner Zeit und des Mittelmeergebiets schlechthin. Seine Forschungen am kranken Menschen und am Tier sowie seine wissenschaftlichen Arbeiten über das gesamte medizinische Wesen der Antike wirkten weit über das Mittelalter hinaus bis in die Neuzeit hinein. Umfangreiches Wissen im anatomischen Bereich, in der Heilkunde, in der Lehre der Krankheit und Physiologie bildeten die Grundlagen seines Könnens. Einbezogen in die Behandlungen waren vor allem Schlaftherapien mit Traumdeutung, die Teil der Diagnose wurde, Kalt- und Warmwasser-Kuren, Gymnastik sowie als Zusatztherapie für Geist und Seele die literarischen Schätze der Bibliothek sowie Theateraufführungen und religiöse Meditationsübungen. Als eine Art Pressesprecher und Auslandskorrespondent der Heilstätte trug der Redner Aelius Aristides (117–187 n. Chr.) erheblich zur Verbreitung der Behandlungsmethode von Galenus bei.

Oben Akroterion vom Propylon des
Asklepieion von Pergamon,
Pergamon-Museum, Berlin
Rechts Theater im Asklepieion,
Pergamon

Die Anlage selbst gruppiert sich um eine Heilquelle mit leicht radioaktivem Gehalt. Die Bauten können in ihren Ausmaßen und Formen durchaus mit denen von Rom konkurrieren. So erinnern das doppelstöckige, mit Nischen ausgestattete Kurhaus an ähnliche Bauwerke innerhalb der Kaiserpaläste Roms und in der Hadriansvilla in Tivoli und der Rundtempel des Asklepios an den größeren Bruder in Rom – an das Pantheon.

Es gab zur damaligen Zeit im römischen Imperium über 200 Heilstätten, die dem Gott Asklepios geweiht waren. Asklepios war der Heilgott für die Menschen, und sein Arztsymbol, die Äskulapschlange, die sich um einen Stab windet, ist noch heute das Wahrzeichen der Medizin.

Sein Vater war Apollo, auch ein Heilgott, aber nur für die Götter. Sein Sohn wurde es für die Menschen. In seine Mutter

Koronis, die Tochter von König Phlegyas in Thessalien, hatte sich Apollo verliebt. Als jene von ihm schwanger war, erschien am Hof ihres Vaters ein junger Mann aus Arkadien mit Namen Ischys. Sie entbrannte voller Liebe zu ihm und wurde Apollo untreu. Ein Rabe erzählte Apollo davon, dies wurde ihm jedoch nicht gedankt. Denn voller Zorn und Eifersucht verwandelte der Gott das weiße Gefieder des Raben in ein schwarzes – seitdem sind die Raben eben schwarz – und benachrichtigte seine Schwester Artemis. Diese sollte mit ihren Pfeilgeschossen die dem Gott angetane Schmach rächen und Koronis gemeinsam mit anderen Hofangehörigen töten. Als die tote Koronis auf dem Scheiterhaufen aufgebahrt wurde, erschien Apollo, der seine Vatergefühle nicht völlig unterdrückt hatte, und holte das ungeborene Kind aus dem Mutterleib. Den Jungen übergab er dem Kentauren Chiron, damit dieser ihn aufzöge und in allem

Die Rote Halle in Pergamon
Oben Der Vorplatz
Mitte Blick von schräg oben auf die
ganze Anlage
Unten Der Innenraum

unterrichtete. Chiron, der auch Achilleus erzogen hatte, bildete den Jungen in der Heilkunst aus. Dieser erwies sich als überaus gelehrig und wurde bald ein berühmter Arzt. Athene hatte ihm außerdem Blut aus den rechtsseitig fließenden Adern der Gorgo zu trinken gegeben, das seine Heilkunst noch vervollkommnte. Das Blut aus den linksseitig fließenden Adern der Gorgo hätte den Tod gebracht.

Doch dann beging er einen Fehler. Er erweckte einen Toten zu neuem Leben. Das durfte er nicht, denn das war seinem Vater vorbehalten. So wurde er vom Blitzstrahl des Zeus getötet. Dadurch entsühnt, soll er zum einen von Zeus als Sternbild in den Himmel versetzt, zum andern als Gott im Olymp aufgenommen und fortan als Heilgott von den Menschen verehrt worden sein, der sie von ihren Krankheiten befreien sollte. So entstanden an vielen Orten Heil- und Kultstätten, die alle nach ihm als Asklepieion benannt wurden.

GEHEIMNISVOLLE GÖTTERKULTE IN DER ROTEN HALLE IN BERGAMA

Im Zentrum des Städtchens Bergama hebt sich ein hoher Ziegelsteinbau in auffallender Weise von den sonst nur ein- bis zweistöckigen Altstadthäuschen weithin sichtbar ab. Er stellt den einer Basilika gleichenden Mitteltrakt einer dreiteiligen Tempelanlage dar und misst 26 Meter in der Breite und 60 Meter in der Länge. Die ganze Anlage mit einer Gesamtbreite von etwa 100 Metern und einer Gesamtlänge von 260 Metern, den Vorhof mit einbezogen, zeigt ausgesprochen gigantische Züge und entspricht damit ganz dem großzügigen römischen Baustil der trajanisch-hadrianischen Zeit.

Über eine sechsstufige Marmortreppe gelangt man auch heute noch zu einem Eingangsportal, das mit seinem Maßen von über 7 Metern Breite und 14 Metern Höhe keine Antwort gibt auf die Frage, wie man eine solche ungeheure Türe beziehungsweise deren Türflügel bewegen konnte. Genauso ungeklärt bleibt die ursprüngliche Gestaltung des Daches. Denn bei einer Innenraumbreite von etwa 15 Metern wäre ein Tonnengewölbe zwar eine beachtliche Ingenieursleistung römischen Architekturschaffens, aber auch ein sehr hohes Wagnis gewesen. Trotzdem gibt man dieser Deckenlösung den Vorzug und verwirft die Idee einer hölzernen Flachdecke, denn am Bau beherrschen überwiegend Bogenkonstruktionen die Szene.

Der einst mit Marmor verkleidete Innenraum der Basilika war zweigeschossig und begehbar, wie die noch vorhandenen Treppenaufgänge belegen. Flankiert wird die nach Osten ausgerichtete Basilika an der Nord- und der Südseite von mit Mauern umgebenen Höfen mit einer Fläche von 9 auf 15 Metern, in

Skulpturen-Fragment einer Doppelfigur aus der Roten Halle; die Skulptur war etwa drei Meter hoch.

deren Ostseite sich jeweils ein turmartiger und kuppelgewölb-
ter Rundbau von enormen Ausmaßen erhebt, und auch hier finden sich unerklärlich hohe Türen von rund 11 Metern Höhe.

An drei Seiten besaßen diese Höfe jeweils eine Art Säulen-
umgang, wie die noch vorhandenen Basen bezeugen. Doch diese scheinen nicht Säulen getragen zu haben, sondern Figuren.
Dafür sprechen die vielen Fragmente zahlreicher aufgefunde-
ner Skulpturen. Diese führen zu dem eigentlichen Zweck der
Anlage, dem Kult und den Gottheiten, denen das Heiligtum geweiht war. Die aus weißem Marmor bestehenden Fragmente
bildeten einst bis zu drei Meter hohe Doppelfiguren, die
Rücken an Rücken stehend die Funktion von Säulen innehat-
ten. Es handelt sich jeweils um eine weibliche und eine männli-
che Figur mit langen, faltenreichen Gewändern und sich gleichenden Frisuren, die breit auf den Schultern aufliegen. Dies
und der Haarbeutel, der die Haare zusammenhält, weisen auf

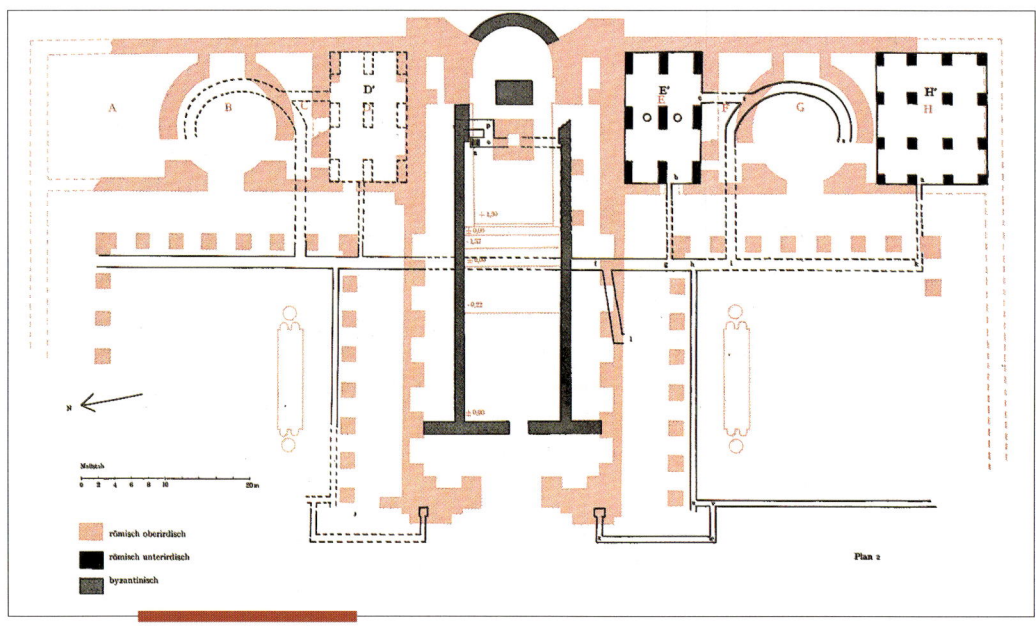

Grundriss der Roten Halle
Rot: oberirdisch, römisch, heute
Ruinen
Schwarz: unterirdisches Korridor-
system
Grau: byzantinische Johannis-
Kirche

Ägypten hin. Der Haarbeutel kennt als Vorläufer den ägyptischen Nemes, den Haarbeutel des Pharaos. Gesichter, Hände
und Füße der Figuren bestanden, wie Fundstücke belegen, aus
einem anderen Material, nämlich aus grauschwarzem Granit,
und waren eingesetzt. Diese dunkle Hautfarbe der Figuren soll
nicht etwa farbige Afrikaner darstellen, sondern vielmehr Ver-
storbene. Zu dieser Ansicht gelangt man über den ägyptischen
Gott Osiris, der, da er auch ein Gott der Toten war, fast immer
dunkel dargestellt wurde. Bei Plutarch wird er sogar „der
Schwarze" genannt. Man erinnere sich auch an die Hautfarbe
der Mumien. Als Gott des Jenseits erfreute sich Osiris aller-

größter Beliebtheit, da er ein Leben nach dem Tode verhieß und außerdem als Gott der Fruchtbarkeit und des wiedergeborenen Lebens Hoffnungen weckte.

Die Tempelanlage diente also dem ägyptischen Götterkult. Und zum obersten Gott geriet Serapis, die griechische Variante des ägyptischen Osiris, versehen und angereichert mit den Wesenszügen von Zeus, Dionysos und Asklepios und wohl auch des Helios. Die Rote Halle war ein Serapeion, im Übrigen nicht das einzige in Kleinasien.

Die Gestaltung des Fußbodens im Innenraum der Basilika bestätigt dies. So gewahrt man nach dem Abschreiten der vorderen Hälfte des Innenraums ein breites, 22 Zentimeter tiefes und über 5 Meter langes Becken, in dem drei marmorne Tröge standen, und dann nach zwei Metern einen breiten, 1,37 Meter tiefen und 1,40 Meter langen Graben, dessen seitliche Flanken heute die Reste der Mauern einer später eingebauten byzantinischen Kirche bilden. Es folgt ein bis in die Apsis hineinragender 1,50 Meter hoher, als Bühne bezeichneter Aufbau von etwas geringerer Breite als Becken und Graben. Auf dem hinteren Ende der Bühne hebt sich ein etwa meterhohes Podium ab mit einer großen quadratischen Aussparung in seiner Mitte. Hier vermutet man die Kultstatue des Gottes Serapis, die, da ein unterirdischer Gang zu der Aussparung führt, hohl gewesen sein muss, um dem Priestersprecher die Möglichkeit zu geben, aus ihr als Serapis-Gottheit zu den Anwesenden zu sprechen.

Aus den Ausmaßen des Podiums von 4,60 auf 4,60 Meter kann man auf die Größe der Kultstatue schließen, die beachtlich gewesen sein muss. Denn selbst wenn es sich nur um eine Sitzstatue gehandelt haben sollte, würde man immerhin schon eine Höhe von rund zehn Metern erreichen, einer stehenden Gottheit würde man bereits die doppelte Größe zutrauen.

Wie Wasserzuläufe belegen, konnten Becken und Graben geflutet werden. Gespeist wurden sie von einer rund vier Meter tiefen Zisterne, die unter der Bühne angelegt worden war. Auch in den beiden Säulenhöfen gewahrt man noch längliche und runde Wasserbecken von 85 Zentimetern Tiefe.

Geheimnisvoll gestaltet sich die „Unterwelt" der drei Tempel. Ein weit verzweigtes System von Korridoren unter allen Tempeln, die einst zu vier kryptenartigen unterirdischen, von Pfeilern getragenen Gewölben führten, waren ebenfalls Teil des mystischen Geschehens. Dieses muss man sich nun folgendermaßen vorstellen. Die ganze Anlage – Basilika mit den beiden Rundbauten – spricht für einen göttlichen Trinitätskult der Gottheiten:

Isis Gemahlin, Schwester und Lebensretterin von Osiris.

Osiris Gott der Fruchtbarkeit, des Lebens, der Wiederauferstehung und des Todes; gleichgesetzt mit Serapis, der auch die Wesenszüge von Zeus, Asklepios, Dionysos und Helios trägt.

Serapis-Statuette aus Ephesos, Bronze, 3. Jh. n. Chr., Ephesos-Museum, Selçuk

Harpokrates bedeutet Horus, das Kind; Himmelsgott, Falkengott sowie Sohn von Isis und Osiris.

Im Mittelpunkt des Kultes um Isis und Osiris stand in Ägypten die jährlich im Juli wiederkehrende Nilflut und damit das Heil bringende Wasser, das nach langer Dürrezeit dem Land, den Pflanzen, den Menschen und den Tieren neues Leben gab. Die Feierlichkeiten um die Nilflut gestalteten sich als die größten in der ägyptischen Religion und sind eng mit Osiris verbunden. Die Legende berichtet, dass Seth, der Bruder von Osiris und der Gott des Bösen, seinen Bruder durch einen gemeinen Trick in eine Truhe gelockt und diese mit flüssigem Blei verschlossen in den Nil geworfen habe, damit seine Fluten sie aufs offene Meer hinaus spülten. Isis und ihre Schwester Nephthys fanden seinen Leichnam und versteckten ihn. Aber Seth entdeckte und zerstückelte ihn und verstreute die Teile über Ägypten. So entstanden überall Kultorte. Mithilfe seiner Mutter Nut, des Sonnengottes Ra sowie anderer Götter wurde Osiris wieder erweckt.

Wenn das Hochwasser gesunken war und die Felder wieder bestellt werden konnten, war die Zeit der Festspiele gekommen. Zentraler Festspielort war das nördlich von Theben gelegene Abydos am Nil. Dort wurden Szenen aus dem Osiris-Mythos aufgeführt, die ihn besonders als Gott der Fruchtbarkeit darstellten: Zunächst die Fahrt in seiner Truhe auf dem Nil, beschützt von seinem Hund Upwaut; sein Tod, die Auffindung des Leichnams und seine Bestattung; die Wiederauferstehung sowie Kampf und Sieg über seine Feinde.

Diese jährlichen Spektakel waren bei der Bevölkerung sehr beliebt, die daher in großen Scharen zu den Festspielorten strömte. Begleitet wurden die Festspiele von streng geheimen Mysterien, die ausschließlich dem Tempelinneren vorbehalten und nur Eingeweihten zugänglich waren. Um als Eingeweihter zu gelten, mussten verschiedene Prüfungen bestanden werden.

All dies passt zu dem System in der Roten Halle. Denn dort befindet sich ein gewaltiger Versammlungsplatz für die Festteilnehmer sowie für Aufzüge und Prozessionen vor der Basili-

Ägyptisierende Opferszene für Isis, Fresko aus Pompeji, Museo Nazionale, Neapel

ka, in ihr ein Wasserbecken und ein Graben sowie eine Bühne und dazu eine Kultstatue. Ideale Voraussetzungen, um die Bühnenweihfestspiele in Szene zu setzen. Dabei spielte sicherlich auch die Tatsache eine Rolle, dass diagonal unter dem Vorplatz zwei gewaltige tonnengewölbte Wasserkanäle verlaufen, durch die noch heute die Fluten des antiken Selinos fließen.

Während also die einen in der Einbettung des Flusses und in der Errichtung der Tempelanlagen auf diesem schwierigen Gelände die übliche römische, Respekt heischende Ingenieursleistung erblicken wollen, sehen andere Zusammenhänge zum Osiris-Serapiskult, der nur mit Wasser als Ersatz für die Nilquelle denkbar ist. Fresken aus Pompeji und Herculaneum geben einigermaßen Aufschluss über die heiligen Handlungen. So zeigt ein Fresko, das sich heute im Museo Nazionale di Napoli befindet, auf dem obersten Treppenabsatz einen Priester vor einem Isistempel mit verhüllten Händen ein Gefäß haltend, das heiliges Wasser enthält. Am Fuß der Treppe steht ein Altar, auf dem ein Priester ein Brandopfer bereitet. Zu beiden Seiten sind Gläubige, zu denen ein zweiter Priester spricht.

Wasser spielte bei den Kulthandlungen eine bedeutende Rolle. So spendete man es den Göttern als Dank und schöpfte es auch aus bereitstehenden Gefäßen und schenkte es an die

Menge aus. Außerdem gehörten so genannte Reinigungs- und Tauchbäder zur Liturgie – Vorgänge, die an die späteren Taufriten in der christlichen Kirche und in den Vorhöfen der Moscheen erinnern.

Rote Halle mit den Ruinen der Johannis-Kirche und Minarett in Pergamon, Stich von J. T. Tingle, Mitte 19. Jh.

Die unterirdischen Tempelbereiche hingegen waren bestens vorbereitet, die Aspiranten den Aufnahmeprüfungen zu unterziehen. So waren die labyrinthartigen und finsteren Gänge von den Uneingeweihten zu durchschreiten. Dabei mussten sie verschiedene Prüfungen, deren Inhalt wir im Einzelnen nicht kennen, bestehen. Sicherlich hat sich dabei viel Mythisches abgespielt. Angst, Furcht, Glaube und Hoffnung dürften sich bei den Durchschreitenden abgewechselt haben. Es war ein Weg aus der mitternächtlichen Finsternis in die gleißende Helligkeit der Sonne. Apuleius berichtet, dass der Kandidat zuerst die Götter der Unterwelt (Deos Inferos) um Beistand bat und dann die oberirdischen Gottheiten (Deos Superos) anbetete (Metamorphosen XI, 237).

Stuckreste in den Gängen lassen Darstellungen mythologischer Szenen vermuten. Funde von Stifterinschriften mit den Namen von Serapis, Isis, Anubis, Harpokrates, Osiris und anderen sowie Hinweise auf Anfertigung der Arme der Standbilder und nicht zuletzt ein die Isis darstellendes Köpfchen bestätigten den überwiegend ägyptischen Kult in der Roten Halle.

Eine sicherlich beeindruckende Vorstellung von Kulthandlungen in ägyptischen Tempeln kann derjenige erfahren oder jedenfalls erahnen, der den Gang ins Theater antritt. Dort wird er nämlich in einer hierauf Bezug nehmenden Oper erleben, wie ein Prinz mit Namen Tamino im Innern eines Tempels, wo man die Rache nicht kennt, dafür aber Isis und Osiris verehrt, Wasser und Feuer furchtlos unter Einhaltung eines Sprechver-

Römisches Aquädukt, 2. Jh. v. Chr., Pergamon

bots durchschreitet, dabei aber auf einer Flöte bläst, der man Zauberkräfte nachsagt und die ihm tatsächlich hilft. Somit besteht er natürlich die ihm auferlegten Prüfungen und wird als Geweihter von Sarastro in den Mysterienkult von Isis und Osiris aufgenommen.

Als nützliches Bauwerk erwies sich die Rote Halle auch für die Byzantiner, die in ihr in bescheidenerem Maße eine byzantinische Kirche errichteten, und für die Mohammedaner, die einen der Rundtürme in eine Moschee verwandelten.

PERGAMON, EINE DER ÄLTESTEN CHRISTLICHEN GEMEINDEN KLEINASIENS

Pergamon war neben Ephesos, Smyrna, Sardis, Philadelphia, Laodizea und Thyatira eine der sieben christlichen Urgemeinden Asiens (Offb. 1,11). In einem Sendschreiben des Johannes (Offb. 2,12-17) an die christliche Gemeinde in Pergamon wird davor gewarnt, dass der Thron des Satans in der Stadt stehe. Die Lehren Bileams, Götzenopfer und Hurerei werden an den Pranger gestellt. Im Weiteren drohte er:

> Tue Buße; wenn aber nicht, so werde ich bald über dich kommen und gegen sie streiten mit dem Schwert meines Mundes.

Unabhängig davon ging das Leben in der Stadt weiter, wenn auch sicher nicht im Sinne des Johannes. Es kam sogar zu Christenverfolgungen.

Mit dem Ende des Weströmischen Reiches blieb auch der schützende Arm Roms aus, und die Stadt, die sich wieder auf den Burgberg zurückgezogen hatte, verfiel immer mehr. Im Lauf der Jahrhunderte erlitt sie zahlreiche Angriffe, Zerstörungen und Plünderungen von Goten (262 n. Chr.) und Arabern (716 n. Chr.). Zwischenzeitlich unter byzantinisch-kaiserlicher

Hoheit wieder aufgebaut, ab 1302 unter seldschukischer Besatzung, sank sie ab 1345 endgültig zu einem Provinznest unter der osmanischen Herrschaft von Sultan Orhan I. herab.

Auch die ehemalige Hafenstadt Pergamons, das im elften Jahrhundert v. Chr. gegründete Pitane (Elaia) im Golf von Çandarli, verlor ihre Bedeutung, und der Hafen versandete.

Noch im 13. Jahrhundert war nicht weit entfernt eine gewaltige Festungsanlage von den Venezianern errichtet worden (Abbildung Seite 111). Auch sie musste schließlich vor dem Ansturm der Osmanen kapitulieren.

PHOKAIA

Von der Staatsstraße 550 von Izmir nach Bergama zweigt nach etwa 50 Kilometern die Staatsstraße 250 nach Westen zu der 25 Kilometer entfernten Hafenstadt Foça ab, heute ein malerisch um die Ruinen eines genuesischen Kastells von 1275 ge-

Grabbau eines Fürsten, 6.–4. Jh. v. Chr., Phokaia

lagertes Fischerstädtchen mit zahlreichen Restaurants, Hotels und Cafés.

Phokaia wurde im achten Jahrhundert v. Chr. von Ioniern auf äolischem Gebiet gegründet und trat dem Ionischen Städtebund bei. Eine vorübergehende Blüte versetzte die Stadt in die Lage, Kolonisten auszusenden, die Siedlungen unter anderem bei Marseille und bei Cádiz gründeten. Doch durch ungeschicktes politisches Agieren – es stellte sich in römischer Zeit auf die Seite der Gegner Roms – verlor die Hafenstadt ihre Bedeutung und die Römer verloren das Interesse an ihr. Die Stadt ist noch nicht freigelegt, doch sind türkische Ausgräber dabei, das Geheimnis dieser Stätte zu lüften.

An der Straße nach Phokaia ragt aus der kargen Landschaft das bis jetzt einzige sichtbare Zeugnis ihrer Vergangenheit hervor, ein Bau, der ebenso seltsam wie geheimnisvoll erscheint. Es ist ein Grabbau, der einst aus einem gewaltigen Felsen herausgehauen wurde. Dieses 8,50 Meter mal 5,80 Meter große und über 6 Meter hohe Monument wird von den Türken Taskule – Steinturm – genannt. Erhalten ist über einem Stylobat ein rechteckiger Sockel mit großer Scheintür an der ehemaligen Frontseite und einem kleinen Eingang auf der Nordseite, der zu dem aus zwei Kammern bestehenden Innenraum führt. Über dem Sockel liegt ein von Stufen umgebener Kubus.

Es gilt als sicher, dass das Grab nicht immer so schmucklos dastand. Vielmehr ist ein Vergleich mit dem Grabmonument von Belevi (siehe Seite 166 ff.) angebracht, wo einen Felsklotz kostbare Marmorintarsien umgaben und der obere Bereich eine Säulenhalle trug, deren Dach mit Skulpturen bekrönt und verziert war. Eine ähnliche Ausschmückung darf auch für Taskule angenommen werden, das vermutlich im sechsten bis vierten Jahrhundert v. Chr. entstanden ist. Wer in diesem Grab bestattet war, wird wohl immer ein Geheimnis bleiben.

ÖLBÄUME
OLIVENÖL
OLIVENSEIFE

Seit dem dritten Jahrtausend v. Chr. werden im südlichen Vorderasien Ölbäume angebaut. Funde an den Mittelmeerufern der Türkei belegen frühe enge Handelsbeziehungen zu Mykene, Kreta und Palästina – den Wiegen der Ölbaum- und Olivenölkultur überhaupt.

Zunächst waren es die Griechen und die Römer, später auch die Byzantiner und schließlich die Neugriechen, die den An- und Ausbau der Ölkulturen pflegten. Um 1920, als die an der Küste ansässigen Griechen die Türkei verließen, kam es jedoch zu einem Rückgang der Olivenölproduktion, denn die Türken hatten andere Essgewohnheiten; sie bevorzugten die tierischen Fette, die sie von Schaf und Ziege gewannen.

Heute gibt es wieder eine recht ansehnliche Produktion. Doch leider sind in unseren Märkten keine türkischen Olivenöle anzutreffen, zumindest nicht in der Art, wie wir es z. B. von Produkten aus Italien gewohnt sind. Es gibt keine Präsentation in ansprechenden Flaschen mit sorgfältig gestalteten Etiketten, die den Hersteller mit seinen Olivenhainen und seiner Ölmühle vorstellen. Stattdessen wird ein Großteil der türkischen Produktion aufgekauft und mit anderen Ölen aus Italien, Griechenland, Spanien und aus den nordafrikanischen Ländern vermischt. Dies ist unbefriedigend und stellt natürlich keinen besonderen Anreiz für eine ausschließlich qualitätsbewusste Olivenölherstellung dar.

Schon seit Jahrtausenden werden zur Olivenölgewinnung zwei mechanische Methoden angewandt – das Mahlen und das Pressen. Das Mahlen der Oliven auf einer runden Steinplatte mit sich drehenden Steinrädern oder Walzen – als *mola olearia* (wörtl. Ölmühle) bezeichnet – bedeutete einen Durchbruch, nachdem man die Oliven lange Zeit in Steinmörsern zerkleinert hatte. Diese Stein-

mörser – *canalis et solea* genannt – waren meistens rechteckige Platten, auf denen die Oliven zerstoßen oder zerhackt wurden. Der so gewonnene Brei wurde in Körbe gefüllt und mit Steinen beschwert. Durch das Gewicht floss aus dem Brei ein Öl-Wasser-Gemisch in eine in derselben Platte eingelassene Vertiefung über eine Rinne ab und wurde anschließend in Behälter zum Dekantieren abgefüllt. Das schwerere Olivenfruchtwasser sank nach unten und oben bildete sich dann die Ölschicht, die man mit flachen Kellen abschöpfte. In ländlichen Gegenden werden diese Geräte noch heute so genutzt wie vor Tausenden von Jahren.

Ein willkommenes Nebenprodukt der Ölproduktion wurde bald die Olivenseife, die man unter Zusatz von Holzasche gewann – umweltschonend, für alle Wascharten geeignet und außerordentlich wohltuend für Körper und Haare.

Oben links: Ölmühle des Typs *mola olearia*, ab 1000 v. Chr., bei Assos
Oben rechts: Herstellung von Olivenseife als Nebenprodukt einer Ölmühle

LYDIEN

SARDES

AUFSTIEG UND NIEDERGANG DER LYDISCHEN KÖNIGE

Knapp l00 Kilometer östlich von Izmir im Tal des Flusses Hermos, des heutigen Gediz Nehri, erstrecken sich in Höhe der Ortschaft Sart auf beiden Seiten der Staatsstraße Nummer 300 die Ruinen von Sardes, der ehemaligen Hauptstadt des Lydischen Reiches.

Die Anfänge der Stadt liegen im mythischen Dunkel. Angeblich von den Tyloniden um 1200 v. Chr. (bis 680 v. Chr.) gegründet, verweist Herodot (I, 7) auf das mythische Geschlecht der Herakliden. Diese sahen in Herakles ihren Stammvater und in einem seiner Nachfolger, in König Lydos, den Namensgeber des Landes Lydien und seines Volkes – der Lyder. Die Dynastie der Herakliden bestand gut 500 Jahre bis zu ihrem letzten Herrscher, dem Tyrannen Kandaules. Es war dann ein Speerträger aus der Leibwache des Königs mit Namen Gyges, der mithilfe von Intrigen und der Königin und Gemahlin von Kandaules auf usurpatorische Art den Thron bestieg und zum Begründer der lydischen Dynastie der Mermnaden wurde. Von gleich drei griechischen Versionen über seine Machtergreifung klingt die von Herodot (I, 8) am überzeugendsten. Danach besaß Kandaules ein wunderschönes Weib, das er sehr liebte. Er war so stolz auf sie, dass er von seinem Leibwächter und Speerträger Gyges verlangte, er müsse sie nackt sehen, damit dieser ihre Schönheit bestätigen könne. Unheil ahnend weigerte sich Gyges zunächst, musste aber schließlich doch zustimmen. So versteckte er sich hinter der Tür zum Schlafgemach der Königin, wo diese sich, als sie zu Bette gehen wollte, entkleidete. Dann verließ er den Raum – wie er glaubte unbemerkt.

Doch die Königin hatte ihn gesehen, sagte aber nichts, da sie erkannte, dass ihr Mann dahinter steckte. Am anderen Tag ließ sie Gyges zu sich kommen und stellte ihn vor die Wahl, entweder ihren Gemahl zu töten und sie zu heiraten oder auf der Stelle zu sterben. Nur so sei die ihr angetane Schmach zu sühnen. Die Wahl zwischen Tod und Schönheit muss wohl nicht allzu schwer gewesen sein. Gyges lauerte dem bei seinem Volk verhassten König Kandaules auf, tötete ihn und wurde selbst König.

Friedrich Hebbel hat sich in seinem 1856 erschienen Meisterdrama *Gyges und sein Ring* dieses Stoffs angenommen und

Artemis und Apollo töten die Kinder der Niobe, Kelchkrater des Niobidenmalers, um 450 v. Chr., Louvre, Paris die Handlung durch das Motiv des Zauberrings erweitert, das schon in Platons *Politeia* auftaucht. Danach besaß Gyges einen Ring, der unsichtbar machen konnte. Auch bei Hebbel wünscht Kandaules von Gyges, dass dieser sein Weib Rhodope im Schlafzimmer beim Entkleiden beobachte. Dabei solle er den unsichtbar machenden Ring tragen. Doch Gyges verliebt sich in die schöne Rhodope. Er gesteht dies Kandaules und verlangt, von ihm getötet zu werden. Rhodope, die den Vorgang ahnt und sich entehrt fühlt, lässt Gyges zu sich kommen. Dieser bekennt sich schuldig und ist bereit zu sterben. Doch Kandaules „will für einen Frevel, den er begangen, keinen anderen sterben lassen". Er gibt sich allein die Schuld. Vor allem sieht er in dem unsichtbar machenden Ring die eigentliche Gefahr und meint, dass „an ihm vielleicht das ganze Weltgeschick hänge". Rhodope jedoch ist tief verletzt und verlangt einen Zweikampf, in dem Kandaules sterben solle. So geschieht es auch. Gyges wird König der Lyder und nimmt Rhodope zum Weib. Doch diese begeht Selbstmord: „Ich bin entsühnt, denn keiner sah mich mehr, als dem es ziemte. Jetzt aber scheide ich mich (sie durchsticht sich) so von dir!"

Bevor Gyges endgültig den Thron besteigt, lässt er das Orakel des Apollo zu Delphi befragen. Die Priesterin des Gottes, Pythia, bestätigt ihn als neuen Herrscher über Lydien. Und sie fügt hinzu: „an der Nachkommenschaft des Gyges im fünften Glied würden die Herakliden gerächt werden" (Herodot I, 3).

Mit Gyges endete also die Herrschaft der Herakliden, und es begann die Dynastie der Mermnaden. Gyges ist historisch belegt. Um 680 v. Chr. bestieg er den Thron von Sardes, festigte seine Macht und kämpfte mehr oder weniger erfolgreich gegen die griechischen Kolonien an der Küste Kleinasiens, so gegen die Städte Milet und Smyrna. Die Stadt Kolophon konnte er erobern. Als 652 v. Chr. das nomadische Reitervolk die Kimmerier Sardes eroberte, fiel Gyges in der verzweifelten Verteidigungsschlacht. Während seiner Regierungszeit hatte er zahlreiche Weihegeschenke nach Delphi gesandt: „Silberne Geräte stehen in großer Zahl von ihm dort, und außer den silbernen weihte er auch unermesslich viele goldene, unter denen sechs goldene Mischkrüge die am denkwürdigsten sind" (Herodot I, 14). Man sprach von dem Gyges-Schatz in Delphi.

Sein Sohn Ardys (652–610 v. Chr.) setzte die Expansionsbewegungen der Lyder fort und eroberte die Städte Smyrna, Klazomenai, Priene und wieder Kolophon. Auch er hatte den Ansturm der Kimmerier, die erneut die Stadt Sardes - aber ohne die Akropolis - eroberten, zu überstehen. Unter Ardys' Enkel Alyattes (605–560 v. Chr.) hatte Lydien seine größte Ausdehnung. Eine Entscheidungsschlacht zwischen ihm und König Kyaxares von Medien (Zweistromland Euphrat und Tigris) am 28. Mai 585 v. Chr. wurde durch eine von Thales von Milet vorausgesagte Sonnenfinsternis beendet. Man legte dies als Zeichen der Götter aus und schloss Frieden.

Herodot berichtet über Alyattes Folgendes (Herodot I, 17–22): Wie seine Vorfahren führte er gegen Milet, eine der zwölf ionischen Städte, Krieg. Da er die Stadt weder belagern noch erobern konnte, vernichtete er elf Jahre hindurch alle Ernten der Milesier durch Abbrennen ihrer Kornfelder. Im zwölften Jahr jedoch soll ein starker Sturm die Flammen auf die weiter südlich gelegene Stadt Assessos zugetrieben und den dortigen Tempel der Athene vollständig verbrannt haben. Bei seiner Rückkehr nach Sardes erkrankte Alyattes schwer. Das befragte Orakel von Delphi ließ ihn wissen, dass eine Antwort erst nach Wiederaufbau des Athene-Tempels zu Assessos zu erwarten sei. Daraufhin schickte Alyattes einen Boten nach Milet, um einen Vertrag – wohl ein Waffenstillstandsabkommen – mit den Milesiern zu schließen, denen er nicht mehr allzu viel Widerstand zutraute, er glaubte, sie seien dem Hungertod nahe. Doch die Milesier ersannen eine List. Sie ließen alles Korn, was noch vorhanden war, auf dem Marktplatz anhäufen und veranstalteten ein großes Festessen. Als dies der Bote sah und dem Alyattes davon berichtete, glaubte jener, dass die Milesier Nahrungsmittel im Überfluss besäßen. So brach er sein kriegerisches Unternehmen gegen Milet ab und schloss mit ihnen einen Friedensvertrag; auch ließ er in Assessos gleich zwei Athene-Tempel errichten. Von seiner Krankheit genas er vollständig.

Nach Alyattes bestieg sein Sohn Kroisos (560–546 v. Chr.) den Thron in Sardes. Mit diesem war die Herrschaft des fünften Gliedes in der Dynastie der Mermnaden angebrochen, und die Zeit schien gekommen, wo der Mord von Gyges an Kandaules gerächt werden sollte, wie es Pythia in Delphi einst vorhergesagt hatte.

Manisa, Aufgang zur Stadt. Im dortigen Museum werden zahlreiche Fundstücke aus dem nahe gelegenen Sardes gezeigt.

Kroisos, bekannter unter dem Namen Krösus, besaß unstrittig ein ungeheures Vermögen und galt als der reichste Mann seiner Zeit. Wie schon bei seinen Vorfahren basierte sein Reichtum auf den Goldvorkommen in den Bergwerken um Sardes und den Goldnuggets führenden Fluss Paktolos, der an Sardes vorbeifließt. Die uns heute etwas ausgefallen scheinende Art der Goldgewinnung im Fluss durch eingetauchte Schaffelle, die den Goldstaub auffangen sollten, erklärt möglicherweise die Herkunft des Goldenen Vlieses (vgl. Seite 16). Aufgrund dieser natürlichen Vorkommen konnten die Könige von Lydien, allen voran Gyges und Kroisos, vielerorts reiche Geschenke und Opfergaben darbringen, so in Delphi, aber auch für den Artemis-Tempel in Ephesos. Die Lyder sollen auch die Geldmünze erfunden haben, zunächst in einer Legierung aus Gold und Silber, dann auch getrennt als Silber- und als Goldmünze. In der Umgebung von Sardes hat man über 300 Schmelzgruben aus dem sechsten Jahrhundert v. Chr. gefunden. Die Münzen enthielten keine Inschriften, sondern zeigten lediglich einen Löwenkopf, das Wahrzeichen der Stadt Sardes (vgl. Seite 130).

Unter Kroisos wird das Lydische Reich weitgehend hellenisiert, auch erobert er Ephesos, nur Milet widersteht. Im Bündnis mit Sparta, Babylonien und Ägypten greift er den Perserkönig Kyros II. (559–529 v. Chr.) an. Dieser besiegt ihn 547 v. Chr. und erobert Sardes. Kroisos wird begnadigt und Sardes persische Provinzhauptstadt sowie Sitz eines persischen Satrapen. Herodot schildert die Vorgänge weniger nüchtern (I, 26ff.):

Kroisos war ein kunstliebender Mann, ein weitsichtiger Politiker und ein König, der gerne bedeutende und weise Leute an seinem Hof hielt und empfing. Eines Tages soll auch Solon (640–560 v. Chr.) – Dichter, Politiker, Gesetzgeber und Archon, das heißt einer der neun gleichzeitigen Herrscher von Athen – bei ihm erschienen sein.

Kroisos bewirtete ihn in seinem Königspalast und zeigte ihm alle seine zahlreichen Schätze. Dann fragte er ihn, wer wohl der glücklichste Mensch auf Erden sei, denn er hoffte, dass der weit gereiste und weise Solon nur in ihm den glücklichsten Menschen sehen könne. Doch zu seinem Erstaunen nannte Solon den Namen eines verstorbenen Königs. Und auf die Frage, wer wohl der zweitglücklichste Mensch sei, nannte ihm dieser die Namen zweier ebenfalls verstorbener Brüder. Fast beleidigt fragte nun Kroisos direkter: „Fremdling aus Athen, und mein Glück verachtest du so tief, dass du mich gar unter die einfachen Bürger stellst?" Solon aber gab ihm zu verstehen, dass er seine Frage erst nach seinem Tod beantworten könne, denn dann wisse er, wie glücklich er sein Leben geendet habe: „Vor dem Tode darf man nicht sagen, dass jemand glücklich sei, sondern nur, ihn habe ein gutes Los getroffen. Derjenige Mensch aber, der das meiste von dem, dessen er bedarf, besitzt und in diesem Besitz lebt und frohen Herzens stirbt, der verdient meiner Meinung nach den Namen eines Glücklichen." Kroisos jedoch war über diese Antwort nicht „glücklich" und hielt ihn für einen Toren.

Kroisos bereitete sich auf den Krieg gegen die Perser vor. Wie es Sitte war, wollte er ein Orakel befragen. Zunächst aber testete er acht Orakel, um herauszufinden, welches von ihnen am geeignetsten war, die Zukunft zu weisen.

So ließ er anfragen, was er an diesem bestimmten Tage zu Hause in seinem Palast in Sardes gerade täte.

Sechs Antworten lagen daneben. Zwei waren richtig. Eine davon kam von der Pythia im Apollo-Orakel zu Delphi. Sie schickte Kroisos folgende Antwort:

Oben **Säulengang und Brunnen der Ulu Cami (Große Moschee), Manisa. 1366 gegründet ist es das älteste Bauwerk der Stadt. Die byzantinischen Kapitelle aus dem 5.–6. Jahrhundert stammen wahrscheinlich aus Sardes.**

> Weiß ich doch, wie viel Sand am Ufer, wie weit auch das Meer ist,
> Höre ich doch des Stummen Gespräch und des Schweigenden Worte!
> Schildkrötenduft erreichte mich wohl, des gepanzerten Tieres,
> Kochend mit Fleisch zusammen vom Lamme in eherner Pfanne;
> Erz umschließt es von allen Seiten, so oben wie unten.

Und damit lag sie richtig, Kroisos hatte tatsächlich eine Schildkröte mit einem Lamm in einem ehernen Kessel, auf dem ein eherner Deckel lag, gekocht.

Als Nächstes wollte Kroisos den Gott Apollo für den glücklichen Ausgang seines geplanten Feldzugs gegen König Kyros günstig stimmen. Deshalb opferte er 3000 Stück Vieh, ließ große Mengen an silber- und goldbeschlagenen Geräten von seinem Volk zusammentragen und zu Ehren des Gottes verbrennen. Dann stellte er 117 Halbziegel, vier aus Gold, die anderen aus Weißgold her. Die goldenen wogen zweieinhalb Talente (ein Talent entspricht etwa 26 Kilogramm und 200 Gramm), die weißgoldenen zwei Talente. Dazu kamen noch ein Löwe aus massivem Gold mit einem Gewicht von zehn Talenten, also über 262 Kilogramm, ein Mischkrug aus Gold mit einem Gewicht von achteinhalb Tonnen, ein Krug aus Silber mit einem Fassungsvermögen von 600 Amphoren, vier silberne Fässer, zwei Weihebecken - eines aus Gold, das andere aus Silber -, schließlich verschiedene silberne Gusswerke und eine drei Ellen hohe goldene Frauenstatue. All diese Kostbarkeiten sandte er nach Delphi, wo sie im Tempel des Gottes und in verschiedenen Schatzhäusern – darunter dem von Korinth und dem von Klazomenai (40 Kilometer westlich von Izmir an der Küste) – aufgestellt und bewahrt wurden.

Dann ließ er den Gott durch seine Gesandten fragen, ob er gegen die Perser ziehen und ob er Bundesgenossen dafür gewinnen solle. Die Antwort: „Wenn Kroisos gegen die Perser zu Felde zöge, würde er ein großes Reich zerstören". Und als Verbündeter solle er sich um den mächtigsten Staat in Hellas bemühen. Das war Sparta. Darüber hinaus wurden Kroisos – wohl wegen seiner großzügigen Geschenke – gewisse Rechte in Delphi eingeräumt, außerdem konnte er, wie jeder Lyder, Bürger von Delphi werden.

Jetzt hätte Kroisos eigentlich schon in den Krieg ziehen können, denn er glaubte natürlich, dass das Reich, das er zerstören würde, das persische sei. Aber noch einmal wandte er sich an das Orakel zu Delphi, um zu erfahren, ob sein Thron in Sardes in Gefahr sei. Die Pythia übermittelte ihm dies:

Nur wenn einst ein Maultier den Medern als König gebietet,
Dann entflieh, zartfüßiger Lyder, zum steinigen Hermos
Ohne Zaudern und scheue dich nicht, ein Feigling zu heißen.

Da Kroisos diesen Fall nicht glaubte fürchten zu müssen, zog er siegessicher mit seinem gesamten Heer gen Osten. Dabei musste er den Fluss Halys (heute Kizilrmak) überqueren, der bis dahin als Reichsgrenze zwischen dem lydischen und dem persischen Einzugsgebiet gegolten hatte. Hierbei soll ihm Thales von Milet geholfen haben. Thales, der den Feldzug mitmachte, ließ einen zweiten Flussarm ausheben und die Wasser des Halys auch hierdurch laufen. So sanken die Wasserspiegel beider Läufe, und das Heer konnte bequem hinübergelangen. Bei der Stadt Sinope (heute Sinop) am Schwarzen Meer – bekannt durch den dort gewonnenen Roteisenocker, der für Vorzeichnungen in der Freskotechnik verwendet wurde – kam es zur Begegnung mit dem Heer des Perserkönigs. Laut Herodot endete die Schlacht unentschieden (Herodot I, 76), in Wirklichkeit jedoch dürfte Kroisos' Heer einige Verluste erlitten haben. So zog er sich wieder nach Sardes zurück, um sich und seine Bundesgenossen erneut zu sammeln. Keiner rechnete damit, dass Kyros nachrücken würde. Als plötzlich von überall her Schlangen kamen und die Felder und Wiesen vor der Stadt Sardes von ihnen wimmelten, verschmähten die dort weidenden Pferde das Gras und fraßen stattdessen die Schlangen. Der erschrockene Kroisos befragte wieder einmal ein Orakel. Diesmal war es das Orakel des Telmessos, in der heutigen Stadt Fethiye. Das Orakel ließ Kroisos ausrichten, dass die Pferde fremde Feinde seien, die die Einheimischen – die Schlangen – vernichten würden.

Doch die Warnung erreichte Kroisos nicht mehr rechtzeitig. Kyros' Kamelreiter hatten die zu Pferde kämpfenden Lyder schon in die Stadt zurückgedrängt und mit der Belagerung begonnen. Kyros versprach demjenigen eine hohe Belohnung, der zuerst die Stadtmauer erklimmen würde. Im Heere des Kyros war ein persischer Nomade, der beobachtet hatte, wie ein Lyder an einer steilen Stelle der Burgmauer hinabgestiegen war, um etwas heraufzuholen. Er hatte sich den Ort gemerkt und führte anderen Tages die Perser hinauf und in die Stadt hinein.

Dass dieses gelingen konnte, lag der Sage nach an Meles, dem mythischen König von Sardes. Diesem war von seiner Geliebten ein Löwe geboren worden. Daraufhin hatte Meles einen Boten zu dem Orakel des Telmessos geschickt, um zu erfahren, welche Bewandtnis es mit dem Tier habe, das ja sein Sohn war. Man hatte ihm mitgeteilt, dass die Stadt uneinnehmbar werden würde, wenn er den Löwen auf der gesamten Stadtmauer herumtrüge. Jene bewusste Stelle jedoch hatte Menes ausgespart, da er davon ausging, dass sie ohnehin uneinnehmbar sei. Wegen dieser Nachlässigkeit konnte Sardes eingenommen werden.

Damit hatte sich das Orakel von Delphi dreimal erfüllt. Die Dynastie der Herakliden war durch den Sturz von Kroisos, dem fünften Glied in der Dynastie der Mermnaden, gerächt. Kroisos hatte ein großes Reich - sein eigenes - zerstört. Und das Maultier, das „den Medern als König gebietet" war Kyros, denn seine Eltern waren wie Pferd und Esel, das heißt, seine Mutter war als Königstochter von edler Abstammung, während sein Vater von niederem Stande war.

König Kyros verurteilte Kroisos zum Tode durch Verbrennen auf dem Scheiterhaufen. Zwei mal sieben lydische Knaben wurden ebenfalls zum Scheiterhaufen geführt. Wie nun Kroisos gefesselt und den Flammen ausgesetzt auf den Holzscheiten stand, soll er an die Worte von Solon gedacht haben, die da lauteten:

> Kein Mensch sei glücklich, solange er lebe.

Und er rief dreimal den Namen Solon. Kyros vernahm dies und fragte Kroisos, wer dieser Solon denn sei. Kroisos entgegnete: „Ein Mann, mit dem alle Herrscher um jeden Preis eine Unterredung suchen sollten." Neugierig geworden wollte Kyros mehr über Solon erfahren und Kroisos erzählte ihm von seiner Unterhaltung mit dem Weisen aus Athen. Da bereute Kyros, dass er Kroisos zum Flammentod verurteilt hatte, und befahl, das Feuer zu löschen. Doch so sehr sie sich auch bemühten, das Feuer wollte nicht verlöschen. Da flehte Kroisos zu Apollo, dass er ihm in seiner Not beistehen solle. Daraufhin bedeckte sich der strahlend blaue Himmel mit Wolken, ein starker Sturm kam auf, und ein gewaltiger Regenschauer ergoss sich auf die Flammen und brachte sie zum Erlöschen.

Alle erblickten darin ein Wunder, und Kyros begriff, dass Kroisos ein Liebling der Götter sein müsse. Er ließ ihn zu sich kommen und fragte ihn, warum er gegen ihn Krieg geführt habe. Kroisos erzählte ihm die ganze Geschichte, also auch, dass das Orakel zu Delphi beziehungsweise Apollo ihm zu dem Unternehmen geraten habe. Kyros begann Kroisos zu bewundern und ihn fast wie einen Freund zu behandeln.

Schon bald hatte er Gelegenheit, die Weisheit des Lyders kennen zu lernen. Denn als die Perser nun begannen, die Stadt zu plündern, soll Kroisos Kyros gefragt haben, was die Soldaten da trieben. Und Kyros antwortete: „Sie plündern deine Stadt und tragen deine Schätze davon." Doch Kroisos entgegnete: „O nein, meine Stadt und meine Schätze plündern sie nicht, denn das alles ist nicht mehr mein. Dir gehört es, was sie dort hinwegschleppen." Und der Lyderkönig fügte hinzu. „Wer das meiste Gold und Silber nach Hause trägt, kann sich gegen dich erheben. Lasse Wachen aufstellen und verlange von deinen Leuten den Zehnten, sozusagen als Opfer für Zeus. Dies werden sie akzeptieren."

So riet Kroisos dem König der Perser, und noch bei vielen anderen Gelegenheiten konnte er durch seine Weisheit dem Perser helfen. Kyros war dankbar, schloss Freundschaft mit Kroisos und gewährte ihm viele Bitten. Eine davon war, dass Kroisos das Orakel von Delphi befragen wollte, warum denn nicht eingetroffen sei, was Apollo ihm verheißen habe. Auch schickte er seine Fesseln als Zeichen des Unmuts. Da erfuhr er, dass nicht der Gott ihm Falsches vorhergesagt, sondern vielmehr habe er selbst den Spruch der Pythia unrichtig ausgelegt.

Über das weitere Schicksal von Kroisos und seinem Volk, den Lydern, berichtet Herodot wie folgt (Herodot I, 145ff.): König Kyros wollte in sein Reich zurückkehren, da er Probleme mit Babylon, den Skythen und mit Ägypten hatte. Kroisos sollte ihn dabei begleiten. So setzte er über Sardes einen Statthalter ein und für die in Sardes erbeuteten Goldschätze einen Verwalter. Dieser Verwalter aber hatte seine eigenen Vorstellungen über die Verwaltung der Schätze des ehemals reichsten Mannes seiner Zeit und wiegelte die lydische Bevölkerung gegen die persische Besatzung auf. Kyros hörte davon und teilte Kroisos mit, dass er besser daran täte, die Lyder als Sklaven zu verkaufen, da sie offenbar nur Schwierigkeiten bereiteten. Doch Kroisos, der fürchtete, dass nun ein Strafgericht über Sardes hereinbrechen würde, schlug dem König vor, den Lydern zu untersagen, Waffen zu tragen. Sie sollten vielmehr „Leibröcke unter dem Kleide tragen und hohe Schuhe an den Füßen. Und Kitharaspiel, Gesang und Handeltreiben sollen sie ihre Kinder lehren. Du wirst sehen, o König, wie bald sie aus Männern zu

Weibern werden, sodass du nie mehr ihren Abfall zu befürchten hast." Kroisos hielt dieses Los für erträglicher als die Sklaverei. So geschah es, und die Lyder änderten ihre Lebensweise. Ihre Musik wurde vorbildlich und fand viele Nachahmer.

Die Lyder sollen auch viele Spiele erfunden haben – und zwar noch, bevor die Perser kamen. Dazu gehören Würfel-, Knöchel- und Ballspiele. Einmal hat – so Herodot – eine große Hungersnot geherrscht. Zur Ablenkung haben sie jeden zweiten Tag von morgens bis abends gespielt und erst am folgenden Tag wieder gegessen. Dies habe 18 Jahre lang angehalten. Schließlich musste der damalige König das lydische Volk aufteilen; ein Teil wanderte aus, der andere blieb.

Mit der Entthronung des Kroisos im Jahr 546 v. Chr. haben Sardes und das Königreich Lydien auch geschichtlich ihr Ende gefunden. Allerdings blieb die Stadt noch Provinzhauptstadt eines persischen Statthalters. Auch war sie Endpunkt der persischen Königsstraße, die im mehr als 2500 Kilometer entfernten Susa in Persien ihren Anfang nahm.

Im Jahre 499 v. Chr. wurde Sardes bei dem von Milet ausgehenden ionischen Aufstand von den Griechen erobert und zerstört. Mit dem Sieg Alexanders des Großen über die Perser in der Schlacht am Granikos 334 v. Chr. endete auch die persische Herrschaft in Sardes.

Bis 190 v. Chr. gehörte Sardes dem Seleukidischen Reich an. Um 190 v. Chr. fiel die Stadt an das Pergamenische Reich und 133 v. Chr. wurde sie Teil der römischen Provinz Asia. Wie in allen Städten Kleinasiens förderten die römischen Kaiser auch in Sardes den Bau von öffentlichen Gebäuden und Tempeln, so auch das um 200 n. Chr. von Geta und Caracalla, den Söhnen des Kaisers Septimius Severus, sowie deren Mutter Julia Domna gestiftete Gymnasion, dessen Prunkfassade und Marmorhof von amerikanischen Archäologen wieder errichtet wurde. Der berühmte Artemis-Tempel wurde unter Kaiser Antoninus Pius (138–161 n. Chr.) fertig gestellt.

Römisches Wasserspiel, aus dem Gymnasion von Sardes, Marmor, Archäologisches Museum, Manisa

CHRISTEN IN SARDES

Dank der Siedlungspolitik des Seleukiden Antiochos III. des Großen (223–187 v. Chr.) wurden rund 2000 Kriegsveteranen jüdischen Glaubens aus dem Zweistromland Euphrat und Tigris bei dem Wiederaufbau der Stadt dort angesiedelt. Sie bildeten eine große jüdische Gemeinde, zu deren Wahrzeichen die zwischen 1965–73 restaurierte Synagoge aus der Zeit von 230–250 n. Chr. wurde. Aus dieser Gemeinde heraus entwickelte sich die christliche Gemeinde von Sardes, die eine der sieben christlichen Urgemeinden in Kleinasien war. In einem

Prunkfassade des Gymnasions, um
200 n. Chr., Sardes

seiner Schreiben an die Gemeinden in Sardes (Offb. 3, 1–6)
mahnt Johannes:

> Und dem Engel der Gemeinde in Sardes schreibe: Das sagt, der die
> sieben Geister Gottes hat und die sieben Sterne: Ich kenne deine
> Werke: Du hast den Namen, dass du lebst, und bist tot.
> Werde wach und stärke das andere, was sterben will, denn ich
> habe deine Werke nicht als vollkommen befunden vor meinem
> Gott.
> So denke nun daran, wie du empfangen und gehört hast, so halte
> es fest und tue Buße! Wenn du aber nicht wachen wirst, werde ich
> kommen wie ein Dieb, und du wirst nicht wissen, in welcher Stun-
> de ich über dich kommen werde.
> Aber du hast einige in Sardes, die ihre Kleider nicht besudelt ha-
> ben; die werden mit mir einhergehen in weißen Kleidern, denn sie
> sind's wert.
> Wer überwindet, der soll mit weißen Kleidern angetan werden,
> und ich werde seinen Namen nicht austilgen aus dem Buch des
> Lebens, und ich will seinen Namen bekennen vor meinem Vater
> und vor seinen Engeln

In byzantinischer Zeit wurde Sardes zum Bischofssitz erhoben. Danach herrschten dort abwechselnd wieder Perser, Ara-
ber, Seldschuken und ab 1390 die Osmanen. Nach der Zerstörung durch die Mongolen kurz nach 1400 verfiel die Stadt

fast vollständig. Das vom Akropolishügel abbröckelnde Erdreich und die vom Fluss Paktolos angeschwemmten Erd- und
Geröllmassen begruben im Lauf der Jahre die einst so blühende Stadt unter einer zehn Meter dicken Decke des Schwei-
gens.

Synagoge, Sardes; unten: sitzende
Löwen und ein mit Adlern
geschmückter Altar

GYMNASION UND SYNAGOGE

Die Marmorbauten der Synagoge und der Prunkfassade des
Gymnasions präsentieren sich außerordentlich beeindruckend.
Geradezu monumental wirkt die wieder aufgebaute Prachtfas-
sade mit dem großzügig angelegten Marmorhof des Gymnasions – ein typisches Beispiel für die prunkvollen Thermen-
und Sportanlagen der römischen Kaiserbauten. Die zweige-
schossige, mit reich verzierten Ädikulen geschmückte Fassade
als Dreiflügelanlage bildet den dramaturgisch gelungenen und
bühnengleich in Szene gesetzten Höhepunkt hinter der von
Säulenhallen umfassten Palästra und dem Marmorhof. In einer
Widmungsschrift auf einem der unteren Architrave an der Fassade werden die Kaiser L. Septimius Geta und M. Aurelius Antoninus Caracalla sowie deren Mutter Julia Domna zusammen
mit dem Datum der Bauvollendung von 211 n. Chr. genannt.
Aber schon um 200 scheint die wegen ihrer Größe und wegen
ihrer reichen Marmorverkleidungen auffallende jüdische Syna-

Artemis-Tempel, Sardes

goge in den südlichen Trakt der Palästra, der Wettkampfstätte der Ringer, eingebaut worden zu sein. An ein Peristyl schloss sich ein dreischiffiger Bau mit einer halbkreis- und stufenförmigen Exedra an, ähnlich einer byzantinischen Kirchenbauweise. Die Marmorausschmückung gehört laut einer Inschrift in das fünfte Jahrhundert n. Chr. Es ist eine der ältesten erhaltenenen Synagogen der jüdischen Diaspora. Sie war mit prachtvollen Mosaiken und Plastiken geschmückt, deren Originale im Archäologischen Museum von Manisa zu besichtigen sind.

ARTEMIS-TEMPEL UND KYBELE-KULT

Besondere Aufmerksamkeit verdient das berühmteste Denkmal von Sardes, der Tempel der Artemis. Trotz einer Bauzeit über viereinhalb Jahrhunderte hinweg mit drei herausragenden Bauphasen ist er unvollendet geblieben. Begonnen wurde mit dem Bau Ende des vierten Jahrhunderts v. Chr., wahrscheinlich angeregt durch den Bau des *Artemisions* in Ephesos.

Vor der Verehrung der Göttin Artemis hatte man in Sardes wie in Ephesos der Fruchtbarkeitsgöttin Kybele gehuldigt. Diese in Kleinasien verehrte Göttin trug auch den Namen Magna Mater, und ihre erste Kultstätte befand sich in Pessinus am Berg Dindymos. Unter dem Namen Kubaba war sie in Phrygien bereits in vorhethitischer Zeit als „universelle Muttergottheit" und „Himmelskönigin" in einem dort niedergegangenen Meteorstein verehrt worden. Diesen „göttlichen Stein" holten sich um 240 v. Chr. die Römer in ihrer Bedrängnis durch Hannibal nach Rom, da sie sich von seinem Besitz – so verhieß es eine sibyllinische Prophezeiung – eine Wende in ihrem Kampf gegen die Karthager versprachen. In der Tat wendete sich nun das Schlachtenglück zugunsten der Römer.

Pausanias, ein griechischer Schriftsteller aus Kleinasien, berichtet in seinem zwischen 160 und 180 geschriebenen Reisebericht über Griechenland *Periegesis tes Hellados* von folgendem phrygischen Mythos (VII, 17, 9–12): Wieder einmal tropfte Samen aus dem Glied des Göttervaters Zeus auf die Erde, als er gerade auf dem Berg Dindymos schlief. Sofort entspross an dieser Stelle ein Dämon mit männlichen und weiblichen Geschlechtsteilen. Man gab ihm den Namen Agdistis. Durch seine zügellose und wilde Art – das Furcht einflößende Wesen schändete alles, was ihm über den Weg lief, auch mordete es, raubte und zerstörte hemmungslos, so wie es ihm gefiel – fingen die Götter an, sich vor ihm zu fürchten, denn der Dämon machte auch vor ihnen nicht Halt.

Da sie ihn aber so nicht bändigen konnten, verwandelte der schlaue Dionysos einen Quell, an dem sich Agdistis nach seinen wollüstigen Raub- und Streifzügen zu laben pflegte, mit seinem Thyrsosstab in Wein. Agdistis, dem das ungewohnte neue Getränk sehr mundete, trank gleich so unmäßig viel, dass er davon völlig betrunken wurde und einschlief. Jetzt fesselten die Götter ihn und banden sein Glied mit einem Seil an einen Baum. Als Agdistis erwachte, sprang er so ungestüm auf, dass durch das Seil sein männliches Glied abgerissen wurde. So wuchs Agdistis nun als rein weibliches Wesen und als Tochter des Zeus zur Göttin heran. In Phrygien verlieh man ihr den Namen Kybele.

Aus den auf den Boden gefallenen männlichen Geschlechtsteilen war ein Mandelbaum gewachsen. Als die Mandeln reif waren, las Nana, eine Tochter des Flussgottes Sangarios, eine davon auf und legte sie in ihren Schoß. Die Mandel verschwand und Nana wurde schwanger. Doch die Eltern von Nana schämten sich, und als das Kind geboren ward, musste Nana das Kind aussetzen. Ein Ziegenbock fand das Kind, säugte es und zog es auf. Und so wuchs es heran und entwickelte sich zu einem un-

Links Attis-Statue, Marmor, 2. Jh. n. Chr., Ephesos-Museum, Selçuk
Rechts Kybele-Schrein, aus Sardis, Marmor, 6. Jh. v. Chr., Archäologisches Museum, Manisa

sagbar schönen Knaben mit Namen Attis, in den sich Kybele sogleich verliebte. Sie wollte ihn zu ihrem Geliebten machen und nahm ihn deshalb häufig auf die Jagd mit. Doch Attis zog es zu der schönen Tochter des Königs von Pessinus (angeblich Midas selbst), die er ehelichen wollte. Die eifersüchtige Kybele versetzte daraufhin Attis und den König so in Raserei, dass beide völlig von Sinnen sich ihre Schamteile abschnitten. Attis verblutete und starb. Aus der mit seinem Blut getränkten Erde wuchsen Veilchen hervor. Kybele, jetzt voller Reue und zutiefst betrübt, bat Zeus, Attis wieder zum Leben zu erwecken. Doch Zeus gewährte ihr nur die Gunst, den Körper von Attis nie verwesen zu lassen. Außerdem bewirkte er, dass Attis' Haare weiter wuchsen und dass sein kleiner Finger lebendig blieb und sich ständig bewegte. Attis wurde so zum sterbenden und wieder auferstehenden Vegetationsgott im Kybele-Kult.

Von Pessinus verbreitete sich der Kybele-Kult nach Westen, zunächst nach Lydien, dann durch die Lyder im siebten Jahrhundert v. Chr. auch nach Griechenland, wo er in den Kult der Göttin Rhea (Titanin und Gemahlin von Kronos), Demeter (Göttin der Fruchtbarkeit), Artemis (jungfräuliche Göttin der Geburt und der wilden Tiere) und Aphrodite (Göttin der Liebe) aufging. In Lydien geriet Kybele zur Berggöttin und Herrin der Tiere. Sie wurde auch zur Stadtpatronin, versehen mit einer Krone, die einer Stadtmauer mit Türmen glich, begleitet von Raubtieren wie Löwen und Panthern. Der Löwe wurde zum Wappentier der Stadt Sardes. So erklärt sich auch das goldene Löwenopfer des Kroisos an die Orakelstätte des Apollo in Delphi (siehe Seite 123).

Herodot (IV, 76) berichtet von Festen und Kulten, von nächtlichen Feiern in den Wäldern der Berge, wo Kybeles Kultstätten in Höhlen und vor Felsenreliefs angelegt waren, begleitet von wilder Musik und rasenden Tänzen. Das südlich von Sardes fast 2000 Meter hohe und waldreiche Gebirge Sipylos (Manisa Daği) mit reichen Goldadern, die der Fluss Paktolos nach und nach ausspülte, war das Bergheiligtum von Kybele. Dort wurde sie als Segen spendende Jagd- und Frühlingsgöttin, als Mutter Erde und als Heilgöttin verehrt. Zu ihrem Kult gehörte auch eine „Totenklage für Attis, ihren Geliebten". Diesem zu Ehren sollen sich sogar, so wird berichtet, die Priester der Kybele entmannen lassen haben.

In Sardes, so vermutet man, besaß Kybele zusammen mit Artemis einen Tempel. Dieser wurde 499 v. Chr. von den Ioniern in Brand gesteckt. Herodot berichtet, dass die Perser, damals Machthaber in Lydien, als Vergeltung unter anderem die Akropolis in Athen zerstörten (V, 101).

Sardes war abgebrannt und mit der Stadt auch das Heiligtum der Stammgöttin Kybele. Mit Berufung darauf verbrannten später die Perser die Tempel in Hellas.

Kybeles Stelle nahm mit der Zeit Artemis ein, die gemeinsam mit ihrem Zwillingsbruder Apollo zur meistverehrten Gottheit in Kleinasien wurde (siehe Seite 184 ff.). Als Natur- und Fruchtbarkeitsgöttin, als Herrin der Tiere, als keusche jungfräuliche Göttin und damit Beschützerin der Mädchen hatte sie schnell – auch unter dem Einfluss der nach Kleinasien einwandernden Griechen – nicht nur Kybele verdrängt, sondern die

erste Stelle aller in Kleinasien verehrten Göttinnen eingenommen. Erst unter großem Einsatz des heiligen Nikolaus von Myra bereitet das Christentum in der ersten Hälfte des vierten Jahrhunderts n. Chr. ihrem Kult weltweit das Ende.

Unter dem Eindruck des gewaltigen Bauvorhabens der Epheser beschloss man auch in Sardes, einen Tempel von einer Größe zu bauen, der der Artemis würdig war. In der ersten Bauphase entstand ein großer Altar aus dem Ende des fünften Jahrhunderts v. Chr. vor einem gewesteten Doppel-Antentempel (23 mal 67,52 Meter) mit Kultbild und zwei Reihen von je sechs Säulen in der Cella sowie sechs Säulen im Pronaos und zwei im Opisthodomos, der Ende des vierten Jahrhunderts v. Chr. begonnen und um die Mitte des dritten Jahrhunderts v. Chr. vollendet war.

Eine zweite Bauphase aus der ersten Hälfte des zweiten Jahrhunderts v. Chr. brachte eine Erweiterung in einen Pseudodipteros, das heißt, der Doppel-Antentempel wurde mit einem großen Säulenring – je acht Säulen an den Schmalseiten und je zwanzig an den Längsseiten – so umgeben, dass ein zweiter kleinerer Säulenring zwischen Tempel und großem Säulenring Platz gehabt hätte, der aber nie errichtet wurde. Zugleich vergrößerte man den Pronaos und das Opisthodomos zu prostylen Vorhallen, wobei je zwei zwischen den Anten stehende Säulen nach außen versetzt und die Anten um je zwei Säulen verlängert wurden. Von dem Säulenring wurde nur die Ostseite, und da auch nur als Fundament, ausgeführt.

Sardis, Artemis-Tempel, in der unter Kaiser Antoninus Pius veränderten Form um 150 n. Chr.

Gyges-See bei Sardes

Mit seinen äußeren Maßen von 41,87 mal 44,92 Metern hatte der Bauherr ein Monument von gigantischen Ausmaßen geplant, das auf die Besucher sicher einen überwältigenden Eindruck gemacht hätte. Bei dem Bauherrn handelte es sich um König Eumenes II. (197–159 v. Chr.), den kunstsinnigen Herrscher über Pergamon, der seine Stadt mit prächtigen Gebäuden schmückte und auch den berühmten Zeusaltar dort errichten ließ. Nach der siegreichen Schlacht von 190 v. Chr. bei Magnesia im Nordosten von Izmir über die Seleukiden war Sardes an das Pergamenische Reich gefallen.

Bei der Anlage des Tempels in der Gestalt des Pseudodipteros kann ein Mitwirken des griechischen Baumeisters Hermogenes nicht völlig ausgeschlossen werden. Denn dieser baute zur gleichen Zeit den Artemis-Tempel – auch einen Pseudodipteros – in der im Landesinneren gelegenen Stadt Magnesia am Mäander, das seit 190 v. Chr. ebenfalls zu Pergamon zählte, also auch unter die Hoheit von König Eumenes II. fiel. Den Berichten des römischen Baumeisters und Ingenieurs Vitruv zufolge, der einige Schriften über die Architektur von Hermogenes veröffentlichte, kann Hermogenes als Erfinder des Pseudodipteros betrachtet werden (siehe auch Seite 159).

Es sollten rund 300 Jahre vergehen, bevor es in einer so genannten dritten Bauphase zu neuen Bautätigkeiten kam. Dies
geschah unter dem römischen Kaiser Antoninus Pius, der seiner 141 n. Chr. verstorbenen und nach römischer Sitte zur Göttin erhobenen Gemahlin Faustina zu angemessenen Ehren ver-
helfen wollte. So unterteilte er den bestehenden Anten-Tempel
in einen der Göttin Artemis geweihten Kultraum im Westen
und in einen der göttergleichen Faustina geweihten Kultraum
im Osten. Die beiden Frauen haben durchaus einiges gemeinsam. So galt Artemis als Beschützerin der Mädchen, und Faustina hatte eine Stiftung für mittellose freigelassene Mädchen
ins Leben gerufen. Antoninus Pius ließ auch die Arbeiten an
der Errichtung weiterer Säulen fortsetzen, doch dieser Bau
blieb ebenfalls unvollendet.

Auch als Torso wirkt die Anlage faszinierend, wozu auch
der reiche Schmuck der Basen, Architrave und Kapitelle, die
denen des Artemis-Tempels von Ephesos gleichen, erheblich
beiträgt. Im vierten Jahrhundert n. Chr. wurde an der Südost-
ecke des Tempels eine kleine byzantinische Kirche angebaut.
Ihre Ruine wirkt rührend bescheiden neben dem heidnischen
Monumentalbau.

Bin Tepe, Nekropole lydischer
Könige

133

Etwa 15 Kilometer nordöstlich von Sardes – die Straße von Salihli nach Akhisar führt mitten hindurch – erheben sich in einer Ebene im Süden des Gyges-Sees, des heutigen Marmara
Gölü, rund 100 Hügel. Hier liegt die von den Türken als Bin Tepe (wörtlich „Tausend Hügel") bezeichnete Nekropole der lydischen Könige und sonstiger Vornehmer und Wohlhabender aus
Sardes, während sich die eigentliche Stadt-Nekropole – also der
städtische Friedhof – westlich von Sardes auf der anderen Seite
des Flusses Paktolos befindet. Ein Fragment eines Briefes des
Hipponax aus Ephesos – eines Satirendichters des sechsten
Jahrhunderts v. Chr. – enthält eine Wegbeschreibung an einen
Freund:

> Tearos, wenn du von Osten nach Smyrna fährst, kommst du
> durch Lydien, vorbei am Grab des Alyattes, am Monument
> des Gyges, an der großen Stadt und der Stelle, vorbei an dem
> Mal für den König Tos.

Und Herodot berichtet (I, 93):

> Merkwürdigkeiten wie andere Länder enthält Lydien kaum;
> höchstens wäre der Goldstaub zu nennen, der vom Tmolos herab-
> geführt wird. Ein Werk allerdings gibt es in Lydien, das außer den
> ägyptischen und babylonischen Bauten nicht seinesgleichen hat.
> Das ist das Grabmal von Kroisos' Vater Alyattes. Sein Unterbau
> besteht aus großen Steinen, das Grabmal selber aus aufgeschütte-
> ter Erde. Die Arbeit daran haben die Händler, die Handwerker und
> die käuflichen Dirnen getan. Oben auf dem Grabhügel sind fünf
> Tafeln angebracht, die noch heute vorhanden sind; auf ihnen ist
> verzeichnet, wie viel jede der drei Gruppen gearbeitet hat.
> Vergleicht man danach, so zeigt sich, dass die Dirnen den größten
> Teil der Arbeit geleistet haben. Die jungen Töchter bei den Lydern
> führen nämlich alle ein unzüchtiges Leben und sammeln sich da-
> durch eine Mitgift, bis sie in die Ehe treten. Sie wählen selber
> ihren Gatten. Der Umfang jenes Grabhügels beträgt sechs Stadien
> und zwei Plethren, sein Durchmesser dreizehn Plethren. An den
> Grabhügel grenzt ein großer See, der unversieglich ist, wie die
> Lyder sagen. Er heißt Gyges-See. So verhält es sich hiermit.

Demnach hätten wir unter anderem die Gräber von König
Alyattes und von König Gyges vor uns. Herodot kennt sogar die
Maße des Alyattes-Tumulus; umgerechnet ergeben sich für den
Umfang 1171,42 Meter und für den Durchmesser 400,79 Meter.
Die tatsächlichen Maße für den größten Hügel jedoch sind
etwas geringer, sie belaufen sich auf 1115,26 Meter Umfang,
335 Meter Durchmesser und 69 Meter Höhe. Im Inneren befin-

det sich eine Grabkammer, die leider ausgeraubt wurde. Der zweite Grabhügel, der König Gyges zugeschrieben wird – man fand Inschriften mit dem Namen Gugu –, ist nicht viel kleiner. Wie die anderen Grabhügel wird auch er von einer Rundmauer eingefasst, ein System, das an die etruskischen Gräber in Cerveteri (dam antiken Caere) in Italien erinnert.

Es sind dies die größten uns bekannten Hügelgräber dieser Art. Und angesichts ihrer enormen Größe – immerhin beträgt der Durchmesser des einen Hügels rund das Drei- bis Vierfache eines Fußballplatzes – stellt sich die berechtigte Frage, welche gewaltige geistig-religiöse Macht das Anhäufen solcher ungeheurer Erdmassen bewirkt hat.

MAGNESIA AM SIPYLOS

DIE STEINERNE NIOBE

Manisa, wie die antike lydische Stadt Magnesia heute heißt, liegt am Fuß des bis auf 1500 Meter aufsteigenden Sipylos-Gebirges. 334 v. Chr. wurde die Stadt von Alexander dem Großen erobert; 1313 kam sie unter seldschukische, 1398 unter osmanische Herrschaft. Sehenswert sind die Reste der byzantinischen Stadtmauer sowie ihre prächtigen Moscheen und Medresen aus seldschukischer und osmanischer Zeit (siehe Seite 121).

Weniger als 100 Meter südwestlich der Stadtgrenze Manisas liegt oberhalb der Straße nach Izmir ein seltsamer, nicht von Menschenhand geformter, mächtiger 20 Meter hoher Felsen, der einem trauernden, weinenden weiblichen Kopf gleicht. Der Sage nach handelt es sich um Niobe, die von Zeus versteinerte, stolze Schöne. Ob Göttin, Urmutter der Menschen oder erste sterbliche Geliebte des Zeus, in jedem Fall war Niobe

Fels der Niobe, bei Manisa

eine Tochter des mythischen Lyderkönigs Tantalos. Als Mutter von sieben Söhnen und ebenso vielen Töchtern hatte sie sich vor der Göttin Leto, auch sie eine Geliebte des Zeus, gerühmt, die nur Apollo und Artemis geboren hatte. Aus Wut und Eifersucht töteten diese die Kinder der Niobe mit ihren Pfeilen. Niobe wurde zu Stein.

Homer lässt in seiner *Ilias* Priamos, den greisen Herrscher über Troja, beim Totenmahl zu Ehren des gefallenen Hektor die traurige Geschichte der Niobe erzählen (*Ilias* 24, 601–617):

> Nun lasst uns des Mahles gedenken!
> Denn auch Niobe selbst, die lockige, dachte der Speise,
> Der doch im Palast sogar zwölf Kinder erlagen;
> Töchter waren es sechs und sechs jung blühende Söhne.
> Zornvoll traf Apollo die Söhne mit silbernem Bogen,
> Artemis aber, die göttliche Schützin, erlegte die Töchter,
> Weil sich Niobe gleich der blühenden Leto geachtet:
> Habe doch jene nur zwei, sie selbst viele Kinder geboren
> Dennoch haben die zwei dann all die anderen getötet,
> Und so lagen sie tot neun Tage lang, und da war niemand,
> Sie zu bestatten, denn Zeus verkehrte die Leute zu Steinen,
> Aber am zehnten Tag begruben sie himmlische Götter.
> Niobe also gedachte der Speise, von Tränen ermüdet.
> Irgendwo unter Felsen inmitten verlassener Berge
> Dort am Sipylos, wo sie erzählen, die göttlichen Nymphen
> Ruhten gelagert vom Tanz um Acheloions Fluten,
> Dort als Stein noch nährt sie ihr Leid, das göttergesandte.

Und voll Pathos beendet Ovid (*Metamorphosen* VI, 148–311) seine Erzählung:

> Doch hat Tränen sie noch, und ein Wirbel gewaltigen Sturmes
> Reißt sie zum Heimatland. Dort fest auf dem Gipfel des Berges
> Steht sie und weint, und Zähren verströmt noch heute der Marmor.

Pausanias, der wegen Niobe auf das Sipylos-Gebirge gestiegen war, schien nicht ganz so überzeugt, denn er schreibt (I, 21, 3): „Aus der Nähe bietet die Felswand in keiner Weise das Bild einer Frau, auch nicht einer trauernden; wenn man aber weiter entfernt steht, glaubt man eine weinende und trauernde Frau zu sehen."

Am besten ist wohl, man begibt sich selbst hinauf.

TANTALOS-QUALEN

Auch Niobes Vater Tantalos hatte, obwohl mit den Göttern verwandt und ein Liebling derselben, den unbarmherzigen Zorn der Götter auf sich gezogen. Er hatte Zeus um die Gewährung eines Wunsches gebeten; nachdem dieser zugestimmt hatte, forderte Tantalos, ein Leben wie die Götter zu führen. Zornig erfüllte Zeus sein Ansinnen, verdarb ihm aber den Genuss daran, indem er einen Felsblock über ihm schweben ließ, der ständig auf ihn herabzufallen drohte.

Ein anderes Mal, als die Götter in seinem Palast am Sipylos-Gebirge zu Gast waren, wollte Tantalos feststellen, ob die Götter auch Verborgenes erkennen würden. So ließ er seinen Sohn Pelops schlachten und den Göttern als Kesselfleisch vorsetzen. Diese entdeckten sofort die ungeheuerliche Tat. Nur Demeter – Göttin der Erde und Feldfrüchte – merkte nichts, denn sie war noch voll Schmerz um ihre gerade entführte Tochter Persephone (siehe Seite 84), und aß ein Stück von der Schulter. Pelops wurde von den Göttern sofort wieder zum Leben erweckt und seine Schulter durch Elfenbein ersetzt. Er wurde ein mächtiger König in Südgriechenland, das nach ihm Peloponnes (Insel des Pelops) genannt wurde.

Tantalos jedoch wurde in den Hades verbannt. Dort sah ihn Odysseus, als er, dem Rat der Zauberin Kirke folgend, die Seele des Sehers Teiresias und die der abgeschiedenen Toten beschwor, ihm aus des Hades Reich zu erscheinen (*Odyssee* XI, 582–592):

Auch den Tantalos sah ich, wie er voll heftiger Qualen
In einem Wasser stand, sein Kinn berührte die Fläche,
Dennoch litt er Durst und konnte die Labung nicht fassen.
Denn sooft der Greis sich niederbückte zu trinken,
Schwand versiegend das Wasser dahin, und unter den Füßen
Sah man die schwärzliche Erde von einem Dämon getrocknet.
Obst hing über ihm aus hohen Bäumen zu Boden,
Apfelbäume, Granaten und Birnen mit herrlichen Früchten
Und auch süße Feigen und frische, grüne Oliven.
Wollte aber der Greis mit seinen Händen sie fassen,
Schnellte der Wind sie hoch bis unter die schaltenden
    Wolken.

Oben Tantalos, Stich von 1676
Unten Grab des Tantalos, Zeichnung nach Beau, 1835, Blick auf den Grabtumulus mit eingetragener Grabkammer

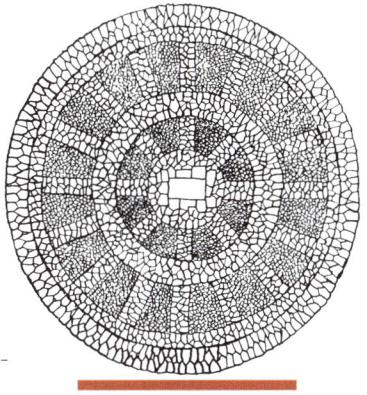

Im Jahre 1835 entdeckte der Franzose Texier oberhalb von Bayrakli (Alt-Smyrna) ein gemauertes Rundgrab, das im Volksmund als Grab des Tantalos bezeichnet wurde. Es war ursprünglich 27 Meter hoch, das entspricht etwa einem neunstöckigen Wohnhaus. Doch sein Forscherdrang verleitete ihn zu unverantwortlichem, dilettantischem Treiben: er ließ das Grab abtragen, um seine Struktur besser erkennen zu können. Heute erinnern nur noch der untere Bereich mit Grabkammer an den mächtigen Rundbau.

RELIKTE DER HETHITER

DIE STEINFRAU KYBELE VON AKPINAR UND DER KRIEGER VON KARABEL

Im zweiten Jahrtausend v. Chr. gründete das indogermanische Volk der Hethiter in Kappadokien ein Großreich, dessen Hauptstadt Hattusa sich bei Bogazköy, etwa 150 Kilometer östlich von Ankara befand. Zum Hethiterreich zählte das nördliche Syrien und fast das gesamte heutige türkische Staatsgebiet. Nur das westliche Küstengebiet am Ägäischen Meer gehörte wohl nicht mehr dazu.

Umso mehr verdienen daher zwei Felsreliefs östlich von Smyrna (Izmir) unsere Aufmerksamkeit. Das eine liegt etwa fünf Kilometer östlich von Manisa Richtung Salihli in Akpinar. Es ist ein kleines, beliebtes Ausflugsziel mit Gaststätte, Spielplatz, Tiergehege und einem Teich. Dort führt ein winziger Pfad rund 200 Meter steil nach oben an eine Felswand heran. In einer herausgehauenen Nische erwartet uns der mächtige, über neun Meter hohe Torso einer schon fast vollplastisch gestalteten thronenden Göttin in Frontalansicht. Die Türken bezeichnen sie als Bereket Ilahesi, Fruchtbarkeitsgöttin, oder als Tas Suret, Steinfigur. Leider ist die Figur so stark verwittert, dass Details nicht mehr zu erkennen sind. Entstanden ist sie wohl im 14.–13. Jahrhundert v. Chr. Lange Zeit hielt man sie für Niobe, die von Zeus in Stein verwandelte Tochter des Tantalos. Aber auch die Deutung als Fruchtbarkeitsgöttin und Magna Mater mit dem Namen Kybele war geläufig. Herodot berichtet von zwei in den Fels gehauenen Bildern, die er für den ägyptischen König Sesostris hält, von denen eines an der Straße von Sardes nach Smyrna lag. Aber zu der hier vorgestellten weiblichen Sitzfigur passt seine Beschreibung nicht.

Zu dem anderen Relief gelangt man auf der östlich von Izmir über den Karabel-Pass führenden Straße von Kemalpasa nach Torbali. Kommt man von Norden, führt in einer Senke direkt hinter einem die Straße überspannenden Torbogen ein Treppenweg links hinauf zu dem Felsrelief. Hier trifft die Beschreibung Herodots schon etwas besser zu (Herodot II, 106):

...ein männliches Reliefbild von viereinhalb Ellen Höhe. In der Rechten hält es die Lanze, in der Linken einen Bogen, und dem

entspricht die übrige Rüstung, die ägyptisch und aithiopisch ist.
Auf der Brust, von der einen Schulter zur anderen, ist eine
Inschrift in den heiligen Buchstaben der Ägypter eingehauen, die
besagt: „Dieses Land haben meine Schultern erobert".

Sieht man davon ab, dass auch dieser Krieger keinem Ägypter oder Äthiopier ähnelt, die Lanze in der Linken und der Bogen sich in der Rechten befindet, dann stellt dieser Bericht wahrscheinlich die älteste Beschreibung dieses Reliefs dar. Nach Bittel zeigt das Relief einen König einer ortsansässigen Dynastie, einen Unterkönig also. Ein Großkönig würde als Herrschaftszeichen den Krummstab tragen. Zwar ist die Deutung als Gottheit – Stab, Lanze und Bogen kommen auch bei den Göttern vor – legitim, doch neigt Bittel dazu, in dem Bild den Unterkönig Torhumura zu sehen, der Herrscher zu Mira war, einem Land, das man in Westanatolien vermutet.

Links Kybele, Felsrelief in Akpinar, 14.–13 Jh. v. Chr.
Rechts Hethitischer König, Felsrelief bei Karabel, 14.–13. Jh. v. Chr.

Handschrift und Stil der Ausführung sind typisch für hethitische Reliefs. Als wahrscheinlich gilt, dass Hofkünstler aus Hattusa dieses Relief ebenso wie die thronende Göttin in Akpinar schufen und damit die westlichsten Zeugnisse hethitischer Bildhauerkunst hinterließen.

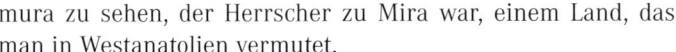

AIGAI

Wer das andere liebt und einmal ohne Auto eine antike Stätte aufsuchen möchte, für den ist ein vierstündiger Ausflug zu den Ruinen der Stadt Aigai zu empfehlen (je eine Stunde hin und zurück sowie zwei Stunden Aufenthalt). Aigai wird von Herodot als eine der zwölf äolischen Städte auf dem kleinasiatischen Festland erwähnt (siehe Seite 148). Wegen ihrer isolierten Lage auf dem Berge trat sie geschichtlich nicht in Erscheinung und war zunächst auch nicht mit Reichtümern gesegnet. Das änderte sich mit der Zugehörigkeit zum Pergamenischen Reich ab 218 v. Chr. und der Vererbung desselben im Jahre 133 v. Chr. durch König Attalos III. Philometor (siehe Seite 82). Nach einem Erdbeben, das 17 n. Chr. die Küsten Kleinasiens heimgesucht hatte, kam es zu einer Wiederaufbauphase unter Kaiser Tiberius (14–37 n. Chr.).

Ausgangspunkt des Ausflugs ist das Dorf Köseler, das man von der Küstenstraße zwischen Bergama und Izmir ab Yenisakran über Kalabak nach etwa 35 Kilometern erreicht. In der Dorfmitte lässt man seinen Wagen stehen und fragt am besten in dem Teehaus nach einem Führer. Je nach Jahreszeit kann bei glühender Hitze die etwa eine Stunde dauernde Wanderung auf dem wildromantischen Höhenrücken zu dem 365 Meter hoch gelegenen Ort Aigai, den die Türken Nemrut Kalesi – Nemrut-Burg – nennen, schon schweißtreibend werden. Für mitgebrachte Getränke und das Tragetier des Führers wird man nun dankbar sein.

Beim Erreichen des Nemrut Kalesi ist von den Ruinen der Stadt zunächst nichts zu sehen, da diese versteckt in einem fast undurchdringlichen Dickicht aus Macchiasträuchern und verwilderten Ölbäumen liegen. Jetzt werden langsam Reste von Stadtmauern sichtbar, errichtet aus polygonalen und regelmäßigen Steinen. Zielstrebig bringt uns der Führer auf den höchsten Punkt, wo im Schatten der Olivenbäume endlich Rast gemacht wird. Der grandiose Rundblick hinunter auf eine wil-

de Landschaft lässt den anstrengenden Aufstieg rasch vergessen. Die nahe gelegene Markthalle mit ihrem dreigeschossigen Aufbau, dessen eine hervorragend gemauerte Längswand von etwa elf Metern Höhe und von über achtzig Metern Länge recht gut erhalten ist, ist noch heute das imposanteste Monument von Aigai. Die beiden unteren Geschosse enthielten die Vor-

Landschaften bei Köseler und Aigai

ratskammern, deren Zugänge, Fenster und Luftschächte sich in vorzüglichem Zustand befinden. Das Obergeschoss war als doppelschiffige, zur Agora – Marktplatz – hin geöffnete Halle konzipiert, in deren Schatten man sich in hellenistisch-römischer Zeit reges Markttreiben vorzustellen hat. Etwas tiefer ragen die stufenförmig angeordneten Bogengänge zu dem Zuschauerraum des Theaters vor Aigai aus dem Hang heraus und legen Zeugnis ab von dem kulturellen Interesse der Bewohner dieser einsamen Bergstadt.

Der Abstieg nach Köseler geht sehr zügig. Und eine Einladung des Führers zu einem Glas Cay im Teehaus sollte man als kräftigenden Abschluss nicht ausschlagen.

PHILADELPHIA

Rund 65 Kilometer südöstlich von Sardes liegt das antike Philadelphia mit dem heutigen Namen Akşehir. Benannt ist die Stadt nach ihrem Gründer, dem Attalidenkönig Attalos II. Philadelphos (159–138 v. Chr.). Dank seiner guten Beziehungen zu Rom konnte er die römischen Kaiser auf die kleine, im Kogamos-Tal gelegene Stadt aufmerksam machen. Dies erklärt, wieso die Stadt nach dem zerstörerischen Erdbeben des Jahres 17 n. Chr. durch die Kaiser Tiberius (14–37 n. Chr.) und Caligula (37–41 n. Chr.) wieder aufgebaut wurde.

In römischer Zeit auch Neocaesarea genannt, war die Stadt Philadelphia einer der hellenistischen Hauptorte auf dem Gebiet Kleinasiens und Sitz einer frühchristlichen Gemeinde, die in jener Zeit eine gewisse Bedeutung erlangt haben muss, denn Johannes richtete an den Vorsteher der dortigen Christen eines seiner Sendschreiben (Offb 3, 7 13):

Johannes-Basilika, Philadelphia,
um 600 n. Chr.

Und dem Engel der Gemeinde in Philadelphia schreibe: Das sagt der Heilige, der Wahrhaftige, der da hat den Schlüssel Davids, der auftut, und niemand schließt zu, der zuschließt, und niemand tut auf:

Ich kenne deine Werke. Siehe, ich habe vor dir eine Tür aufgetan, und niemand kann sie zuschließen; denn du hast eine kleine Kraft und hast mein Wort bewahrt und hast meinen Namen nicht verleugnet.

Siehe, ich werde schicken einige aus der Synagoge des Satans, die sagen, sie seien Juden, und sind's nicht, sondern lügen; siehe, ich will sie dazu bringen, dass sie kommen sollen und zu deinen Füßen niederfallen und erkennen, dass ich dich geliebt habe.

Weil du mein Wort von der Geduld bewahrt hast, will auch ich dich bewahren vor der Stunde der Versuchung, die kommen wird über den ganzen Weltkreis, zu versuchen, die auf Erden wohnen.

Siehe, ich komme bald; halte, was du hast, dass niemand deine Krone nehme!

Wer überwindet, den will ich machen zum Pfeiler in dem Tempel meines Gottes, und er soll nicht mehr hinausgehen, und ich will auf ihn schreiben den Namen meines Gottes und den Namen des neuen Jerusalem, der Stadt meines Gottes, die vom Himmel herniederkommt von meinem Gott, und meinen Namen, den neuen.

Wer Ohren hat, der höre, was der Geist den Gemeinden sagt!

Der nach ihm, Johannes, benannte Kirchenbau gibt noch heute durch drei mächtige erhaltene Pfeiler – ursprünglich waren es sechs – Aufschluss über dessen einstiges monumentales Aussehen um 600 n. Chr. Ausgrabungen im Kircheninnern ergaben kürzlich, dass die Kirche über römischen Fundamenten anderer Vorgängerbauten errichtet wurde.

Byzantinischer Architrav, Johannes-Basilika, Philadelphia, um 600 n. Chr.

KAISERLICHE HOCHZEIT ZU NYMPHAION

Der prächtige Kirchenbau Philadelphias und eine starke gläubige Gemeinde waren wohl der Anlass, dass hier in der Nacht vom 21. auf den 22. April 1190 das von Kaiser Friedrich I. Barbarossa geleitete deutsche Kreuzfahrerheer lagerte. Weitere Voraussetzung war natürlich auch die Tatsache, dass Philadelphia in jener Zeit eine der wenigen vom Islam noch nicht eroberten Städte war.

Der byzantinische Anführer dieses Heeresabschnitts war ein gewisser Basilios Vatatzes, Vater des byzantinischen Kaisers Johannes III. Dukas Vatatzes, der die lateinischen Könige besiegen und aus Kleinasien verdrängen sollte.

Nachdem der Sieg des byzantinischen Kaisers feststand, schloss er 1241 mit dem unterlegenen Kaiser Friedrich II. ein Bündnis. Traditions- und standesgemäß wurde dieses mit einer Eheschließung bekräftigt. Er ehelichte 1244 die Hohenstaufenprinzessin und Tochter Kaiser Friedrichs II. von Hohenstaufen, Konstanza. Südlich von Manisa haben sich in der kleinen Stadt Kemalpaşa, dem antiken Nymphaion, Teile eines dreigeschossigen byzantinischen Palastes erhalten. Hier soll die Hochzeit mit entsprechendem Prunk gefeiert worden sein.

Byzantinischer Palast, Nymphaion

SMYRNA

Die erwachende Sonne erleuchtete die dreifache Bergkette, welche Smyrnas Bucht in grandiosen Terrassen umschlingt. Die prächtige, durch Liebe und Dichtkunst berühmte Insel Mytilene (Lesbos) und das Kap Karaburnu (Karaburun) fassen in weitem Bogen den schönsten Meerbusen ein, und schützend lagern sich vor seinem Eingang die hohen Gestade von Durlak mit dem sichern Hafen. Es ist eine prachtvolle Staffage, die jetzt immer näher rückt, von dem majestätischen Berge des zerstörten Pergamons bis zu den bezaubernd übereinander sich auftürmenden Bergstaffeln des Sipylos und Pagos.

Das Kastell Kadife Kale (Samtburg), Izmir

Immer näher tritt das noch als Ruine erhabene alte Kastell, an dessen Fuß Smyrna liegt, und die zackigen Bruderberge, die sich schirmend über die große Stadt herabneigen.

Die Häuser der Franken nehmen hier das ganze Gestade des Meeres in einem großen Halbkreise ein, und Smyrna erhält hierdurch auf den ersten Blick mehr den Anschein einer europäischen Stadt. Allein das orientalische Leben ist nur wenige Schritte ins Innere zurückgedrängt und entfaltet sich umso frischer auf den Basaren und in den Arabeskenverschlingungen der unzähligen kleinen Gässchen, die in jeder Hinsicht mit denen zu Konstantinopel an infernalischem Pflaster wetteifern. Wir erstiegen sogleich die Akropolis, deren weitläufige Mauern, halbverfallene Türme und Zisternen so verschiedenen Epochen angehören und so vielen Zeiten getrotzt haben. Ihr großes Tor bildet als Durchsicht gegen Nordost einen ungemein herrlichen Anblick, auf Burnaba (Bornova) hinab und über die in Baumgruppen gegen Magnesia (Manisa) hin zerstreut liegenden Ortschaften und den zu seinen Füßen liegenden Gärten, Zypressen und Platanen. Von der oberen Seite überblickt man den Weg nach Ephesos und Fragmente alter Wasserleitungen. Wir stiegen hinab zu der alten Platane Homers und sahen hier Züge unzähliger Kamele, truppweise von pfiffigen Eselein geführt, an uns vorbei auf der alten Karawanenstraße nach Asien hineinziehen.

Die Khans, wo sich diese Karawanen sammeln, sind sehr räumlich und voll Leben. Es ist ein wahres Feldlager, in welchem man alle asiatischen Rassen von Menschen und Tieren studieren kann. Die Basare sind nicht so ausgedehnt, auch nicht übermauert, wie die zu Konstantinopel, aber man findet hier in manchen Gegenständen reichere Auswahl. Fußteppiche habe ich nirgends dichter und solider gesehen, doch kauft man sie besser in Gewölben als auf dem Markte.

Der Platz vor der Marine wäre sehr schön zu machen, wenn der Geiz der dort wohnenden europäischen Kaufleute nicht größer wäre als ihr Schönheitssinn. Nicht einmal Laternen hängen sie dort aus, und Smyrna ist ebenso halsbrechend nachts zu durchwandern wie Konstantinopel. Wie reizend könnte man aber Smyrna machen, wenn man Quais um das ganze Meerufer

aufführte, was sich so leicht und ohne große Kosten bewerkstelligen ließe.

Die Abende sind in Smyrna gewöhnlich unbeschreiblich schön und der Sonnenuntergang spielt in bezaubernden Goldfarben. Rabenschwarz streben dann die Bruderberge in das transparente Rosagewölk hinauf, während der ganze Horizont in Purpur getaucht scheint und das westliche Gebirge immer dunkler violett aus dem Reflex hervortritt. Einer unserer Ausritte führte uns in die Talebene von Smyrna und nach Burnaba, dem Modeaufenthalt der Smyrnioten. Die Ebene enthält hohe

Das Kastell von Smyrna, Stich von W. J. Cooke, Mitte 19. Jh.

Bazar von Izmir

Schönheiten. Sie ist von Zypressen, Platanen, Nuss- und
Olivengehölzen eingefasst
und im Hintergrund erheben
sich amphitheatralisch die
Berge des Sipylos und von
Mastusia. Wir ritten noch an
die Echelle, wo der wahre Meles [Fluss] ins Meer fällt und
wo die sumpfigen Gestade
weit vorgedrungen sind.
Wahrscheinlich lag das alte
Smyrna auf den Abhängen
der jenseits dieses Flüsschens
gelegenen Berge [Bayrakli]. In
rabenfinsterer Nacht kamen
wir in die Stadt zurück, und
es gehören anatolische Pferde
dazu, um in diesen Gässchen,
auf abschüssigem Pflaster,
mit heiler Haut sein Hotel am
Meere zu erreichen.

Weitere Ritte machten wir
nach Burnabaschi [im Osten
von Smyrna], in dessen Mitte
eine wunderbare Platanen-
gruppe um eine Quelle sich
erhebt, und tiefer in die Gebirge von Magnesia.

In dem großen hinteren
Tale besuchten wir ein Lager
von mehreren tausend Kame-
len, die hier nicht geschoren
werden und daher viel zotti-
ger und wilder aussehen als

Izmir, Uhrturm am Konak mit einheimischen Fayencen, 19. Jh.

die arabischen. Diese Karawanenlager sind in zwei Linien oder
Treffs aufgestellt und bieten einen malerischen Anblick. Das so
genannte Bad der Diana ist ebenso unbedeutend wie das so genannte Grab Homers [wahrscheinlich meint er die „Wohnhöh-
le" Homers]. Zwischen beiden steht eine Anhöhe, und diese ist
der schönste Punkt, den ich bei Smyrna fand. Wir konnten uns
kaum von diesem Zauberbild losreißen, und wenn ich Smyrna
bewohnte, so möchte ich vor allem diese Höhe besitzen. Un-
gesehen und im Haine der edelsten Bäume und Gesträuche
begraben, überblickt man dort Meer, Bucht, Tal, Gebirge,
Kastell und Stadt, und ein Blick zeigt den ganzen Zauber
Smyrnas.

EINE ÄOLISCHE GRÜNDUNG WIRD ZUR
IONISCHEN STADT

Älteste Siedlungsspuren reichen ins dritte Jahrtausend v. Chr. zurück und finden sich bei dem an der Nordseite der Bucht von Izmir liegenden Dorf Bayrakli. Dieses bildete damals zusammen mit dem Hügel Tepekule eine Halbinsel, die heute Teil des Festlands ist. Waren es im elften Jahrhundert v. Chr. äolische Inselgriechen, die dort eine erste Stadtanlage gründeten, so waren es im neunten und achten Jahrhundert v. Chr. Ionier, die dort Fuß fassten. Die Äolier kamen ursprünglich aus Thessalien, Mittelgriechenland, von wo sie vor den Doriern geflohen waren. Insgesamt gründeten sie im nördlichen Teil der kleinasiatischen Küste zwölf Städte. Das sind beziehungsweise waren Kyme, Larisa, Neonteichos, Temnos, Killa, Notion, Aigiroessa, Pitane, Aigai, Myrina, Gryneion und Smyrna.

Um 900 v. Chr. mussten die im nördlichen Peloponnes ansässigen Ionier ebenfalls den Doriern weichen und siedelten sich im Mittelteil der kleinasiatischen Küste an. Auch sie gründeten zwölf Städte: Auf karischem Gebiet Milet, Myos und Priene, in Lydien Ephesos, Kolophon, Lebedos, Teos, Klazomenai und Phokaia, auf ionischem Gebiet Erythrai sowie je eine Stadt auf den Inseln Samos und Chios. Außerdem schufen sie eine gemeinsame Kultstätte Pan-Ionien, die dem Gott Poseidon geweiht war und am Nordrand der der Insel Samos gegenüber liegenden Halbinsel Mykale errichtet war.

Herodot weiß Folgendes zu berichten (I, 149–150):

> Smyrna verloren die Äolier auf folgende Weise. Die Stadt nahm Flüchtlinge aus Kolophon auf, die in einem Aufstand unterlegen und aus Kolophon verbannt worden waren. Diese Kolophonier warteten ein Fest ab, das die Bevölkerung von Smyrna für Dionysos außerhalb der Stadt feierte, schlossen die Tore und setzten sich in Besitz der Stadt. Nun rückten alle Äolier gegen die Stadt, aber es kam zu einem Vertrage, nach dem die Ionier das Hausgerät ausliefern, aber im Besitz der Stadt bleiben sollten. Die bisherigen Bewohner von Smyrna wurden auf die elf [äolischen] Städte verteilt und erhielten dort Bürgerrecht.

So wurde Smyrna eine ionische Stadt und trat den zwölf ionischen Städten als dreizehnte Stadt bei.

Aus der ersten Hälfte des siebten Jahrhunderts v. Chr. haben sich die Fundamente eines Athene-Tempels erhalten, der nach Ekrem Akurgal (Professor für Archäologie an der Universität Ankara) als der älteste und eleganteste Sakralbau griechischer Kunst in Kleinasien angesehen werden muss. Der als Peripteros mit sechs mal elf kannelierten Säulen errichtete Bau besaß – wie die Bauten in Neandria und in Larissa – Kapitelle im äolischen Stil, die im Archäologischen Museum der Stadt aufbewahrt werden. Tempel und Stadt wurden um 600 v. Chr. von dem lydischen König Alyattes (605–560 v. Chr.) zerstört.

DIE NEUGRÜNDUNG

Ein Traum Alexanders des Großen führte zur Neugründung der zerstörten Stadt. Pausanias berichtet (VII, 1–3):

> Alexander, der Sohn Philipps, wurde der Gründer der jetzigen Stadt aufgrund eines Traums. Alexander habe nämlich im Pagos-Gebirge gejagt, so erzählt man, und sei, wie er von der Jagd zurückkam, zum Heiligtum der Nemesis-Göttinnen [bestrafen Frevler und Übermütige durch ausgleichende Gerechtigkeit] gekommen und habe dort eine Quelle getroffen und eine Platane vor dem Heiligtum, die am Wasser wuchs. Und wie er unter der Platane schlief, seien ihm die Nemesis-Göttinnen erschienen und hätten ihm befohlen, hier eine Stadt zu gründen und die Smyrnareer dorthin zu führen, aus ihrer früheren Stadt fort. Die Smyrnareer schickten nun Gesandte nach Klaros, um wegen ihrer Lage zu fragen, und der Gott [Apollo] antwortete ihnen:
> „Dreimal glücklich und viermal werden
> die Männer sein, die den Pagos besiedeln
> werden jenseits des heiligen Meles."
> So siedelten sie freiwillig um; und sie glauben an zwei Nemesis-Göttinnen statt einer und sagen, ihre Mutter sei die Nacht, wie die Athener behaupten, die Göttin in Rhamnus [Heiligtum der Nemesis an der Nordküste Attikas beim heutigen Ovriokastro] habe Okeanos zum Vater.

Alexander beauftragte seinen General Lysimachos mit der Errichtung der Stadt auf dem Pagos-Hügel, dort, wo heute die Burg Kadife Kale steht. Durch politisch kluges Taktieren mit den Nachfolgern von Alexanders General Seleukos, den Seleukiden, und den Attaliden, den Nachfolgern von König Attalos I. in Pergamon, entfaltete sich die Stadt unter den Diadochen, den Nachfolgern Alexanders selbst, zu einer blühenden Handelsstadt, begünstigt durch ihre Lage am Meer und durch ausgebaute Handelswege ins Landesinnere.

Frühzeitig mit Rom sympathisierend erhielt sie dann im Zusammenhang mit der Vererbung des Pergamenischen Reiches – seit 188 v. Chr. gehörte Smyrna diesem unangefochten an – einen Sonderstatus als „freie Stadt" in der römischen Provinz Asia. Sie galt als eine der schönsten Städte und wurde von den römischen Kaisern immer wohlwollend bedacht. So wurde sie auch nach einem verheerenden Erdbeben im Jahre 178 n. Chr. von Rom aus wieder aufgebaut. Die wenigen erhaltenen Bauten wie die römische Agora und Teile des Theaters stammen aus dieser Epoche.

VOM BYZANTINISCHEN SMYRNA ZUM HEUTIGEN IZMIR

Auch Smyrna ging als eine der Gemeinden der Apokalypse in die Geschichte des Christentums ein. Johannes sandte der Gemeinde folgendes Sendschreiben (Offb 2, 8–11):

> Und dem Engel der Gemeinde in Smyrna schreibe: Das sagt der Erste und der Letzte, der tot war und ist lebendig geworden:
> Ich kenne deine Bedrängnis und deine Armut – du bist aber reich – und die Lästerung von denen, die sagen, sie seien Juden, und sind's nicht, sondern sind die Synagoge des Satans.
> Fürchte dich nicht vor dem, was du leiden wirst! Siehe, der Teufel wird einige von Euch ins Gefängnis werfen, damit ihr versucht werdet, und ihr werdet in Bedrängnis sein zehn Tage. Sei getreu bis an den Tod, so will ich dir die Krone des Lebens geben.
> Wer Ohren hat, der höre, was der Geist den Gemeinden sagt!
> Wer überwindet, dem soll kein Leid geschehen von dem zweiten Tode.

In byzantinischer Zeit wurde die Burganlage gewaltig ausgebaut. Im siebten, achten Jahrhundert plünderten Sarazenen die Stadt, 1076 wurde sie von den Seldschuken erobert. Um 1100 war sie wieder byzantinisch, fiel aber im 13. Jahrhundert an die Genueser, die die Stadt 1320 an den türkischen Sultan von Aydin verloren. 1344 gelang es den Johannitern, sich der Stadt zu bemächtigen. 1402 tauchten die Mongolen auf und ab dann fiel sie endgültig an das Osmanische Reich – 1415 nahmen die Osmanen unter Sultan Mehmet I. die Stadt ein.

Die Zeit nach dem Ersten Weltkrieg brachte eine griechische Besetzung, die starken Rückhalt bei den ortsansässigen Griechen fand. Aber am 29. August 1922 kam es zur Schlacht zwischen griechischen und türkischen Truppen in der Nähe von Dumlupinar. Die von Kemal Atatürk geschlagenen Griechen zogen sich nach Smyrna zurück, das daraufhin in das Kampfgeschehen mit einbezogen wurde und ausbrannte. Der Exodus der griechischen Bevölkerung und der Frieden von Lausanne 1923 brachten auch Izmir, wie die Stadt nun hieß, einen Neubeginn. Heute ist sie die drittgrößte Stadt des türkischen Staates. Und hoffen wir, dass das Prädikat „die schönste Stadt im Land" eines Tages wieder voll zur Geltung kommen mag.

Smyrna nimmt für sich in Anspruch, der Geburtsort Homers zu sein – und dieses nicht ohne Grund. Der griechische Geograf und Historiker Strabo berichtet von einem hallenartigen Bau in Smyrna, dem so genannten Homereion, in dem ein Schrein und eine Statue Homers aufgestellt gewesen seien. Auch wird Homer mit dem Fluss Meles in Verbindung gebracht, an dessen Quelle er in einer Höhle die Epen *Ilias* und *Odyssee* geschrieben haben soll. Doch der Ort bei den Quellen – ein mit Bäumen umsäumter Platz mit dem türkischen Namen Halka Pinar und identisch mit dem Bad der Diana – zeigt heute keine Spuren mehr einer Höhle.

An den Hängen der Berge um Smyrna soll auch der Wein angebaut worden sein, den die Helden Homers tranken: der pramnische Wein. Er galt als „weder süß noch dick, aber trocken wild und schwer", angeblich hatte er „aphrodisische Eigenschaften". Ob er allerdings ein kulinarischer Genuss war, muss nach der Beschreibung Homers bezweifelt werden. Der Wein wurde nämlich mit Honig, Käse und Mehl vermischt.

Homer (Replik des sog. Apollonios-Typus, um 300 v. Chr.). Ende des 2. Jh. v. Chr., München, Residenz

HOLZKOHLEN-MEILER

Ihre überaus waldreichen Küstengebiete hat die Türkei ihren dort umherziehenden Nomaden zu verdanken. Diese Hirtenvölker hatten aufgrund ihrer Lebensweise keinen Anlass, sich niederzulassen und feste Dorfgemeinschaften zu gründen. So benötigten sie kein Holz zum Bau von Häusern oder Schiffen. Stattdessen war ihr Holzbedarf außerordentlich bescheiden. Sie brauchten lediglich Holzstangen für ihre Zelte und Brennholz für ihre Feuerstellen zum Kochen und zum Wärmen – das war schon alles. Außerdem mussten die Nomaden keine Wälder roden, um große Weideflächen oder Anbauflächen für Getreide, Obst und Gemüse zu schaffen.

Dorfgemeinschaften und Nomadenstämme respektierten sich gegenseitig. Sie trieben miteinander Handel und besuchten sich, aber sie beanspruchten nie die Gebiete der anderen. So mieden die Dorfgemeinschaften die von den Nomaden durchstreiften Wälder und konzentrierten sich auf ihre eigenen Waldvorkommen, um ihren Bedarf an Holz zu decken.

Während nun die Nomaden zum Feuermachen trockenes Holz sammelten, hatten die Bewohner der Dörfer damit begonnen, ihre Feuerstätten zu kultivieren, d. h. sie begannen, Holzkohle herzustellen, durch die sie erheblich mehr Energie und höhere Temperaturen gewinnen konnten. Das war nicht nur für den normalen häuslichen Herd von Vorteil, sondern ermöglichte Schmieden und Gießereien. Handwerkszeug, Pflüge, Waffen aus Eisen und Hausgeräte wie Kessel und Geschirr aus Kupfer konnten nun mithilfe von hohen Temperaturen gefertigt werden.

Die Herstellung von Holzkohle erforderte viel Geschick und hohe Sachkenntnis. Daher brauchte man schon bald Spezialisten: So entstand die Köhlerei und der Beruf des Köhlers.

Die Herstellung der Holzkohle ist wohl weltweit fast dieselbe: Im Meiler wird frisches Holz durch verlangsamtes Glimmen unter wohl dosierter Luftzufuhr – die Scheite dürfen weder erlöschen noch verbrennen – in schwarze Scheite verwandelt.

AUS IONIEN

TEOS, STADT DER KÜNSTLER

DICHTER UND DENKER IN TEOS

An die Zikade
Nach Anakreon

Selig bist du, liebe Kleine,
Die du auf der Bäume Zweigen,
Von geringem Trank begeistert,
Singend, wie ein König lebest!
Dir gehöret eigen alles,
Was du auf den Feldern siehest,
Alles, was die Stunden bringen;
Lebest unter Ackersleuten,
Ihre Freundin, unbeschädigt,
Du den Sterblichen Verehrte,
Süßen Frühlings süßer Bote!
Ja, dich lieben alle Musen,
Phöbus selber muss dich lieben,
Gaben dir die Silberstimme;
Weise, zarte, Dichterfreundin,
Ohne Fleisch und Blut Geborne,
Leidenlose Erdentochter,
Fast den Göttern zu vergleichen.
Johann Wolfgang von Goethe

Teos, Olivenhain

Abbildung linke Seite
Artemis Ephesia, Marmor,
römische Kopie, 2. Jh. n. Chr.,
Ephesos-Museum, Selçuk

Anakreon – Lyriker, Dichter und Komponist – gehört sicher zu den berühmtesten Söhnen der Stadt. Um 572 v. Chr. in Teos geboren, verbrachte er dort seine Jugend. Als um 545 v. Chr. die Perser Teos belagerten und damit begannen, in die Stadt einzudringen, flüchteten die Bewohner – unter ihnen auch Anakreon – mit ihren Segelschiffen in das nördlich der Dardanellen gelegene Thrakien, wo sie die Stadt Abdera gründeten.

Diese Stadt und ihre Bürger, die Abderiten, gingen in die Geschichte ein, jedoch nicht im Kontext bedeutender historischer Ereignisse, sondern wegen der damals sprichwörtlichen Dummheit ihrer Bürger. Die Abderiten galten als geistlos und einfältig, waren eine Art antike Schildbürger. Und doch war einer ihrer Söhne Demokrit (um 460–370 v. Chr.), ein Universalgenie mit höchsten Kenntnissen in Mathematik, Physik, in der Atomlehre, im Kriegswesen, in Medizin, Landwirtschaft, Religion, Kunst und Natur. Als die politische Lage in Ionien und auch in Teos sich beruhigt hatte und nach dem Ionischen Aufstand 500 v. Chr. – zumindest vorübergehend – wieder eine gewisse Stabilität der Machtverhältnisse eingetreten war, kehrten viele der Ausgewanderten in ihre Heimatstadt Teos zurück.

Als Dichter und Komponist war Anakreon ein begehrter Künstler in den griechischen Fürstenhäusern – so auch am Hof des Polykrates (um 538–522 v. Chr.), der auf Samos als Tyrann herrschte. Dort hatte Anakreon, noch immer auf der Flucht vor den Persern, zunächst Aufnahme gefunden. Später ging er nach Athen, wo er seinen Lebensabend verbrachte und um 488 v. Chr. starb.

Polykrates war ein Freund der schönen Künste und der Wissenschaften. Von ihm ist bei Herodot eine Anekdote überliefert, die später durch die Bearbeitung Schillers breitere Bekanntheit erlangte: die Geschichte vom Ring des Polykrates. Nach Herodot ist dem ägyptischem König Amasis das unglaubliche Glück unheimlich, mit dem seinem Gastfreund Polykrates alles zu gelingen scheint, was dieser anfasst. Er gibt dem Samier den Rat, etwas, das er besonders lieb hat und das er nicht verlieren möchte, von sich aus fortzuwerfen, um das Glück nicht übermäßig herauszufordern. Doch lassen wir nun Herodot zu Wort kommen (Herodot III, 41–42)

> Polykrates erkannte wohl, wie gut ihm Amasis riet. Er dachte nach, um welches seiner Kleinode er wohl am tiefsten bekümmert sein würde, wenn er es verlöre. Da verfiel er denn auf den Ring, den er trug. Es war ein goldener Siegelring mit einem Smaragd, ein Werk des Samiers Theodoros, Sohnes des Telekles. Er beschloss, diesen Ring fortzuwerfen, und ließ einen Fünfzigruderer bemannen, bestieg ihn und gab den Befehl, aufs Meer hinauszufahren. Als das Schiff weit von der Insel entfernt war, zog er den Ring ab und warf ihn vor den Augen aller Mitfahrenden hinaus ins Meer. Dann fuhr er heim, ging in seinen Palast und trauerte. Fünf oder sechs Tage danach ereignete sich Folgendes. Ein Fischer fing einen großen schönen Fisch und meinte, er sei würdig, dem Polykrates zum Geschenk gemacht zu werden. Er kam an das Tor des Palastes und verlangte, zu Polykrates geführt zu werden. Als ihm dies gewährt wurde, gab er Polykrates den Fisch und sagte: „O König! Diesen Fisch, den ich gefangen, wollte ich nicht zu Markte tragen, obwohl ich von meiner Hände Arbeit lebe. Ich dachte, er sei deiner und deiner Macht würdig. So bringe ich ihn dir als Geschenk."
> Der König freute sich über die Worte und entgegnete: „Du hast recht getan! Ich danke dir für deine Worte und deine Gabe und lade dich zur Tafel."
> Stolz ging der Fischer nach Hause; aber als die Diener den Fisch zerteilten, fanden sie in seinem Bauch jenen Ring des Polykrates.

Gleich nahmen sie ihn, trugen ihn voller Freude zu Polykrates und erzählten, wie sie ihn gefunden hätten. Da Polykrates das als göttliches Zeichen erkannte, schrieb er alles, was er getan und was sich ereignet an Amasis und ließ den Brief nach Ägypten bringen. Als Amasis den Brief las, den er von Polykrates erhalten, wurde er inne, dass kein Mensch einen anderen vor dem Schicksal, das ihm beschieden ist, bewahren kann, und dass Polykrates mit seinem wechsellosen Glück, das ihm sogar wiederbrächte, was er wegwürfe, kein gutes Ende nehmen wurde. Er schickte einen Herold nach Samos und löste den Freundschaftsbund mit ihm. Das tat er, damit er nicht um Polykrates als um einen Freund trauern müsste, wenn schweres Unheil über ihn hereinbrechen würde.

In Schillers Version ist Amasis sogar anwesend, der Fund des Ringes erschreckt ihn zutiefst:

> Hier wendet sich der Gast mit Grausen:
> „So kann ich hier nicht ferner hausen,
> Mein Freund kannst du nicht weiter sein.
> Die Götter wollen dein Verderben;
> Fort eil' ich, nicht mit dir zu sterben."
> Und sprach's und schiffte schnell sich ein.

Von Anakreon selbst haben sich nur drei Liebeslieder und verschiedene Fragmente erhalten. Im Hellenismus verfasst man „anakreontische Gedichte" über Wein und Liebe, und in der Renaissance erfreute man sich an ihnen am Hof der Fürsten und des Königs. Im 16. Jahrhundert beeinflussten sie Nicolas Poussins „arkadische Malereien", und 1554 gab der Franzose Henri Estienne unter dem Titel *Anakreontika* in griechischer und französischer Sprache einige Nachdichtungen unterschiedlichster Herkunft und Zeit heraus. Die Sammlung umfasste 60 griechische Wein- und Liebeslieder. Sie nahmen Einfluss auf die europäischen Dichter bis hin zu Ronsard, Geibel, Hagedorn, Gleim, Mörike und Goethe; man bezeichnete sie als Anakreontiker. Auch Hugo Wolf (1860–1903) ließ sich anstecken und vertonte Goethes „Anakreons Grab":

> Wo die Rose hier blüht, wo Reben um Lorbeer sich schlingen,
> Wo das Turtelchen lockt, wo sich das Grillchen ergetzt,
> Welch ein Grab ist hier, das alle Götter mit Leben
> Schön bepflanzt und geziert? Es ist Anakreons Ruh'.
> Frühling, Sommer und Herbst genoss der glückliche Dichter;
> Vor dem Winter hat ihn endlich der Hügel geschützt.

Eine andere große Persönlichkeit aus Teos, so berichtet Strabo, war der Philosoph und Liebhaber von Büchern Apellikon (Ende des zweiten Jahrhunderts v. Chr. bis 84 v. Chr.). Um 100 v. Chr.

entdeckte dieser in der troischen Stadt Skepsis in einem Keller Bücher und Schriftrollen. Wie sich herausstellte, gehörten diese zum Nachlass von Aristoteles, der seine Bibliothek – die bedeutendste jener Zeit – bei seinem Tod 322 v. Chr. seinem Schüler und Nachfolger Theophrast vermacht hatte. Dieser wiederum hatte sie seinem Schüler Neleus hinterlassen, der die umfangreiche Sammlung schließlich mit nach Skepsis nahm. Dessen Tod wurde der Büchersammlung zum Verhängnis, denn Neleus' Erben waren einfache Leute vom Lande und des Lesens und Schreibens unkundig. Sie hatten keine Ahnung von dem geistigen Wert der ehemaligen Bibliothek des Aristoteles. Als man in Pergamon davon erfuhr, wollte man die Sammlung aufkaufen und der eigenen Bibliothek zuführen. Doch stattdessen wurde alles in einem Keller versteckt, wo Feuchtigkeit und Schimmel die Sammlung beschädigten und dezimierten, bis Apellikon seinen kostbaren Fund machte. Er ließ alles neu schreiben, die Lücken ergänzte er mit eigenen Theorien. So erklären sich manche Ungereimtheiten in den Büchern und Schriftrollen.

Der römische Diktator Lucius Cornelius Sulla brachte die Schriftrollen 83 v. Chr. bei seiner Rückkehr aus Asien mit nach Rom. Diesem „konservierenden Raub" verdanken wir den Erhalt der Werke Aristoteles' und seiner Bibliothek.

Genuesische Küstenkastelle in Çesme und im Hafen von Siğacik mit Befestigungsanlagen aus dem 15. Jh.

DER DIONYSOS-TEMPEL

Die antike Stätte Teos liegt neun Kilometer westlich des Dorfes Seferihisar. Einst lag Teos auf einer kleinen Landzunge fast inselartig im Meer und besaß zwei Häfen. Am ehemaligen Nordhafen liegt, mehr oder weniger innerhalb der Befestigungsanlage eines genuesischen Hafenkastells aus dem 15. Jahrhundert, die Ortschaft Siğacik. Antike Spolien in den Mauern verweisen auf das antike Teos, das dem ionischen Städtebund angehört hatte. Dank ihrer günstigen Meereslage, die einen intensiven

Seehandel erlaubte, erfreute sich die Stadt eines erheblichen Wohlstandes. Die Zahlung von jährlich sechs Talenten an den Attisch-Delischen Seebund unterstreicht ihren Reichtum. Um 300 v. Chr. kam es zu einem starken Bevölkerungsschwund. In diesem Jahr nämlich wurde die Stadt Ephesos von neuem gegründet, das heißt der ehemalige General Alexanders des Großen Lysimachos siedelte die Stadt am Hang des Pion-Berges – des heutigen Bülbül Dağ – an (siehe Seite 174), und dafür brauchte er schlicht Einwohner. Diese wurden zum Teil auch aus Teos rekrutiert und nach Ephesos umgesiedelt. Das bedeutendste Bauwerk, das Teos besaß, war der Tempel des Dionysos; so berichtet Vitruv (Lib. tert., 72, 16):

> In Asien in Teos den sechssäuligen Tempel des Pater Liber.
> Diese Symmetrien aber hat Hermogenes festgelegt.

Der griechische Baumeister Hermogenes lebte im zweiten Jahrhundert v. Chr. und war einer der bedeutendsten Architekten Kleinasiens mit richtungsweisenden Neuerungen an Tempelbauten. Neben dem Dionysos-Tempel schuf er das berühmte Artemision, das der Artemis geweihte Heiligtum in Magnesia am Mäander. Er verfasste zahlreiche Schriften über Architektur- und Proportionslehre, von denen besonders Vitruv profitierte.

Hermogenes scheint in Teos zunächst an einen Tempel im dorischen Stil gedacht zu haben, doch hat er später sein Vorhaben geändert. Denn – so berichtet Vitruv – er hatte „schon den Marmorvorrat zum Bau eines dorischen Tempels zugerichtet, er änderte ihn und baute aus demselben Marmorvorrat den Tempel des Pater Liber im ionischen Stil". Hermogenes führte den Tempel in der Form eines ionischen Peripteros mit Pronaos und Opisthodomos, einem Säulenverhältnis von 6 mal 11 und einer Größe des Stylobats von 19 mal 36 Meter aus. Vorbild für den Bau war wahrscheinlich der Athene-Tempel in Priene, ebenfalls ein Peripteros (siehe Band 2).

Oben Dionysos-Tempel bei Teos, 2. Jh. v. Chr.

Unten Fragment aus dem Dionysos-Tempel, Marmor, 2. Jh. v. Chr.

Einer Widmungsinschrift an Kaiser Hadrian zufolge kam es während dessen Regierungszeit (117–138) zu einem Wiederaufbau beziehungsweise zu einer Restaurierung des Tempels. Bedauerlicherweise nutzte im 18. Jahrhundert ein geschäftstüchtiger Bauunternehmer den Tempel als Steinbruch und ließ fast alle bearbeiteten Baumaterialien des Tempels abtragen. So bietet sich dem heutigen Besucher außer den Grundmauern und einigen wieder aufgerichteten Säulen, wobei reichlich Beton verwendet wurde, nicht allzu viel.

DIE TECHNITEN DES DIONYSOS

Ende des dritten Jahrhunderts v. Chr. wurde Teos Hauptsitz der Zunft der „Techniten des Dionysos" in Kleinasien. Dies war zweifellos eine hohe Auszeichnung und Ehrung für die Stadt. Denn der gewählte Ort der Niederlassung durfte für sich den Ruf der Unantastbarkeit und Heiligkeit in Anspruch nehmen. Die Techniten bildeten nämlich eine religiöse Vereinigung, die ihre Mitglieder – Künstler, Schauspieler und Musiker – für die zahlreichen religiösen Festveranstaltungen zu Ehren der Götter gegen Honorar zur Verfügung stellten – und zwar immer unter der Schirmherrschaft von Dionysos. Bei den dort stattfindenden Wettkämpfen und Wettspielen – so bei Aufführungen von Tragödien, Komödien oder rein musikalischen Serenaden – konnten sie ebenso wie bei feierlichen Aufzügen Preise erringen und so den Ruhm der Zunft mehren. Die Techniten genossen zahlreiche Privilegien wie die Befreiung von der Steuer oder die Gewährung jeglichen Schutzes seitens der Stadt, wo sie gerade auftraten.

Dem Hauptsitz in Teos unterstanden verschiedene lokale Sektionen im Landesinneren, um eine größere Flexibilität der Künstlergemeinschaft gegenüber ihren Auftraggebern zu gewährleisten. Erinnerungen kommen auf an das bunte, aber auch spannungsreiche Treiben in *Kinder des Olymp*, an die zwischen Lachen und Weinen angesiedelten Emotionen in *Der Bajazzo* und in *La Strada* oder an das hohe künstlerische und geistige Niveau der Theatergruppen in *Wilhelm Meisters Lehrjahre* und in *Capriccio* von Richard Strauß. Auch kann man sich vorstellen, dass es schon damals Künstler gab wie einen Paganini, Caruso oder Michael Jackson, die mit ihrer hypnotisierenden erotischen Ausstrahlung ihre weiblichen Anhängerscharen betörten. Oder Persönlichkeiten wie Georg Friedrich Händel und Richard Wagner, denen von ihren königlichen Protektoren nahezu alles bewilligt wurde, wovon normale Sterbliche höchstens träumen können.

Die Stadt Teos – voller Stolz auf die berühmten Künstler in ihren Mauern – wies ihnen ein Gebäude in der Nähe des Dionysos-Tempels und des Theaters zu, wo Wohnungen für sie errichtet wurden. Doch ihre große Unabhängigkeit, ihr Agieren unter dem Schutzschild des Dionysos sowie die sehr starke Nachfrage ließen die Techniten bald ihre gute Kinderstube vergessen. So war ihr privates Auftreten nicht immer Anlass zur Freude, und das eine und andere Urteil über sie war sogar ausgesprochen negativ. Als das Treiben zu bunt wurde und die Störenfriede keinerlei Scham- und Anstandsgefühl mehr zu haben schienen, wies man die Techniten um die Mitte des zweiten Jahrhunderts aus der Stadt.

Vorübergehend kamen sie in Ephesos unter, aber auch dort wurden sie bald gemieden; so zogen sie weiter nach Myonnesos – unweit von Teos – und von dort nach Eingang einiger Beschwerden nach Lebedos. Dort wurden sie freudig aufgenommen, denn die Stadt war klein und der Zuwachs versprach auch Abwechslung. Ein von Marcus Antonius angeordneter Zwischenaufenthalt in Priene – Kleopatra soll dies bewirkt haben – war nur von kurzer Dauer. Daher blieb Lebedos von nun an Hauptzentrum dieser berühmt-berüchtigten Künstlerzunft, und das nahe gelegene Theater besaß damit eines der wenigen festen Ensembles in der Theaterwelt Kleinasiens.

KLAROS, ORAKELSTÄTTE DES APOLLO

SIEBEN GEGEN THEBEN

Es begann weit entfernt von der kleinasiatischen Küste – nämlich jenseits des Meeres, auf dem griechischen Festland in Theben. Dort war nach dem Tod des unglücklichen Königs Ödipus der Streit um seine Nachfolge entbrannt. Ödipus hatte bekanntlich aus Unwissenheit seine eigene Mutter geehelicht und mit ihr vier Kinder gezeugt. Als die Wahrheit über das blutschänderische Verhältnis offenbar ward, vertrieben ihn die Söhne aus Theben. Gramgebeugt verfluchte Ödipus seine Kinder. Einer von ihnen – Eteokles – hatte mittlerweile die Herrschaft an sich gerissen und seinen Bruder Polyneikes davongejagt. Dieser sammelte nun ein Heer und fand sechs gleichgesinnte starke Helden.

So kam es zu dem berühmten Feldzug der Sieben gegen Theben. Doch das Glück war ihnen nicht gewogen. Bis auf Adrastos, ihren Anführer und Herrscher über Argos, fielen alle, auch Polyneikes, der zuvor im Zweikampf seinen Bruder Eteokles tödlich verwundet hatte.

Den Thebanern hatte der Seher Teiresias den Sieg versprochen, wenn sich Menoikeus, ein Cousin des Ödipus, selbst den Göttern opfern würde. Der befolgte den Rat des Sehers, und so war Theben der Sieg sicher.

Teiresias hatte die Gabe der Weissagung durch folgende Begebenheit erhalten: Als Knabe beobachtete er einmal zwei Schlangen bei der Paarung. Er tötete eine davon und wurde vorübergehend in eine Frau verwandelt. Als nun Zeus und Hera darüber stritten, ob der Mann oder die Frau die größere Lust beim Liebesakt empfände, zogen sie Teiresias zu Rate, denn er musste ja beide Geschlechter kennen. Dieser sprach der Frau neun Zehntel und dem Mann lediglich ein Zehntel an Lustempfinden zu. Warum, das bleibt sein Geheimnis – jedenfalls war Hera beleidigt, und sie strafte Teiresias mit Blindheit, während der geschmeichelte Zeus ihm die Gabe der Weissagung verlieh und ihm ein langes Leben verhieß. Nach einer anderen Version soll Teiresias die Göttin Athene beim Baden beobachtet und diese ihm aus Strafe das Augenlicht genommen haben. Allerdings verlieh sie ihm die Fähigkeit, die Sprache der Vögel zu verstehen, und schenkte ihm einen besonderen Stab, der ihm das Augenlicht nahezu ersetzte.

DIE MYTHISCHE GRÜNDUNG VON KLAROS

Als nach dem Zug der Sieben gegen Theben einige Zeit verstrichen war und deren Söhne zu mannhaften Kriegern herangewachsen waren, beschlossen diese, den Tod ihrer Väter an Theben zu rächen. Als Epigonen (griech. „Nachgeborene") eroberten sie zehn Jahre nach dem fehlgeschlagenen Versuch ihrer Väter die Stadt und zerstörten sie. Neben dem greisen Seher Teiresias fiel ihnen auch dessen schöne Tochter Manto in die Hände, die sie als Priesterin für den Tempel des Apollo in Delphi weihten. Teiresias selbst starb an einer Magen- und Darmerkrankung, nachdem er das eisige Wasser einer Quelle getrunken hatte. Mit Manto hatte Apollo Besonderes vor: Sie sollte seinen Kult nach Kleinasien bringen und ihm zu Ehren dort eine Orakelstätte gründen.

So brach Manto mit einigen Thebanern auf, um einen geeigneten Ort zu finden. Sie kamen in die Gegend von dem 20 Kilometer westlich von Ephesos am Fluss Ales gelegenen Städtchen Kolophon, das wegen des dort gewonnenen Harzprodukts Kolophonium einen gewissen Wohlstand erreicht hatte. Dort soll Manto Rhakios, den Anführer einer von Kreta ausgehenden Kolonie, kennen gelernt und geheiratet haben. Nach einer anderen Version hatte ihr das Orakel zu Delphi prophezeit, den zu ehelichen, dem sie beim Verlassen des Apollo-Tempels in Delphi als Erstem begegnen würde. So traf sie auf Rhakios, sie heirateten und begaben sich dann nach Kolophon.

Manto, noch schmerzerfüllt über den Tod ihres Vaters, die Zerstörung ihrer geliebten Stadt Theben und über den göttlich befohlenen Weggang aus ihrer Heimat, weinte bitterlich. Ihre

Tränen flossen so reichlich, dass eine Quelle entstand. Über dieser errichtete sie gemäß dem göttlichen Auftrag ein Heiligtum zu Ehren Apollos, das wegen seines Orakels bald zu den bedeutendsten in Kleinasien zählen sollte. Die Stätte nannte man fortan Klaros.

WETTSTREIT ZWISCHEN MOPSOS UND KALCHAS

Ein Sohn von Manto und Rhakios war Mopsos. Inoffiziell jedoch gilt Apollo – wie hätte es auch anders sein können – als Vater von Mopsos. So war es kein Wunder, dass dieser väterlicher- und großväterlicherseits die Gabe der Weissagung in überreichem Maße besaß. Nach dem Tod seiner sterblichen Eltern übernahm er deshalb die Leitung des Orakel-Heiligtums in Klaros. Außerdem vertrieb er, so Pausanias (VII, 3, 1–3) die dort ansässigen Ureinwohner, die Karer.

Eines Tages kam der Seher Kalchas, der die Griechen auf ihrem Zug gegen Troja begleitet und beraten hatte, in die Gegend. Nach dem Fall von Troja hatte sich Kalchas mit einigen Freunden aufgemacht, um in Kleinasien Land und Leute kennen zu lernen. Ein Orakel hatte Kalchas geweissagt, dass er sterben werde, wenn ihn ein anderer an Weisheit übertreffen würde. Als er nun auf Mopsos traf, konnte es nicht ausbleiben, dass zwischen ihnen ein kollegialer Wettstreit entbrannte.

Als Gast des Mopsos durfte Kalchas beginnen. So fragte dieser seinen Gastgeber, auf einen Feigenbaum deutend, wie viele Feigen dieser wohl trage. Mopsos, um eine Antwort nicht verlegen, entgegnete, die Menge entspräche einem Scheffel, wobei eine einzige Feige übrig bleiben würde. Und genau so war es.

Jetzt bat Mopsos den Kalchas, auf eine Sau zeigend, die gerade trächtig war, ihm zu sagen, wie viele Jungen und an welchem Tag sie wohl werfen würde. Kalchas gestand, dass er dies nicht voraussagen könne. Mopsos weissagte an seiner Stelle, dass neun weibliche und ein männliches Ferkel das Licht des morgigen Tages erblicken würden. Als sich diese Prophezeiung am nächsten Tage als wahr erwies, erfüllte sich der Orakelspruch an Kalchas, und er starb an der erlittenen Schmach.

DAS ORAKEL-HEILIGTUM

Tacitus (55–118 n. Chr.) berichtet vom Kult des Apollo-Orakels zu Klaros. Er zitiert Germanicus, der 18 n. Chr. Klaros besucht hatte:

> Da ist nicht eine Frau wie in Delphi, sondern ein Priester, der sich zunächst die Zahl und Namen der Besucher anhört, um dann in eine Höhle zu gehen; dort trinkt er von der geheimen Quelle, und

wiewohl gewöhnlich ungelehrt und ungebildet, gibt er die Antwort in Versen, die sich auf die verschiedenen Angelegenheiten der Befrager beziehen.

Auch Plinius d. Ä. berichtet von „einem Wasserbecken in der Höhle des Apollo von Klaros, aus dem nur ein Schluck genügt, um zu wunderbaren Orakeln anzuregen; doch verkürzt das Wasser das Leben des Trinkers".

Erste Kenntnisse von Klaros erhält man im homerischen Hymnus an Apollo, der in das siebte Jahrhundert v. Chr. zu datieren ist. Dort wird von einem „leuchtenden Klaros" gesprochen. Eine in Klaros für das Orakel wirkende Priesterin mit Namen Herophile, die erste und älteste aller Sibyllen und „der Hera lieb", war bereits am Hofe des Priamos zu Troja als Wahrsagerin und Traumdeuterin tätig gewesen. Dort hatte sie Unheil für Europa und Asien wegen Helena vorausgesagt. Auch war sie Priesterin des Apollo Smintheus; deshalb hatte man sie nach Klaros gerufen. Für das Jahr 334 v. Chr. ist eine Weissagung bei Pausanias überliefert; danach hatte Alexander der Große im damals noch dörflichen Smyrna, das er gerade besuchte, den bereits erwähnten Traum, worin er aufgefordert wurde, eine neue Stadt zu gründen. Und die Bewohner Smyrnas wandten sich daraufhin an das Orakel von Klaros (siehe Seite 149).

In einigen der zahlreichen in Stein gemeißelten Inschriften, die sich in Klaros fanden, werden die Mysterien angesprochen, in die die Fragesteller eingeweiht wurden. Doch über die kultische Liturgie wird nichts mitgeteilt. In einer Felswand in einem Seitental außerhalb des heiligen Bezirks befindet sich der Eingang zu einer schwer zugänglichen Höhle. Keramikfunde aus dem dritten Jahrtausend v. Chr. bis in die römische Zeit sowie eine Quelle geben berechtigten Anlass, hier die älteste Orakelstätte zu vermuten. Denn erst aus dem sechsten Jahrhundert v. Chr. haben sich unten in Klaros Spuren eines Heiligtums erhalten, und zwar an der Stelle, wo heute die Reste einer Tempelanlage des vierten Jahrhunderts v. Chr. den späteren Ort des Orakels bezeugen.

Seit dem zweiten Jahrhundert v. Chr. musste der Besucher den heiligen Bezirk durch das Propylon – eine gewaltige Ein-

Oben **Orakelhöhle und Felsenheiligtum des Apollo von Klaros**
Unten **Inschrift im Apollo-Tempel zu Klaros**

gangshalle – betreten, um dann über eine von Säulenhallen flankierte Heilige Straße zum Tempel zu gehen, der aus dem vierten Jahrhundert v. Chr stammt. Dieser erhob sich über einem fünfstufigen Stylobat mit einer Fläche von 26 mal 46 Meter im dorischen Stil und einem Säulenverhältnis von 6 mal 11 Metern. In der Cella befand sich eine sitzende Apollo-Statue, flankiert von Apollos Schwester Artemis und seiner Mutter Leto, beide aufrecht stehend. Die beachtlichen Marmorfragmente der aufgefundenen Götterstatuen lassen auf die ehrfurchtgebietende Größe von etwa acht Meter schließen.

Die eigentliche Orakelstätte war im unterirdischen Tempelbereich angelegt. Bis zum heutigen Tag gelangt man zu ihr über zwei im Pronaos angelegte Treppen, die zu einem Gang hinabführen, der sich an seinem anderen Ende gabelt und so den doppelten Zugang zu einem von Archivolten überspannten rechteckigen Raum ermöglicht. Steinbänke und die symbolische Versinnbildlichung des Ermittlungspunkts als Omphalos weisen den Raum als Kultstätte aus, während in einer anschließenden Kammer die heilige Quelle vermutet werden darf. Der Omphalos – in diesem Fall ein etwa 70 Zentimeter hoher, eiförmiger oder pinienzapfenähnlicher Marmorstein – ist auch von der Kultstätte des Apollo zu Delphi bekannt. Dort galt er als Nabelstein des Apollo und als Mittelpunkt der Erde. Sorgsam wurde er von der apollonischen Schlange, einer Python, gehütet. Zeus hatte ihn dort aufgestellt, als er auf der Suche nach dem Mittelpunkt der Erde zwei Adler von den entlegensten Punkten der Erde aufsteigen ließ und diese sich in Delphi trafen. Später geriet der Omphalos zu einem Attribut Apollos und wurde deshalb auch an anderen heiligen Stätten des Gottes aufgestellt.

Leider stehen die Räumlichkeiten heute unter Wasser, und wie die vielen Wasserschildkröten, Frösche und anderes Wassergetier anzeigen, offenbar auch ständig. Daher kann die ge-

Oben Propylon des Apollo-Tempels in Klaros, 2. Jh. v. Chr
Mitte Orakelstätte im unterirdischen Tempelbereich
Unten Torso der Artemis-Statue von Klaros

165

heimnisvolle Orakelwelt ohne große Wasserpumpe nicht betreten werden.

Ein etwa 30 Meter vor dem Tempel errichteter Altar mit einer Größe von 18,45 mal 9 Meter war Apollo und Dionysos geweiht – eine Doppelverehrung, die auch in Delphi Tradition gewann und auf vielen Vasendarstellungen bezeugt wird.

DAS MONUMENTALE FELSMAUSOLEUM VON BELEVI

Knapp 15 Kilometer nordöstlich von Selçuk, in der Nähe des Dorfes Belevi und direkt neben der neu erbauten Straße sind die Überreste einer einst sehr prächtigen Grabanlage zu bewundern. Das Besondere dieses Mausoleums im Vergleich zu allen anderen Grabanlagen der Region liegt in der Herausarbeitung des immerhin 24 mal 24 Meter großen und 12 Meter hohen Sockelbaus aus dem Felsblock des ansteigenden Geländes. Diesen würfelförmigen Felskern verkleidete man mit Marmorplatten und versah ihn mit einer Scheintür, die einem ringsum laufenden, dreistufigen Stylobat mit abschließendem Fußprofil aufsaß, welches als Ornament einen lesbischen Kyma-Fries (unvollendet) aufwies. Ein rund umlaufendes dorisches Gebälk mit angedeutetem Architrav und einem Triglyphen-Metopen-Fries sowie ein Mutulus-Geison schlossen den Sockel oben ab. Im Innern befanden sich zwei aus dem Felsen herausgehauene Kammern, die zur Aufnahme des Sarkophags des Verstorbenen bestimmt waren. Über der Gebälkzone stand auf einem dreistufigen Stylobat eine von korinthischen Säulen und Kapitellen getragene Halle. Den

Oben **Mausoleumhügel von Belevi**
Rechts **Teilansicht des aus dem Felsen herausgehauenen Mausoleums, Anfang 3. Jh. v. Chr.**

oberen Abschluss bildete ein ionisches Gebälk mit einem Lotus-Palmetten-Fries, Zahnschnitt und ein Geison mit Löwenköpfen als Wasserspeier. Im Inneren der Halle war ein Kernbau – eine Cella. Gedeckt war der Umgang mit einer Kassettendecke, die teilweise Reliefs mit sportlichen Wettspielen und Kentaurenkämpfen aufwies. Oberhalb der Sima krönten Figuren wie Pferde, Greifen und Knäufe dieses Mittelgeschoss. Das Oberbeziehungsweise das Dachgeschoss kann man sich als Stufenpyramide mit einem Pferdegespann vorstellen.

Der in der hinteren Kammer aufgefundene Steinsarkophag in der Form einer Liege zeigt den Verstorbenen in ruhender Stellung auf dem als bequemes Polster gestalteten Sarkophagdeckel (Abbildung unten, heute im Ephesos-Museum zu Selçuk). Auf der Vorderseite des Sarkophags gewahrt man neben dem unter die Kline geschobenen Fußschemel elf vogelähnliche Wesen. Es sind Sirenen – Seelenvögel. Sie hatten

die Aufgabe, die Seele des Verstorbenen in die Unterwelt zu geleiten, oder galten als die Seele des Verstorbenen, die man sich als Mischwesen zwischen Vogel und Mensch vorstellte.

Wer hier begraben wurde, lässt sich nur vermuten, da es keine Grabinschrift gibt. Stilistisch lassen sich das Monument, das wir durchaus als ein Nachfolgebau des Mausoleums in Halikarnassos bezeichnen können, und der Sarkophag an den Beginn des

Efes mezar anıtı, (the BELE Mausol

Oben Fundamente und Rekonstruktion des Mausoleums zu Belevi
Links Sarkophag, Ephesos Museum

167

dritten Jahrhunderts v. Chr. datieren. Aufgrund des ungeheuren Aufwands und der Einmaligkeit in dieser Gegend konnte
das Mausoleum nur für die höchste Persönlichkeit, also für den
Herrscher über das nahe Ephesos gedacht gewesen sein. Dieser
war zu jener Zeit Lysimachos (361–281), Feldherr Alexanders
des Großen und dessen Nachfolger in der Herrschaft in Makedonien, Thrakien und in Kleinasien. Auch hatte er Ephesos
durch Verlegung der Stadt neu gegründet. Doch sein Tod in der
Schlacht von 281 v. Chr. auf dem Kurupedion bei Magnesia am
Sipylos gegen Seleukos dürfte die Arbeiten an dem unfertigen
Grabbau unterbrochen haben. Die nächste hoch gestellte Persönlichkeit war der Seleukide Antiochos II., der 246 v. Chr. in
Ephesos verstarb. Er soll von seiner Frau Laodikeia vergiftet
worden sein. Der Sitte seines Herkunftslands Syrien entspre-
chend hätte er dorthin überführt werden müssen. Wegen der
Kriegswirren war dies vielleicht nicht durchführbar. War das
Mausoleum also für ihn bestimmt?

EPHESOS

Der Goldschmied zu Ephesos

Zu Ephesos ein Goldschmied saß
In seiner Werkstatt, pochte
So gut er konnt' ohn' Unterlass,
so zierlich er's vermochte.
Als Knab und Jüngling kniet' er schon
Im Tempel vor der Göttin Thron,
Und hatte den Gürtel unter den Brüsten,
Worin so manche Tiere nisten,
Zu Haus freulich nachgefeilt,
Wie's ihm der Vater zugeteilt;
Und leitete sein Kunstreich Streben
In frommer Wirkung durch das Leben.

Da hört er denn auf einmal laut
Eines Gassenvolkes Windesbraut,
Als gäb's einen Gott so im Gehirn,
Da! hinter des Menschen alberner Stirn,
Der sei viel herrlicher als das Wesen,
An dem wir die Breite der Gottheit lesen.
Der alte Künstler horcht nur auf,
Lässt seinen Knaben auf den Markt den Lauf,
Feilt immer fort an Hirschen und Tieren,
Die seiner Gottheit Knie zieren,
Und hofft, es könnte das Glück ihm walten,
Ihr Angesicht würdig zu gestalten.

Artemis Ephesia, die Schöne,
Marmor, 175 cm, römische Kopie,
2. Jh. n. Chr., Ephesos-Museum,
Selçuk

Will's aber einer anders halten,
So mag er nach Belieben schalten;
Nur soll er nicht das Handwerk schänden;
Sonst wird er schlecht und schmählich enden.

So sah es Johann Wolfgang von Goethe. Näheres über diese Geschichte, die die Bedeutung des Artemisions für Ephesos unterstreicht und beispielhaft das Aufeinanderprallen der alten und neuen Religion vor Augen führt, erfahren wir aus dem 19. Kapitel (Vers 21-40) der Apostelgeschichte.

Als das geschehen war, nahm sich Paulus im Geist vor, durch Mazedonien und Achaja zu ziehen und nach Jerusalem zu reisen, und sprach: Wenn ich dort gewesen bin, muss ich auch Rom sehen. Und er sandte zwei, die ihm dienten, Timotheus und Erastus, nach Mazedonien; er aber blieb noch eine Weile in der Provinz Asien.

Es erhob sich aber um diese Zeit eine nicht geringe Unruhe über den neuen Weg. Denn einer mit Namen Demetrius, ein Goldschmied, machte silberne Tempel der Diana [Artemis] und verschaffte denen vom Handwerk nicht geringen Gewinn. Diese und die Zuarbeiter dieses Handwerks versammelte er und sprach: Liebe Männer, ihr wisst, dass wir großen Gewinn von diesem Gewerbe haben; und ihr seht und hört, dass nicht allein in Ephesus, sondern auch fast in der ganzen Provinz Asien dieser Paulus viel Volk abspenstig macht, überredet und spricht: Was mit Händen gemacht ist, das sind keine Götter. Aber es droht nicht nur unser Gewerbe in Verruf zu geraten, sondern auch der Tempel der großen Göttin Diana wird für nichts geachtet werden, und zudem wird ihre göttliche Majestät untergehen, der doch die ganze Provinz Asien und der Weltkreis Verehrung erweist. Als sie das hörten, wurden sie von Zorn erfüllt und schrien: Groß ist die Diana der Epheser! Und die ganze Stadt wurde voll Getümmel; sie stürmten einmütig zum Theater und ergriffen Gajus und Aristarch aus Mazedonien, die Gefährten des Paulus. Als aber Paulus unter das Volk gehen wollte, ließen's ihm die Jünger nicht zu. Auch einige der Oberen der Provinz Asien, die ihm freundlich gesinnt waren, sandten zu ihm und ermahnten ihn, sich nicht zum Theater zu begeben.

Dort schrien die einen dies, die anderen das, und die Versammlung war in Verwirrung, und die meisten wussten nicht, warum sie zusammengekommen waren. Einige aber aus der Menge unterrichteten den Alexander, den die Juden vorschickten. Alexander aber winkte mit der Hand und wollte sich vor dem Volk verantworten. Als sie aber innewurden, dass er ein Jude war, schrie alles wie aus einem Munde fast zwei Stunden lang: Groß ist die Diana der Epheser!

Als aber der Kanzler das Volk beruhigt hatte, sprach er: Ihr Männer von Ephesus, wo ist ein Mensch, der nicht weiß, dass die Stadt Ephesus eine Hüterin der großen Diana ist und ihres Bildes, das vom Himmel gefallen ist? Weil das nun unwidersprechlich ist, sollt ihr euch ruhig verhalten und nichts Unbedachtes tun.

Ihr habt diese Menschen hergeführt, die weder Tempelräuber noch Lästerer unserer Göttin sind.

Haben aber Demetrius und die mit ihm vom Handwerk sind einen Anspruch an jemanden, so gibt es Gerichte und Statthalter; da lasst sie sich untereinander verklagen.

Wollt ihr aber darüber hinaus noch etwas, so kann man es in einer ordentlichen Versammlung entscheiden.

Denn wir stehen in Gefahr, wegen der heutigen Empörung verklagt zu erden, ohne dass ein Grund vorhanden ist, mit dem wir diesen Aufruhr entschuldigen könnten. Und als er dies gesagt hatte, ließ er die Versammlung gehen.

Reste des Artemis-Tempels in Ephesos

GRÜNDUNGSMYTHEN UM EPHESOS UND DAS HEILIGTUM DER ARTEMIS

Im Osten der Stadt Selçuk, rechts von der Straße, die zu den antiken Stätten von Ephesos führt, gewahrt man in einer Senke eine Fläche mit Mauerresten und Bruchstücken von Säulen, Kapitellen und Architraven. Auf dem Areal, in der Größe mit einem Fußballplatz vergleichbar und je nach Jahreszeit als Weideplatz für Ziegen oder als Tümpel für Gänse dienend, ragt in der Mitte ein säulenartiges Flickwerk aus unterschiedlichen Säulentrommeln und Beton in die Höhe. Gekrönt wird es von einem Storchennest – Symbol für neues Leben, für eine Neugeburt? Man mag es kaum für möglich halten, aber wir stehen vor einem Wunder. Hier stand tatsächlich eines der sieben Weltwunder der Antike: der Tempel der Artemis von Ephesos – das Artemision.

Im Inneren befand sich einst das Standbild der Göttin, das unser Künstler aus der Apostelgeschichte und bei

Goethe so eifrig als Kopie herstellte und dessen Absatz er durch das Auftreten von Paulus gefährdet sah. Doch die junge Christengemeinde des ersten Jahrhunderts in Ephesos bewirkte so gut wie nichts gegen die übermächtige Göttin. Tatsächlich war es erst der heilige Nikolaus von Myra, der in der ersten Hälfte des vierten Jahrhunderts den Kult der Göttin erfolgreich verdrängen konnte; allerdings hatte er in Kaiser Konstantin dem Großen auch einen großen Mitstreiter. Der Kult der Göttin blickte schon damals auf eine lange Tradition zurück. Pausanias sagt dazu (VII, 2, 6–7):

> Viel älter aber noch als die Ionier ist der Kult der ephesischen Artemis. Nicht alles nämlich hat, wie mir scheint, Pindar [griech. Nationaldichter, 518–446 v. Chr.] über die Göttin erfahren, der sagte, dieses Heiligtum hätten die Amazonen gegründet auf ihrem Zuge gegen Athen und Theseus. Die Frauen vom Thermodon opferten nämlich schon damals der Göttin, weil sie das Heiligtum von alters her kannten, und auch als sie vor Herakles flohen, und einige noch früher auf der Flucht vor Dionysos, die als Schutzsuchende dahin kamen. Es wurde also nicht von Amazonen gegründet, sondern der Autochthone Koresos und Ephesos, den man für einen Sohn des Flusses Kaystros hält, diese gründeten das Heiligtum, und nach Ephesos erhielt die Stadt ihren Namen.

Mit der Frage, wer die Stadt gegründet hat und welche Rolle den Amazonen in Ephesos zukommt, befassen sich wissenschaftliche Untersuchungen schon seit geraumer Zeit. Als Beispiel sei hier ein aufschlussreicher Beitrag von Ulrike Muss vom Österreichischen Archäologischen Institut Wien zitiert, die dem Ausgrabungsteam am Artemision in Ephesos angehört.

DIE AMAZONEN UND DAS ARTEMISION VON EPHESOS

Im Athen des fünften Jahrhunderts v. Chr spielen die Amazonen unter zwei Gesichtspunkten eine große Rolle. Einmal benutzte Athen die Darstellungen des Kampfes von Griechen gegen Amazonen (Amazonomachien), die in persischer Tracht erschienen, als wichtiges Propagandamittel gegen die Perser. Man identifizierte die Amazonen mit den Barbaren, den Feinden. Die vielen Kampfbilder, die Kämpfe der Griechen gegen die Amazonen zeigen, kann man daher durchaus als ritualisierte Kompositionen verstehen, die als Angstabwehr eingesetzt wurden. Der zweite hatte mit der Einstellung der griechischen Männer ihren Frauen gegenüber zu tun. Von der Überzeugung getragen, dass nur ein intaktes Patriarchat das Fortbestehen der griechischen Gesellschaft gewährleisten kann, wurden in ganz Griechenland die Griechen mit dem Hinweis auf den Amazonenstaat wachgerufen, das Patriarchat gegen die Feinde im Inneren, nämlich die Frauen, zu verteidigen. Zum Artemision von Ephesos hatten die Amazonen eine ganz andere Beziehung. Sie galten nach einigen antiken Quellen als die Gründerinnen dieses Heiligtums, so nach Pindar (fr.174, bei Pausanias 7,2,7) und Kallimachos (Hymnus 237–258; 266–267). Nach Strabo (14,1,4) soll auch der ephesische Stadtteil Smyrna oder Samorna nach einer Amazone benannt sein. Pausanias (7, 2, 6–9) berichtet, dass zum Zeitpunkt der Einwanderung der griechischen Ionier noch einige Amazonen um das Artemision gewohnt haben. Die Beziehungen dieser Frauen zum Artemision sind aber auch durch Darstellungen vielfältigster Art bezeugt.

Gut bekannt sind die Figuren mehrerer Amazonen, die auf hochberühmte Bronzeoriginale des fünften Jahrhunderts v. Chr. zurückgehen, uns aber nur in Marmorkopien der römischen Zeit erhalten sind. Sie werden verbunden mit einem bei Plinius in seinem Buch über Bronzeskulpturen überlieferten Künstlerwettstreit der Bildhauer Phidias, Polyklet, Kresilas, Zydon und Phradmon, von denen jeder für das Artemision von Ephesos die Statue einer Amazone angefertigt haben soll. Diese könnten zur Einweihung des im fünften Jahrhundert v. Chr. im Wesentlichen fertiggestellten Artemis-Tempels dort aufgestellt worden sein. Vielleicht waren sie sogar als politisches Anathem gedacht, welches nach Abschluss des so genannten Kalliasfriedens [Friedensvertrag zwischen dem Attisch-Delischen Seebund und den Persern 449/48 v. Chr.] im Artemision geweiht wurde. Wenn die ephesischen Amazonen symbolisch die besiegten Perser darstellen, so wäre in einer Stadt wie Ephesos, in der die Amazonen als überlieferte Gründerinnen des Heiligtums eine positive Beurteilung erwarten konnten, dieser bildliche Zusammenhang politisch als ein Ausgleich zwischen den Mächten zu verstehen.

Der Mangel an schriftlicher Überlieferung der archaischen Zeit ist ein Grund dafür, dass sich bis heute nicht sichern lässt, dass die Amazonen aber mehr waren als eine mythologische Erfindung, sondern das Gegenteil, nämlich die Mythologisierung eines realen Volkes. In der letzten Zeit wurde mehrmals die Frage diskutiert, ob sich das Volk der Kimmerier in den mythischen Amazonen wiederspiegelt. Herodot (IV, 110–117) berichtet, dass aus der Verbindung der Amazonen mit den Skythen die Sauromatai entstanden. Diese (manchmal auch Sarmaten oder Syrmaten genannt) waren Nachbarn der Skythen beziehungsweise Kimmerier im nördlichen Schwarzmeergebiet. Es ist interessant, dass auf den Vasenbildern des sechsten Jahrhunderts v. Chr. die Amazonen in thrakischer und skythischer Tracht erscheinen. Ein Beleg dafür, dass diese Frauen tatsächlich mehr waren als mythologische Gestalten und ihnen damit eine historische Realität zukommt, haben sowjetische Archäologen entdeckt. In Südrussland wurden wahrscheinlich sarmatische Gräber aus dem vierten Jahrhundert v. Chr entdeckt, in denen sich Männer und Frauen mit Waffen beigesetzt fanden, nämlich mit Lanzen, Dolchen und Schwertern. Aber auch die Funde der letzten Jahre im Artemision von Ephesos lassen einiges zur Verbindung Amazonen – Kimmerier schließen. Über das gesamte Areal des Tempels hinweg gibt es Funde, welche älter als der archaische Tempel sind. Diese Funde im so genannten Tierstil weisen eine Beziehung zur Kunst der Kimmerier und Skythen (deren Artefakte man archäologisch nicht voneinander unterscheiden kann) auf. Die Kimmerier kamen Ende des achten Jahrhunderts v. Chr über den Kaukasus nach Kleinasien und bildeten dort im gesamten siebten Jahrhundert v. Chr. eine politische und militärische Macht. Den Skythen wurde vom Lyder-König Alyattes Asyl gewährt, als sie als Flüchtlinge (sie waren vom Meder-König Kyaxeras zur Flucht gezwungen worden) nach Kleinasien kamen. Die Kimmerier waren nach dem Fall von Gordion (696 v. Chr.) in Kleinasien präsent und haben dort auch kulturelle Akzente gesetzt. Kimmerische Weihegeschenke im so genannten Tierstil aus dem Artemision zum Beispiel belegen die positive Einstellung der Kimmerier zum kultischen Leben in der Griechenstadt. Wenn, wie oben angedeutet, die Amazonen mythologische Darstellungen der Kimmerier sind, dann sind die Weihungen aus dem Artemision ein Beleg mehr dafür, dass in diesem Heiligtum nicht nur griechische und orientalische Einflüsse zu beobachten sind, sondern sich auch Elemente scheinbar weit entfernter Kulturen finden lassen, nämlich solche aus dem Iran und Südrussland.

Ein weiterer Gesichtspunkt für die Funde ist das Überwiegen beziehungsweise das deutliche Betonen des weiblichen Elements in der Kulttradition und in den Funden. So stellen die Statuetten weibliche Figuren dar, viele andere Weihegeschenke weisen ausschließlich Beziehungen zur Welt der Frauen auf, und auch die meisten geopferten Ziegen waren weiblichen Geschlechts. Nicht vergessen darf man auch die große Bedeutung der alten weiblichen Fruchtbarkeitskulte sowie die matrilinearen Reminiszenzen in der Gesellschaftsordnung Kleinasiens. Für diesen feminin orientierten Kultbetrieb muss die spätere Tradition der Darstellung kriegerischer Frauen etwas Neues und auch etwas Befremdendes gewesen sein.

(Ulrike Muss)

Ob nun von Amazonen oder von Ephesos gegründet, historisch festzumachen ist der Ort unter den Ioniern, die sich Anfang des siebten Jahrhunderts v. Chr. unter ihrem Anführer Androklos, einem Sohn des mythischen Herrschers Kodros über Athen, in der Gegend ansiedelten. Der griechische Historiker und Geograf Strabo (um 63 v. Chr. – um 28 n. Chr.) berichtet:

> Die Stadt bewohnten Karer und Leleger. Die vertrieb Androklos
> und siedelte den größten Teil der Leute, die mit ihm gekommen

waren, um das Atheneion [Athene-Heiligtum] und die Hypelaios
[Ölbaumquelle] an, nahm aber das Gebiet um den Koressos [heute
Bülbül Dağ] noch hinzu. Bis zur Zeit des Kroisos lag die Stadt an
dieser Stelle. Später aber zogen die Einwohner vom Koressosgebiet
herunter und wohnten bis zur Zeit des Alexander [des Großen] um
das heutige Heiligtum [Artemision]. Lysimachos schließlich gründete die heutige Stadt. Da jedoch die Bevölkerung keine Lust hatte,
ihre alten Häuser zu verlassen, nahm er die Gelegenheit eines
Wolkenbruchs wahr und half selbst nach: er ließ die Kanäle ver-
stopfen, sodass sie die Stadt überschwemmten. Da zogen die Leute
bereitwillig um.

Fantasie muss man haben, König sein und die richtigen Einfäl-
le besitzen. Eine weitere Gründungslegende ist uns durch Athe-
neios, einen griechischen Gelehrten des dritten Jahrhunderts
n. Chr. in seiner *Deipnosophistai* – Gastmahl der Philosophen –
überliefert:

Die [späteren] Gründer von Ephesos, die aus Mangel an einem
geeigneten Platz schon viele Entbehrungen auf sich genommen
hatten, schickten schließlich zum Gott und ließen fragen, wie sie
ihre Stadt bauen sollten. Der Gott gab ihnen zur Antwort, sie sol-
ten die Stadt dort gründen, wo es ihnen ein Fisch angeben und ein
Eber den Weg zeigen werde. Wo jetzt, so erzählt man, die Hypelaios genannte Quelle und der heutige Hafen liegen, bereiteten Fischer ihr Frühstück. Da sprang einer der Fische heraus und fiel
samt der glühenden Holzkohle in einen Reisighaufen. Die Flamme
griff über auf ein Gebüsch, in dem sich zufällig ein Eber aufhielt.
Von dem Feuer aufgescheucht, rannte er ein ganzes Stück auf den
Berg, der Tracheia [Koressos] heißt, und von einem Speer getroffen, brach er zusammen an jener Stelle, wo jetzt der Tempel der
Athene steht. Da kamen die Epheser von der Insel, auf der sie
zwanzig Jahre gelebt hatten, herüber und gründeten ihre Stadt
zum zweiten Mal, indem sie das Gebiet zum Koressos hin besie-
delten. Auf dem Markt errichteten sie einen Tempel der Artemis,
am Hafen einen für den phythischen Apollo.

Ein Relieffries in der Vorhalle des wieder errichteten Hadrian-
Tempels in der Kuretenstraße befasst sich mit den verschiede-

nen Gründungsmythen (Original im Ephesos-Museum). Die
insgesamt vier Tafeln gehörten ursprünglich nicht zum Hadrian-Tempel, denn der Tempel wurde zur Regierungszeit des Kaisers (117–138 n. Chr.) errichtet, die Platten stammen jedoch
aus dem dritten Jahrhundert und wurden erst nach einem Erdbeben im vierten Jahrhundert hier angebracht. Die erste Tafel
von links zeigt den Stadtgründer Androklos zu Pferde auf der
Jagd nach dem Eber; zu seinen Füßen ein Krieger mit Schwert
und Schild. Links von ihm die Götter Ares, Aphrodite und Asklepios. Auf der zweiten Tafel sind zwei Krieger, die Siegesgöt-
tin Nike, ein opfernder Mann vor einem Altar mit Menschenopfer, daneben Theseus (?) sowie Herakles mit vier Amazonen.
Auf der dritten Tafel gewahrt man links Amazonen, die aus
Freude über die Stadtgründung tanzen; rechts ausgelassene
Mänaden und Satyre mit einem Elefanten, was für ein dionysi-
sches Treiben spricht. Die vierte Tafel schließlich ist die inte-
ressanteste: Links die Stadtpatronin Roms – Dea Roma, die
Mondgöttin Selene, ein unbekleideter Gott, Apollo, noch einmal
Androklos mit einem Hund sowie Herakles. Es folgen Kaiser
Theodosius I. der Große und seine Familie. Zwischen dem Kaiser und seiner Frau steht Artemis, links vom Kaiser angeblich
sein Vater und rechts von der Kaiserin ihr Sohn Arcadius, dem
das Ostreich nach dem Tod des Vaters zufiel, und schließlich
noch die Göttin Athene. Wenn diese Figurendeutung richtig ist,
kann die Platte erst zur Regierungszeit von Kaiser Theodosius
(379–395 n. Chr.) hinzugekommen sein. Schwer erklärlich jedoch bleibt die schon familiär wirkende gemeinsame Darstellung des Kaisers mit der von ihm so angefeindeten Artemis.

Der Hadrian-Tempel fügt sich nahtlos in eine Reihe von Kai-
sertempeln ein, die während der Zugehörigkeit Kleinasiens zu
Rom als Provinz Asien in den kleinasiatischen Städten erbaut
wurden – allerdings nur dort, wo Rom die Errichtung eines
Tempels zu Ehren eines Kaisers ausdrücklich gestattete. Es war
dies ein Privileg und brachte der Stadt den Titel „Neokoros" –
Tempelpfleger – ein.

Schon in hellenistischer Zeit war die Verehrung von Herr-
schern – seien es solche aus dem Haus der Seleukiden, der Attaliden oder zum Beispiel Alexander der Große – als Götter
durchaus nicht außergewöhnlich. So war es verständlich, dass

in der frühen Kaiserzeit Roms die Kaiser, die selbst in Rom erst nach ihrem Tod als Gott verehrt werden durften – dies änderte sich mit Nero –, in Kleinasien gerne das Recht auf ihre eigene Verehrung als Gott-Kaiser vergaben. Das hatte zur Folge, dass die eigentlichen Götter Griechenlands und Roms nach und nach an Bedeutung verloren und schließlich ganz in den Ruhestand gehen durften. Nur Gottheiten wie Artemis und Apollo hielten sich erstaunlich lange, und ihre Verehrung konnte erst durch das Verbot aller heidnischen Religionen durch Kaiser Theodosius I. am 24. Februar 391 n. Chr. endgültig außer Kraft gesetzt werden.

Die ersten in Ephesos ansässigen Bewohner, die Karer und Lyder, verehrten eine einheimische Naturgöttin, die Kybele, in der die Ionier Ähnlichkeiten mit ihrer Artemis, der Herrin der Tiere, erkannten. Sie gründeten ihre Stadt am Nordhang des Pion, dem heutigen Panayir Daği, an dessen Westseite das große Theater liegt. Die Stadt lag damals direkt am Meer, das sich bis in das heutige Selçuk erstreckte und die Stufen des Artemisions umspülte. Hier ergoss sich auch der Fluss Kaystros ins Meer.

DAS ARTEMISION – ARCHITEKTEN, BRANDSTIFTER UND KÖNIGLICHE SPONSOREN

Das erste Heiligtum aus dem frühen sechsten Jahrhundert v. Chr. für die Göttin Artemis war noch recht bescheiden in seinen Ausmaßen. Nur 4,25 mal 2,76 Meter zählte das Fundament für einen Altar, und der Sockel für einen kleinen Naiskos-Tempel mit dem Kultbild betrug auch nur 4,34 mal 2,86 Meter.

Wenig später vereinigte man beide Sockel, vergrößerte sie und gewann eine Fläche von 14,63 mal 28,20 Meter, auf dem ein Bauwerk stand, das einem Antentempel mit Säulenfront glich. Es war nicht überdacht, enthielt aber in seinem Innern einen eigenen Kernbau, das Allerheiligste – die Cella. Dieser Tempel wurde von den Kimmeriern, die in Kleinasien eingefallen waren, zerstört. Einem Zufall ist es zu verdanken, dass bei den Plünderungsaktionen unter der Basis des Kultbilds versteckte Weihegeschenke übersehen wurden. 1905 entdeckte man sie und brachte Teile davon nach London ins British Museum.

Der Wiederaufbau verlief ganz unter dem Einfluss eines epochalen Bauereignisses, das auf der Insel Samos stattfand. Dort hatte man zwischen 570 und 550 v. Chr. den Weg zur Monumentalarchitektur und die Hinwendung zur ionischen Ordnung beschritten. Unter der Leitung zweier Universalgenies, der Architekten Rhoikos und Theodoros, wuchs dort nämlich ein gigantisches Bauwerk auf einer Fläche von 52,5 mal 105 Meter heran: der Tempel der Hera, das Heraion, ein Antentempel mit einem doppelten Säulenkranz, ein Dipteros also, der bald schon zu den sieben Weltwundern der Antike zählte.

Den Bau in Ephesos leiteten zwei Architekten aus Kreta – Chersiphron und sein Sohn Metagenes. Für die Oberaufsicht wurde Theodoros aus Samos hinzugezogen. Er zögerte nicht, sein eigenes Bauwerk auf Samos an Größe und Pracht zu übertreffen. So weitete er die Maße auf 55,10 mal 115,14 Meter aus und prunkte mit allem, was die ionische Formensprache aufzuweisen hatte. Hinzu kamen das hohe künstlerische Vermögen des Theodoros, der auch als Bildhauer und Bronzegießer zu den Besten seiner Zeit zählte, sowie die Formensprache seiner Bildwerke, die sich reichlich an den unteren Säulenschäften, an den Friesen der Gebälkzonen, in den Tympana und Akroterien der Giebel fanden.

Wen wundert es, dass beim Aufstellen des Säulenwaldes von 117 Säulen mit einer Höhe von 18,90 Metern und einem unteren Durchmesser von 1,51 bis 1,72 Meter und beim Auflegen der Architrave – besonders des Mittelarchitravs von etwa 20 Meter Breite und einem Gewicht von 24 Tonnen – göttliches Einwirken vermutet wurde. Artemis selbst musste mit Hand

Artemis-Tempel in Ephesos, Rekonstruktion (oben) und Grundriss mit 117 Säulen

angelegt haben, anders konnte man sich diese Leistung nicht erklären. Schließlich trug das kostbare Baumaterial – weiß-bläulich schimmernder Marmor – in nicht unerheblicher Weise zum Gelingen dieses Prachtbaus bei.

Man mag es als Glück im Unglück bezeichnen, dass Ephesos von dem Lyder-König Kroisos eingenommen wurde. Herodot berichtet darüber wie folgt (I, 26):

> Die erste hellenistische Stadt, die er [Kroisos] angriff, war Ephesos. Als er die Stadt belagerte, weihten die Epheser sie der Artemis und zogen vom Artemis-Tempel ein Seil bis an die Stadtmauer. Die Entfernung zwischen dem alten Ephesos, das damals belagert wurde, und dem Tempel beträgt sieben Stadien.

Der Bezirk, in dem der Tempel der Artemis im Entstehen war, galt als heilig. Wer sich darin aufhielt, genoss den besonderen Schutz der Göttin und durfte nicht angegriffen, vertrieben oder ausgeliefert werden (siehe auch Seite 182 f.). Auf diesen Schutz wollten die Bewohner der Stadt am Koressos nicht verzichten. Deshalb verlängerten sie die Schutzzone mithilfe des Seils, um so ihre Stadt mit einzubeziehen und um das Schutzrecht ihrer Schutzgöttin genießen zu können. Natürlich half dies wenig, und Kroisos nahm die Stadt trotz des aufgespannten Seils ein. Er siedelte alle Bewohner direkt um das Artemis-Heiligtum an – so konnte in Zukunft auf das Spannen von Seilen verzichtet werden.

Herodot fügt hinzu (I, 92), dass von den zahlreichen Weihegeschenken, die Kroisos überall machte, die meisten Säulen und goldene Kühe für Ephesos, also für den Tempel der Artemis, bestimmt waren. Drei Säulentrommeln (im British Museum in London) enthielten neben Skulpturen die Widmungsinschrift von Kroisos. Dank seiner Großzügigkeit war die Finanzierung des Tempels also gesichert. Da Kroisos von 560–546 v. Chr. herrschte, ist dieser Bauabschnitt genau zu datieren. Bis zur Vollendung des Baus sollte es allerdings noch eine geraume Weile dauern. Erst um 420 v. Chr. konnte man das Weltwunder in seiner ganzen Größe und Schönheit bewundern.

Eines Nachts, im Jahre 356 v. Chr., geschah plötzlich etwas Seltsames. Während im fernen Makedonien Alexander der Große geboren wurde, ging in Ephesos in selbiger Nacht der Tempel der Artemis in Flammen auf. Gebälkstücke und Teile der Decke waren aus Holz und wurden ein leichtes Opfer der Flammen, das Herostratos, ein angeblich Wahnsinniger, gelegt haben soll, um zu unsterblichem Ruhm zu gelangen. Doch man stelle sich die ungeheure Anlage vor. Wie wollte ein Einzelner die Holzkonstruktionen erreichen, die sich in etwa 25 Meter Höhe – das entspricht einem acht- bis neunstöckigem Wohnhaus – befanden? Hier ist Professor Langmann, dem österreichischen Ausgrabungsleiter, zuzustimmen, der diesen Brandanschlag nicht als Tat eines Einzelnen, sondern als geplante Aktion der Priesterschaft ansieht, die aus Publizitätsgründen oder sonstigen politischen Motiven selbst das Feuer legte. Eine Art antikes Pendant zum Reichstagsbrand?

Wiederum war Fortuna den Ephesern gewogen. Mitten im Wiederaufbau beziehungsweise Neubau kam zum zweiten Mal ein Mächtiger, ein Großer vorbei – Alexander der Große. Man schrieb das Jahr 334 v. Chr. Nachdem er der Göttin geopfert und Weihegeschenke hatte überreichen lassen, bat er die Priester, eine Weihinschrift mit seinem Namen anbringen zu dürfen, denn er hatte vor, den Tempelbau finanziell zu unterstützen. Aus welchen Gründen auch immer, die Priester des Heiligtums, die anscheinend genügend Einnahmen besaßen – immerhin glich das Finanzwesen dem einer Schweizer Großbank mit Konten, Kreditwesen und Geldanlage –, lehnten die Bitte Alexanders ab mit den Worten „es gezieme sich nicht für einen Gott, einer Göttin den Tempel zu weihen" (Strabo IV, 641). Doch Alexander der Große reagierte nicht gekränkt. Durch staatliche Mittel stellte er die Finanzierung des Neubaus sicher.

Der Neubau des Artemis-Tempels erhob sich jetzt auf einem vergrößerten Stylobat mit 13 Stufen und einer Höhe von fast 2,70 Meter, was den Tempel noch monumentaler und majestätischer erscheinen ließ. Der Kernbau – der Antentempel – blieb in seiner Größe unverändert, lediglich der Zugang zum hinteren Raum wurde vermauert und dafür die rückseitige Wand entfernt. Dadurch wurde dieser Raum zu einem Opisthodomos und der ganze Kernbau zu einem Doppel-Antentempel. In den Pronaos und in das Opisthodomos wurden Säulen gestellt. Die Säulenzahl des älteren Artemision wurde beibehalten, und über die alten Säulenstümpfe wurden neue Säulen errichtet. Diese waren mit einer Höhe von 17,65 Meter und einem unteren Durchmesser von 1,84 Meter geringfügig niedriger, aber stärker als ihre Vorgänger. Der Stil war ionisch geblieben, ebenso wurde die Form des Tempels mit dem doppelten Säulenkranz – die des Dipteros – beibehalten.

Angeblich soll der Bildhauer Skopas von Paros (viertes Jahrhundert v. Chr.) ein oder mehrere Reliefs an den unteren Säulentrommeln (British Museum) und sein Kollege Praxiteles (viertes Jahrhundert v. Chr.) den Skulpturenschmuck des westlich des Tempels gelegenen Altars geschaffen haben. Nach Vitruv hatte man für die getäfelte Decke und für das Bild der Artemis Zedernholz wegen seiner Haltbarkeit und seines Würmer und Moder abwehrenden Ölgehalts verwendet, obwohl man die Bäume aus Afrika, Syrien oder Kreta herbeischaffen musste.

Über die Entdeckung des Marmors – wohl auch schon für das ältere Artemision, für das das Zedernholz ebenfalls Verwendung fand – weiß Vitruv folgende Begebenheit zu berichten (Lib. dec. II, 15):

Es lebte da ein Hirt Pixodaros. Der hielt sich in dieser Gegend [Marmorsteinbrüche Nähe Ephesos] auf. Als aber die Einwohner von Ephesos daran dachten, der Diana [Artemis] ein Heiligtum aus Marmor zu bauen, und beschlossen, der Marmor sollte aus Paros [die Kykladeninsel war bekannt für den besten Marmor für Skulpturen], Prokonnesos [Marmorinsel im Marmarameer], Herakleia [wahrscheinlich die Marmorinsel nah der thrakischen Küste] und Thasos [Marmorinsel vor der thrakischen Küste] geholt werden, weidete Pixodaros nach Austrieb seiner Herde seine Schafe gerade an dieser Stelle. Und dort stürmten zwei kämpfende Böcke aufeinander los, rannten aber aneinander vorbei, und im Ansturm stieß der eine heftig mit den Hörnern gegen einen Fels, von dem ein Splitter von blendend weißer Farbe abgestoßen wurde.
Da soll Pixodaros seine Schafe im Gebirge verlassen und spornstreichs den Splitter nach Ephesos gebracht haben, als man gerade entscheidend über diese Angelegenheit beriet. Sofort wurden Ehrungen für ihn beschlossen und man änderte seinen Namen. Statt Pixodaros sollte er Evangelos [der gute Bote] heißen. Und noch heute begibt sich monatlich ein Beamter an diese Stelle und bringt ihm ein Opfer dar. Und tut er das nicht, wird er bestraft.

Ein anderer, der sich häufiger an dieser Stelle aufhielt, war Chersiphron, einer der Architekten des älteren Artemision. Dieser hatte unter anderem die Aufgabe, die Materialien für den Tempelbau wie Säulentrommeln, Architrave und anderes aus dem Steinbruch zur Baustelle zu transportieren. Auch darüber berichtet uns Vitruv (Lib. dec. II, 11, 12):

Es ist nicht abwegig, auch eine geniale Erfindung des Chersiphron zu beschreiben. Als dieser nämlich aus den Steinbrüchen zum Diana-Tempel in Ephesos Säulenschäfte transportieren wollte, er aber wegen der Größe der Lasten und des weichen Bodens der Feldwege kein Zutrauen zum Transport auf Karren hatte, versuchte er es, damit die Räder nicht einsinken sollten, so: Er fügte vier vierzöllige Holzbalken, davon zwei als Querhölzer so lang wie die Säulenschäfte, zusammen und verkämmte sie miteinander. In die Enden der Säulenschäfte führte er mit Bleverguss starke Eisenzapfen wie Spindeln ein. In das Holzgerüst fügte er eiserne Ringe ein, die die Eisenzapfen umschließen sollten. Ebenso verband er die Enden mit hölzernen Backenstücken. Die Eisenzapfen aber, in die Ringe eingelassen, bewegten sich ganz frei [wie eine Achse in einer Manschette; das Kugellager war noch nicht erfunden]. Als nun vorgejochte Ochsen [das Gerüst, das beide Enden einer Säu-

lentrommel umfasste] zogen, wurden die Säulenschäfte dadurch,
dass sie sich mit ihren Eisenzapfen in den Ringen drehten, unaufhörlich fortgerollt. Als sie aber die Säulenschäfte so transportiert
hatten und der Transport der Architrave bevorstand, übertrug Metagenes, des Chersiphron Sohn, das Verfahren vom Transport der
Säulenschäfte auch auf den der Architrave. Er ließ nämlich Räder
von ungefähr zwölf Fuß [3,60 Meter] Durchmesser anfertigen und
brachte mitten zwischen ihnen die Enden der Architrave an. In
der gleichen Weise fügte er an den Enden der Architrave Zapfen
und Ringe ineinander. Als so das aus vierzölligen Hölzern beste-
hende Gerüst von Ochsen gezogen wurde, brachten die in die Ringe eingefügten Zapfen die Räder zur Drehung, die Architrave aber,
zwischen die Räder wie Wagenachsen eingefügt, gelangten in derselben Weise wie die Säulenschäfte ohne Verzug zum Bauplatz.
Ein Beispiel für diese Einrichtung kann sein, wie in den Ringschu-
len zylindrische Walzen die Wege ebnen. Dies hätte aber nicht
geschehen können, wenn nicht erstlich der Weg nicht lang wäre –
von den Steinbrüchen bis zum Heiligtum beträgt der Weg nämlich
nicht mehr als 8000 Schritte [etwa 6000 Meter] – und es ist kein
Hügel da, sondern durchweg ebenes Gelände.

Lobend und bedauernd zugleich benennt Vitruv ein Architek-
tengesetz aus Ephesos, dessen Anwendung er gerne auch in
Rom gesehen hätte (Lib. dec. I, Vorrede):

Wenn nämlich ein Architekt die Bauleitung für einen öffentlichen
Bau übernimmt, gibt er eine Erklärung darüber ab, wie viel der
Bau kosten wird. Nachdem der Baukostenvoranschlag der Behörde
übergeben ist, wird sein Vermögen verpfändet, bis das Bauwerk
fertig ist. Ist es aber fertig und die Baukosten haben dem Voran-
schlag entsprochen, dann wird der Architekt durch einen ehren-
vollen Erlass geehrt. Ferner wird, wenn nicht mehr als ein Viertel
zum Baukostenvoranschlag hinzugelegt werden muss, dieses Viertel aus Staatsmitteln gedeckt, und der Architekt wird nicht mit
einer Geldbuße bestraft. Wird aber bei der Bauausführung über
ein Viertel mehr verbraucht, [als veranschlagt war,] dann wird zur
Vollendung des Baus der Beitrag aus den Vermögen des Architekten beigetrieben.
Hätten doch die unsterblichen Götter es so gefügt, dass auch vom
römischen Volk solch ein Gesetz nicht nur für öffentliche, sondern
auch für private Bauten beschlossen wäre! Denn dann würden
Leute, die vom Baufach nichts verstehen, nicht straflos herumlau-
fen, (um sich Bauaufträge zu verschaffen). Und die Privatleute
würden nicht zu niemals endenden Nachzahlungen veranlasst
und dazu, dass sie ihr Vermögen verlieren.

Ob unsere Architekten von heute diesen Bestimmungen wohl
zustimmen würden?

DAS ASYLRECHT DES TEMPELS ODER
WARUM KLEOPATRAS SCHWESTER STERBEN MUSSTE

Viele Städte hatten in ihren Tempelbezirken Asylzonen, die in der Alten Welt einen gewissen Ruf besaßen, mit der Folge, dass politisch Verfolgte, aber auch Verbrecher von überall her erschienen, was die Städte häufig vor kaum lösbare Probleme stellte. Bereits Alexander der Große hatte den territorialen Gültigkeitsbereich des Asylrechts noch um eine Stadie (178,57 Meter) im Umkreis des Tempel erweitert. Unter Mithridates VI. Eupator (120–63 v. Chr.) wurde diese Zone mehr oder weniger bestätigt, nachdem dieser von dem Dach des Tempels aus einen Pfeil über 180 Meter weit geschossen hatte. Unter Marcus Antonius wurde der Asylbereich sogar auf 360 Meter um den Tempel vergrößert, sodass nun große Teile der Stadt mit erfasst wurden. Kaiser Augustus (63 v. Chr. bis 14 n. Chr.) jedoch halbierte ihn wieder. Es war Kaiser Tiberius, der 22 n. Chr. durch eine Untersuchungskommission das gesamte Asylwesen im Römischen Reich überprüfen ließ, da sich die Schutzzonen längst in Tummelplätze für Kriminelle verwandelt hatten, die sich so dem Zugriff der römischen Justiz entziehen wollten.

Doch das Asylrecht scheint nicht immer Garant für die Unversehrtheit von Leib und Leben gewesen zu sein. So ist Folgendes überliefert: Im Jahr 41 v. Chr. suchte Arsinoe VII., die jüngste Tochter des ägyptischen Königs Ptolemaios XII. und Schwester Kleopatras VII., im Artemision von Ephesos Zuflucht vor den Nachstellungen ihrer berühmten Schwester. Wie kam es dazu? 47 v. Chr. hatte sie gemeinsam mit ihrem Bruder Ptolemaios IV. von Julius Caesar die Herrschaft über die Insel Kypros erhalten. Doch eine Revolte in Ägypten gegen die als Königin amtierende Kleopatra brachte sie in die Rolle einer Gegenkönigin und damit in Konfrontation zu Julius Caesar. Bekanntlich obsiegte Caesar gegen die Aufständischen und Arsinoe geriet in Caesars Gefangenschaft. Bei Caesars triumphalem Einzug im Jahr 46 v. Chr. in Rom wurde sie als exotische Schönheit des ägyptisch-ptolemaischen Hochadels mitgeführt, doch bald darauf freigelassen.

Nach dem Tod Caesars 44 v. Chr. war es Aufgabe von Marcus Antonius, die aufrührerischen Ostprovinzen zur Ruhe zu bringen, zu denen auch Ägypten gehörte. Als er 42/41 v. Chr. dort erschien, sah er sich zwei Schönheiten gegenüber. Die Entscheidung lag bei ihm. Aber dann kam jene Nacht mit Kleopatra in Tarsos, die Plutarch (Ant. 26,4 f.) durchaus anregend schildert. Der Preis, den Kleopatra von Antonius forderte, war die Alleinherrschaft über Ägypten und der Tod ihrer Schwester. Und als Eos, die Göttin der Morgenröte, den nahenden Tag verkündete, war Antonius Kleopatra so verfallen wie Richard Burton Elizabeth Taylor in selbiger Sache. Von nun an war das Leben Arsinoes in höchster Gefahr. Sie eilte nach Ephesos, um im heiligen Bezirk der Artemis Schutz und Zuflucht zu suchen. Zwar wurde sie dort von der Priesterschaft noch als Königin empfangen, aber Marcus Antonius, der sich in Ephesos bei den dionysischen Festlichkeiten als Dionysos feiern ließ, war wohl stärker als der Schutzschild der Göttin. So starb denn die gerade 17 Jahre alte Arsinoe von Mörderhand.

Im unteren Bereich der Kuretenstraße, die von der Celsus-Bibliothek hinauf zur Oberen Agora führt, kann man noch

den Unterbau eines säulenumstandenen Grab-Oktogons bewundern. Es gilt als das Grab einer vornehmen Dame. Ein Sühneakt Kleopatras an ihrer Schwester? Man fand auch Reste eines Skeletts eines 15 bis 17 Jahre alten Mädchens und einen Zahn. Ein schon vor Jahrzehnten gefundener Schädel befindet sich in Greifswald. Passt der Zahn dazu, dann wäre das Skelett vollständig. Allerdings gibt es in Greifswald über 200 Schädel, aber keine Herkunftsbeschriftungen mehr, denn diese gingen im Zweiten Weltkrieg verloren.

Oben Grab-Oktogon in Ephesos, Rekonstruktion
Links Relief mit Fruchtgirlanden, Grab-Oktogon in Ephesos

EPHESOS UND SEIN ARTEMIS-KULT

Nach dem ephesischen Mythos waren Artemis und ihr Bruder entgegen der allgemeinen Tradition nicht auf Delos, sondern in einem heiligen Hain am Berg Koressos bei Ephesos von der in dieser Gegend hoch verehrten Leto zur Welt gebracht worden. Dort wohnte die Nymphe Ortygia. Als die Geburtswehen eintraten, begab sich Leto in den Hain, wo sich Ortygia um sie und um die Neugeborenen kümmerte, sie in dem Fluss Kenchreios badete und bei den Kindern die Stelle einer Amme einnahm. Alle Beteiligten – Leto, Ortygia sowie Artemis und Apollo – wurden von dem Bildhauer Skopas als Auftragsarbeit für die Stadt Ephesos dargestellt.

Artemis, die mit der Hellenisierung Kleinasiens bald die Stelle der einheimischen Naturgöttin Kybele eingenommen hat, wird bald als die schöne, keusche, jungfräuliche, jugendliche Göttin der Natur und der Jagd, als Hegerin der Tiere, als Garantin der Fruchtbarkeit, als Patronin der Hochzeit und als Symbol des Baumkultes verehrt. Jagend durchstreift sie die Wälder der Berge und Täler und, wie ihr Bruder Apollo eine geübte Bogenschützin, schießt sie ihre Pfeile auf Eber und Hirsche ab, obwohl der Hirsch ihr Lieblingstier ist. Oft wird sie dabei von Nymphen begleitet, mit denen sie sich dann bei Musik und Tanz erfreut. Jedermann sehr zugetan, bestraft sie doch grausam und unerbittlich diejenigen, die sie beleidigen oder sie beim Baden beobachten und verwandelt sie in Frauen und Tiere.

Eine ihrer Gefährtinnen, eine Nymphe mit Namen Kallisto – „die Schönste", auch Artemis trug diesen Beinamen – wurde, wie könnte es anders sein, von Zeus verführt. Bei der Liebesszene soll er die Gestalt eines Bären und sie die eines nicht näher bezeichneten Tieres angenommen haben. Später, als Artemis Kallistos Schwangerschaft entdeckte, verwandelte sie jene zur Strafe in eine Bärin, denn Kallisto hatte geschworen, Jungfrau zu bleiben. Nach der Geburt eines Jungen namens Arkas, der der Stammvater der Bewohner von Arkadien wurde – nach einer anderen Version gebar sie Zwillinge, wobei der zweite der bocksfüßige Gott Pan gewesen sein soll, – wurde Kallisto von Zeus in den Himmel entrückt, wo sie noch heute als Großer Bär zu sehen ist. Als Sühneakt für die Tötung von Bären wurden Artemis-Tempel errichtet. Auch nannte man in Attika Mädchen, die im Alter zwischen fünf und zehn Jahren – Ministranten vergleichbar – Tempeldienste zu Ehren von Artemis verrichteten, Arktoi – Bärinnen.

Bei nicht weidgerechtem Töten verfolgte die Göttin den frevelnden Jäger unerbittlich und tötete ihn sogar mit ihren Pfeilen. Auch das Schlachten von Tieren hatte nach strengen Regeln zu erfolgen, die sie überwachte. Das galt besonders bei Opfern im Rahmen von Kulthandlungen an die Götter. Bei dem feierlichen Ritus des Stieropfers durfte das Tier nicht gequält werden, bestimmte Teile waren den Göttern zu opfern: Schenkel, die mit Fett umwickelt und verbrannt wurden, sowie der Kopf, der im heiligen Bezirk aufgehängt wurde. Der Rest des geopferten Tieres wurde als Festmahl für die Festteilnehmer zubereitet und verzehrt.

Römischer Stier- und Girlandenfries, Hafenthermen in Ephesos, Marmor, 2. Jh. n. Chr.

Artemis trug auch den Beinamen Tauropolos – Stiertummlerin. Nach einem der vielen Mythen bestand zwischen ihr und der Insel Tauros im Norden des Schwarzen Meeres – der heutigen Krim – eine besondere Beziehung. Wir erinnern uns, König Agamemnon hatte sich gebrüstet, ein besserer Jäger zu sein als Artemis. Deshalb verhinderte diese das Auslaufen der griechischen Flotte gen Troja. Erst das Sühneopfer – Iphigenie, die Tochter Agamemnons, sollte der Göttin als Menschenopfer dargeboten werden – könnte die Göttin umstimmen. Im letzten Moment entrückte Artemis das Mädchen nach Tauros, und die Opfernden fanden statt ihrer eine Hirschkuh vor, die sie der Göttin opferten.

Man weiß von Bruderschaften, den Taureastai, die sich mit der Stieraufzucht befassten, denn bei den großen Festen zu Ehren der Göttin war das Opfern von 100 Rindern – Hekatombe – keine Seltenheit und nur größere Zuchtbetriebe konnten den großen Bedarf decken. Bekannt ist auch ein Opferritual namens Taurobolium (Treffen des Stieres), das ursprünglich zum Kult der Kybele gehört hatte. Dabei wurde ein Stier über einer Art Grube im Altarbereich geschlachtet, in der sich Bewerber zur Aufnahme in den Mysterienkult befanden. Das Blut ergoss sich in die Grube und auf die Akzeptanten und in einer Art Bluttaufe wurden die Täuflinge entsühnt und gereinigt. Die Hoden der geopferten Stiere wurden gesammelt und der Göttin beim Frühlingsfest, ihrem Geburtstag am sechsten Mai, umgehängt. Es war dies eine symbolische Befruchtung der jungfräulichen Artemis – eine Transfiguration von der Jungfrau zur Mutter.

Das archaische Kultbild der Göttin in Ephesos aus der zweiten Hälfte des sechsten Jahrhunderts v. Chr. soll von Endoios, einem Schüler des Architekten und Bildhauers Daidalos (Palast von Knossos auf Kreta), angefertigt worden sein. Es ersetzte wohl die Ur-Statue der Göttin, die nach Vitruv aus Zedernholz geschnitzt gewesen war. Dass diese Endoios-Statue den aufgefundenen römischen Kopien Modell gestanden hat, ist nicht anzunehmen. Wahrscheinlich ist, dass sie weder bekleidet noch geschmückt oder behangen war. Dies geschah erst an besagten Festtagen nach einem vorausgegangenen Bad, einer Salbung und abschließender Bekleidung der Statue.

In Ephesos fand man bei Ausgrabungen im Prytaneion, dem Rathaus, gegenüber der Staatsagora zwei Marmorfiguren, die beide die Göttin Artemis darstellen und heute im Ephesos-Museum stehen. Sowohl die eine, aus mittelgrobem, weißem Marmor und einer Höhe von 2,92 Meter – Große Artemis Ephesia genannt –, als auch die andere, aus feinem weißem Marmor und einer Höhe von 1,74 Meter – die Schöne Artemis Ephesia (Abbildung Seite 154) – sind römische Kopien des hellenistischen Kultbilds aus Holz. Dieses hatte wohl zwischen zwei Hirschkühen auf einem Sockel in der Cella des Artemis-Tempels gestanden, überreich geschmückt und üppig verziert mit Tier- und Fabelwesen sowie – als Fruchtbarkeitssymbol – mit Stierhoden behangen und mit einem hohen, ebenfalls orna-

Die Große Artemis Ephisia aus dem Prytaneion, Marmor, 292 cm, römische Kopie, 1. Jh. n. Chr., Ephesos-Museum

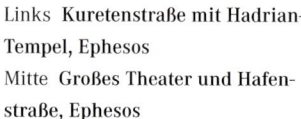
Links **Kuretenstraße mit Hadrian-Tempel, Ephesos**
Mitte **Großes Theater und Hafen-straße, Ephesos**

mentiertem, Kopfschmuck be-krönt. Alljährlich fanden an ihrem Geburtstag am sechsten Mai die Artemisien beziehungsweise alle viere Jahre die Ephesien statt, die beide mehrere Tage anhielten. Hierbei handelt es sich um Festspiele, bei denen zu Ehren der Göttin sportliche und musische Wettkämpfe, sogar Pferderennen abgehalten wurden.

Höhepunkt waren jedes Mal die Prozessionen, die ihren Ausgang im Tempel nahmen. Von dort wurde das Kultbild der Göttin in einem feierlichen Festzug zur Stadt getragen, begleitet von tanzenden Mädchen und Musikanten, Standartenträgern, Siegern der Wettkämpfe und Priesterinnen und angeführt von der Oberpriesterin der Artemis. Der Zug bewegte sich zunächst nach Südwesten hinauf zum Magnesischen Stadttor, von dort dann nach Nordwesten, vorbei an der Staatsagora die Kuretenstraße hinab, in Höhe der Celsus-Bibliothek nach Nordosten über die prachtvolle Marmorstraße bis zum Großen Theater und ab dann auf der Stadionstraße Richtung Stadion (unausgegrabenes Gebiet) zum Koressos-Stadttor hinaus nach Osten zum Tempel zurück. Natürlich nahmen sämtliche Bewohner und viele von weither angereiste Besucher an dem großen Spektakel teil, das später immer mehr die Züge eines Volksfestes annahm.

Große Bedeutung kam dabei den eigentlichen Opfervorgängen zu. Zum einen dienten sie dazu, die Gottheit versöhnlich zu stimmen, zum anderen sollten sie die Festteilnehmer in den Genuss von gebratenem Rindfleisch und Wein bringen. Für diese Opferhandlungen hatte man an der Westseite des Tempels eine Altaranlage – ähnlich der von Pergamon – errichtet, die einen Altarhof (22 mal 32 Meter) mit einem Brandopferaltar und einem Sockel zum Aufstellen der Kultstatue der Göttin besaß,

der von drei Seiten – die westliche blieb frei – von zur Hof-
seite offenen Säulenhallen
umgeben war. Hier fanden die

Marmorstraße, Ephesos

Opferungen statt, hier wurden die Stiere geschlachtet und auf
dem Altar die der Göttin zustehenden Teile als Brandopfer dargeboten. Der überwiegende Rest landete hingegen als Speiseopfer in den Mägen der Festgäste.

Alle diese kultischen Handlungen konnten nicht ohne einen
gewaltigen Personalaufwand ablaufen. Mehrere Priester leiteten die heiligen Handlungen. Es waren hoch angesehene Eunuchen, die man *megabyxos* nannte, ein Ausdruck, der aus dem
Persischen kommt und „von Gott gegeben" bedeutet. Dabei
wurden sie von Jungfrauen unterstützt. Es gab Neupriesterin-
nen, dann Priesterinnen, die für den liturgischen Kultablauf
verantwortlich waren, und schließlich ehemalige Priesterinnen,
die ihre Erfahrungen und Kenntnisse an die Jüngeren weiterzu-
geben hatten. Der Dienst glich dem, den wir aus christlichen
Klöstern kennen. Er dauerte allerdings nur ein Jahr, die
Mädchen konnten dann in ihr bürgerliches Leben zurückkehren und heiraten. Bis dahin waren sie in einer Art Priesterin-
nenkonvent vereinigt und trugen den Namen Essenes, also Bie-
nen, wohl wegen derer besonderen Reinlichkeit. Essener hingegen nannte man einen bestimmten Priesterorden, der für die
religiösen Anliegen der Bewohner an den Artemis-Tempel zu-
ständig war. Die Biene wurde zum Wappentier von Ephesos,
wie Münzfunde und Weihegaben belegen.

Eine Kaste für sich waren die Kureten. Nach der Mythologie
waren sie ursprünglich Halbgötter und standen Zeus nahe.
Doch nach einer Tradition in Ephesos sollen sie Leto bei der
Geburt von Artemis geholfen und die eifersüchtige Hera ge-
hindert haben, Leto Schaden zuzufügen. In hellenistischer Zeit

waren sie in einem Priesterkolleg in das Artemision integriert und leiteten dort den gesamten administrativen Apparat des Heiligtums. In römischer Zeit zogen sie in das Rathaus, um dort als Festspielleiter für alle in Ephesos verehrten Gottheiten – einschließlich der gottähnlichen Kaiserkulte der Römer – zu agieren.

In der Nacht auf den Geburtstag von Artemis – vom fünften auf den sechsten Mai – veranstalteten sie ein großes Bankett mit Mysterienfeiern. Am frühen Morgen verkündeten sie durch Blechinstrumente und Posaunen die Geburt der Stadtgöttin, und unter großem Schmausen und Trinken, an dem die ganze Stadt teilnahm, ließ man die Feierlichkeiten ausklingen.

DIE RÖMISCHEN KAISER UND DER AUFSTIEG ZUR WELTSTADT

Nach dem Tod Alexanders des Großen 323 v. Chr. hatte General Lysimachos (301–281 v. Chr.) die Herrschaft über Kleinasien angetreten. Er siedelte die Stadt erneut am Bülbül Dağ an und errichtete die noch heute gut erhaltene gewaltige Stadtmauer, die über das Gebirge verläuft. Häuser und Straßen legte er nach einem von Hippodamos (475–400 v. Chr.), einem gefragten Stadtbaumeister aus Milet, entwickelten rechtwinkligen Netzsystem an.

Die von Syrien in Kleinasien eingefallenen Seleukiden traten seine Nachfolge an, mussten aber nach den verlorenen Kriegen gegen die Römer und Pergamener im Frieden von Apameia 188 v. Chr. Kleinasien an Pergamon und Rhodos abtreten. Mit der testamentarischen Abtretung des Pergamenischen Reiches durch König Attalos III. im Jahre 133 v. Chr. an Rom kam auch Ephesos in römischen Besitz. Alle Voraussetzungen für eine zukünftige Weltstadt waren damit erfüllt.

Nachdem Kaiser Augustus der Liebesromanze zwischen Antonius und Kleopatra militärisch ein Ende bereitet hatte, verhalf er der Stadt Ephesos zu einer raschen Blütezeit und einer einmaligen Stellung unter den Städten Kleinasiens. Er machte sie zur Hauptstadt der Provinz Asien, verlegte den Sitz der Hauptverwaltung dorthin und erhob sie zur Residenz des römischen Statthalters. Ihre Einwohnerzahl wuchs rasch auf über 200 000. Schon das in Backstein erbaute Rom hatte er in eine Marmorstadt verwandelt, in Ephesos verfuhr er auf dieselbe Weise. Handel und Wirtschaft gediehen prachtvoll, und er gewann die Sympathie der Epheser durch die Heimholung des von Antonius nach Ägypten exportierten Schatzes – das gesamte Bankvermögen des Artemisions – sowie durch die Errichtung zahlreicher prunkvoller Anlagen wie der Staatsagora, eines Tempels zu Ehren von Julius Caesar, der Dea Roma, des

Prytaneion, des Odeion, der riesigen dreischiffigen Basilika, des Süd- und Westtors an der unteren Handelsagora und des dreibogigen Hafentors. Ephesos entwickelte sich zur bedeutendsten Stadt des Römischen Kaiserreichs in Kleinasien.

Unter den Kaisern Domitian (81–96), Trajan (98–117), Hadrian (117–138) und Antonius Pius (138–161) wurde der prachtvolle Ausbau der Stadt fortgesetzt. Es entstanden Bauten wie das gewaltige Hafen-Gymnasion mit seinen riesigen Ausmaßen von 350 mal 240 Meter und das großzügige Vedius-Gymnasion, das Ost-Gymnasion, das Theater-Gymnasion, das Variusbad und die Scholastikia-Thermen. Auch der Ausbau des Theaters, das 24 000 Zuschauer fasste, fällt in diese Zeit.

Eines der berühmtesten Bauwerke von Ephesos ist die Bibliothek des Tiberius Julius Celsus Polemaeanus am Schnittpunkt zwischen Marmor- und Kuretenstraße. Dieser Celsus war von l05 bis 107 n. Chr. römischer Prokonsul und Statthalter der Provinz Asien und residierte in Ephesos. Er stiftete das von den österreichischen Ausgräbern wieder errichtete, reich verzierte und prunkvolle Bibliotheksgebäude, das gleichzeitig sein Grabbau wurde. 135 n. Chr. war es von seinen Angehörigen fertiggestellt worden. Was sich dem Beobachter bietet, ist der typische Aufbau einer römischen Prunkfassade, wie wir ihr schon in Sardes begegneten. Sie begreift sich als ein Spiel von auf Sockeln, Basen, Säulen und Kapitellen ruhenden Architraven,

Bibliothek des Tiberius Julius Celsus Polemaeanus, Ephesos, bis 135 n. Chr.

von an ihrer Unterseite mit Kassettendecken geschmückten Dreieck- und Rundgiebeln, mal vor-, mal zurücktretend mit unterschiedlich hohen Portalen und Nischen und Podesten für Statuen. Diese verkörpern die verschiedenen gesellschaftlichen Ränge sowie die Tugenden des Stifters Celsus. Der im Vergleich zur Fassade – auch unter Einbeziehung einer Ausschmückung mit farbenprächtigen Marmorplatten – recht bescheidene Innenraum enthielt in zweigeschossiger Anordnung die in Nischen eingeordneten Bücherregale mit einem Fassungsvermögen von 12 000 Rollen. Nicht gerade viel, wenn man an Pergamon denkt, wo etwa 200 000 Rollen lagerten.

Interesse verdienen auch einige private Wohnbauten, die in augusteischer Zeit entstanden sind. Als Lysimachos die Stadt am Nordhang des Bülbül Dağ neu anlegte, schien wohl zunächst nur ein Bebauungsplan auf dem Papier entstanden zu sein. Denn zur eigentlichen Bebauung kam es erst später, zur Römerzeit. So wurden im südlichen Bereich der unteren Kuretenstraße zwei Wohnkomplexe freigelegt – die anderen sind leider noch unausgegraben –, die einen Einblick in die Lebensform der römischen Schickeria von Ephesos gestatten. Diese beiden Gebäude, die nach ihrer herrlichen Hanglage mit unverbaubarem Blick auf die Stadt, den Hafen und das Meer Hanghäuser genannt werden, waren terrassenförmig dem Berg angepasst und durch Treppengässchen zugänglich. Die Größe dieser Villen war enorm; für das Hanghaus A (das östliche) wurde ein Umfang von insgesamt 225,90 Meter und eine bebaute Hausfläche von 2540 Quadratmeter errechnet. Ähnlich groß war das Hanghaus B.

Innenhof eines römischen Wohnhauses in Ephesos (Hanghaus B)

Im Inneren beider Häuser begegnen wir säulenumstandenen Innenhöfen mit Mosaikböden und freskenbemalten Wänden sowie großzügigen Wohnräumen, die ebenfalls mit Mosaikböden – teils aus geometrischen Mustern und zum Teil aus figürlichen Szenen bestehend – sowie mit Fresken meist dekorativer Gestaltung, aber auch mit Darstellungen mythologischer Art ausgeschmückt sind. Kostbare Brunnenanlagen – Nymphäen – fehlen ebenso wenig wie Thermen, Bäder, Toiletten, Küchen und Magazinräume. Mehrere Erdbeben im vierten Jahrhundert n. Chr. richteten in Ephesos und auch an den Wohnhäusern große Zerstörungen an. Trotzdem wurden sie noch unter manchen restauratorischen Eingriffen bis ins siebte Jahrhundert n. Chr. hinein bewohnt. Erst die Wassermühlenanlagen, die zum Teil über die Häuser gebaut wurden, machten dem ehemaligen Wohnparadies der oberen Zehntausend ein Ende.

Im Ephesos-Museum spiegeln einige Fundstücke den feinen Geschmack und hohen Kunstverstand der Bewohner der Hanghäuser wider. Unter ihnen waren Sammler von Antiquitäten, denn nur so ist zu erklären, dass Bewohner des dritten/vierten Jahrhunderts n. Chr. in ihrem Esssaal Marmorbüsten aus der Zeit des Augustus aufgestellt hatten. Ausgesprochen komisch wirken die eigentlich erotischen Marmorskulpturen und -reliefs. Alle haben sie den Phallus als Symbol der Fruchtbarkeit und der Mannesstärke sowie des Wohlergehens und der Vermehrung des Reichtums. Und welche Fantasie gehörte dazu, einen auf Rädern oder zwei Beinen dahersausenden Phallus mit wedelndem Hundeschwanz oder einen Phallus, der fast so groß ist wie der Kerl, der ihn trägt, darzustellen.

DAS CHRISTLICHE EPHESOS

Ephesos wurde früh zur wichtigsten Stätte des Königreichs Jerusalem, zum Brückenkopf des jungen Christentums in Richtung Rom. Der Legende nach soll Johannes, der Lieblingsjünger Jesu, zusammen mit Maria, die er zu sich genommen hatte, nach dem Tod Jesu nach Ephesos gekommen sein, sich dort niedergelassen und missionarisch betätigt haben. Paulus weilte hier mehrere Jahre, der Presbyter und Verfasser der Apokalypse Johannes – später im Lauf der Geschichte verschmolzen mit Johannes dem Evangelisten –, lebte ebenfalls hier. Von dem Evangelisten Lukas wird ein Grab am Nordhang des Bülbül unweit der Staatsagora als das Grab des Johannes benannt, darüber wurde die Johannes-Basilika errichtet (siehe Seite 194 f.).

Oberhalb von Ephesos in einem Wald liegt das so genannte Marienhaus (Meryem Ana), wo Maria bis zu ihrem Lebensende gelebt haben soll. Von den Byzantinern wurde es in eine kleine Kirche umgebaut. War sie zunächst eine Verehrungsstätte der Ostkirche, so geriet sie durch die Visionen der deutschen Nonne Katharina Emmerich (1774–1824) auch in den Blickpunkt

Oben Statue der Artemis, aus einem der Hanghäuser in Ephesos, Marmor, 1. Jh. n. Chr., Ephesos-Museum
Unten Elfenbeinfries mit den Taten Kaiser Trajans (Ausschnitt): Kaiser Trajan (l) mit römischen Kriegern und asiatischen Soldaten (r), aus den Hanghäusern, 2. Jh. n. Chr., Ephesos-Museum

Oben links **Modell der Marien-kirche, Rekonstruktion der Entste-hungsphasen, Ephesos-Museum**
Oben rechts **Die Apsis der Marien-kirche in Ephesos**
Unten **Das Baptisterium der Marienkirche in Ephesos**

der Westkirche – also der rö-misch-katholischen – und zur Pilgerstätte. Anlass für größe-re gemeinsame Gottesdienste und Feierlichkeiten ist jedes Jahr der 15. August, Mariä Himmelfahrt. Das Wasser ei-ner dort aus dem Erdreich sprudelnden Quelle gilt als heil- und wundersam.

Diese Marienverehrung sowie das Auftreten des Apos-tel Paulus und des Timotheus, wodurch Ephesos zu einem bedeutenden Missionsort wurde, waren Anlass für Kaiser Konstantin den Großen (306–337 n. Chr.), Ephesos eine führende Position innerhalb der christlichen Kirche in Kleinasien zukommen zu lassen.

Möglicherweise noch unter ihm, in jedem Fall noch vor der Mitte des vierten Jahrhunderts baute man in Ephesos in eine in Hafennähe gelegene, 266 mal 30 Meter große römische Markt-basilika aus dem zweiten Jahrhundert n. Chr. (erste Bauphase), die als Handels- und Geldbörse diente, eine christliche Kirche ein (zweite Bauphase). Die dreischiffige Säulenhalle eignete sich trefflich für das Vorhaben, allerdings war sie mit 260 Me-ter Länge deutlich zu lang. So verwendete man „nur" die westli-chen 150 Meter des Gebäudes und verfuhr nach dem im vier-ten/fünften Jahrhundert üblich gewordenen Schema, indem man den Ostteil des erwählten 150 Meter langen Raumes in ei-ne dreischiffige Basilika mit Ostapsis zwischen zwei Nebenräu-men – Prothesis und Diakonikon – umbaute. Diese Kirche maß dann immerhin noch 75 Meter Länge. Westlich setzte man einen zehn Meter tiefen Narthex vor, an den sich ein 50 Meter langes Atrium unter Einbeziehung der Westapsis der römischen Marktbasilika anschloss. Nördlich des Atriums baute man ein kuppelgewölbtes polygonales Baptisterium an, in dessen Bodenmitte noch das Taufbecken erhalten ist.

Man weihte die Kirche Maria. Als Sitz eines Bischofs besaß sie den Rang einer Kathedrale. In den verbliebenen 110 Metern der einstigen römischen Marktbasilika richtete man den Bischofspalast ein.

Im siebten Jahrhundert wurde (dritte Bauphase) mehr als die Hälfte des Westteils der Säulenbasilika in eine Kreuzkuppelkirche umgebaut. Den verbliebenen Ostteil der Kirche ließ man offen. Als bei einem Erdbeben oder durch Kriegseinwirkung die Kreuzkuppelkirche einstürzte, besann man sich wieder auf den Ostteil und errichtete dort eine dreischiffige Basilika mit Emporen (vierte Bauphase). Reste von Fußbodenmosaiken, Kapitelle, Säulen, Bögen, Architrave sowie aufgefundenes Mobiliar aus Marmor nebst Gefäßen aus Keramik, Bronze und Glas vermitteln einen Eindruck dieser einst gewaltigen und prächtigen Anlage.

431 lud Kaiser Theodosius II. (408–450) zum dritten ökumenischen Konzil in die Marienkirche zu Ephesos. In der Osthälfte des Kaiserreichs war ein christologischer Streit über die göttliche und menschliche Natur von Jesus Christus entbrannt. Im Mittelpunkt stand Bischof Kyrill von Alexandria (412–444), der die Lehre der völligen Einheit beider Naturen Christi vertrat und Maria den Rang der Gottesgebärerin – Theotokos – zusprach. Ihm gegenüber vertrat der Patriarch von Konstantinopel, Nestorius (ab 428), die These einer scharf voneinander getrennten Doppelnatur Christi, und Maria gestand er lediglich den Rang der Christusgebärerin zu. Der Streit zwischen Kyrill und Nestorius, die in Ephesos anwesend waren, spitzte sich zu, sodass der Kaiser beide einsperren lassen musste – jedenfalls für kurze Zeit. Das Konzil gab Kyrill Recht. Allerdings wurde ihm 433 ein Kompromiss auferlegt, der seinen Ausgangspunkt in der theologischen Schule zu Antiochia besaß, die der Patriarch Nestorius vertrat.

Doch die theologische Schule von Alexandria sann

Johannes-Basilika in Ephesos, Rekonstruktionsmodell

unter Bischof Dioskoros (444–451), dem Nachfolger von Kyrill, auf Wiederherstellung der 431 auf dem Konzil zu Ephesos erfochtenen Ziele. Zu diesem Zwecke brachte er für die erzwungene Synode 449 in Ephesos aus Ägypten einige bewaffnete rüpelhafte Mönchshaufen mit – in Ägypten hatte man schon länger die Anwendung von roher Gewalt als politisches und wirksames Mittel bei innerkirchlichen Auseinandersetzungen praktiziert. Mit ihrer Hilfe ließ man Flavianos, den Patriarchen von Konstantinopel, der der Nestorianischen Lehre der Schule zu Antiochia angehörte, absetzen und alle Anhänger des Nestorianismus als Irrlehrer brandmarken. Das Treffen mit den dort ausgeübten Gewalttätigkeiten ging in die Geschichte als Räubersynode von Ephesos ein.

Erst auf dem vierten ökumenischen Konzil in Chalkedon fand man zu den Thesen, die noch heute in den großen christlichen Religionen Gültigkeit besitzen, dass Jesus Christus sowohl Gott wie auch Mensch sei – weder trennbar noch untrennbar miteinander verbunden, und dass Maria auch die Gottesgebärerin sei.

Eines der großartigsten Bauwerke christlichen Kunstschaffens sollte die Wallfahrtskirche werden, die Kaiser Justinian I. (527–565) über dem Grab des Evangelisten Johannes auf dem nördlich des Artemis-Heiligtums gelegenen Ayasoluk-Hügel errichten

Oben **Südliches Querhaus der Johannes-Basilika, Ephesos**
Unten **Vierung der Johannes - Basilika über dem Johannesgrab, Ephesos**

ließ. In Form einer Kreuzkuppelkirche wurde sie so angeordnet, dass die Vierung unter der Hauptkuppel die Stelle eines kreuzförmigen Martyrions, unter dem sich das Grab befindet, einnahm.

Die Johannes-Basilika gehörte mit der ins Monumentale gesteigerten und fast überall angewandten Kreuzesform zu den Pilotprojekten der damaligen Zeit. Der insgesamt 130 Meter lange, 40 Meter breite und in Höhe der Kreuzarme 64 Meter breite Bau war als – in allen Kreuzarmen – dreischiffige Pfeiler- und Säulenbasilika mit Emporen sowie angebautem Narthex und Atrium im Westen konzipiert. Nördlich schloss sich der kuppelförmige Zentralbau des Baptisteriums mit Taufbecken an.

Ein größerer basilikaler Vorgängerbau des fünften Jahrhunderts wurde teils integriert und teils abgerissen. Der Bauplan der justinianischen Kirche entsprach der 1462 abgebrochenen, ebenfalls im sechsten Jahrhundert entstandenen Apostelkirche in Konstantinopel und der Markuskirche aus dem elften Jahrhundert in Venedig. Die sechs Kuppeln ruhten auf Gurtbögen mit integrierten Säulenarkaden. Farbenprächtige Mosaikböden und -decken, polychrome Marmorverkleidungen, fantasievolle Kapitelle, Gesimse und Bögen sowie eine marmorne Ikonostasis mit Amboanlage zeugen von dem Ausschmückungswillen des kaiserlichen Bauherrn. In ihrem Innenraum ist die Kirche durchaus vergleichbar mit Bauten wie San Vitale in Ravenna, der Markuskirche in Venedig oder der Hagia Sofia in Istanbul.

Überfälle von Arabern im achten und neunten Jahrhundert verursachten die ersten Beschädigungen. Die wahrscheinlich letzte Restaurierung erfolgte unter dem in Nikaia residierenden byzantinischen Kaiser Johannes III. Dukas Vatatzes

Links **Innenseite der Dreibogenanlage der Vorhalle der Johannes-Basilika, Ephesos**
Rechts **Architrav mit Ornamenten in der Vierung der Johannes-Basilika, Ephesos**

(1222–1254) um 1230. 100 Jahre später wurde die Basilika von den Seldschuken als Moschee verwendet. Ihren Todesstoß erhielt sie 1403, als die Stadt von den Mongolen unter Timur Lenk eingenommen wurde.

DAS GEHEIMNIS DER SIEBENSCHLÄFER-GROTTE

In Höhe des Ost-Gymnasions führt ein Weg auf gleicher Höhe nach Norden. Nach rund 1000 Metern gelangt man an den Eingang einer mehrstöckigen, halb gemauerten, halb aus dem Felsen herausgehauenen, sakralen Höhlenarchitektur. So geheimnisvoll wie ihr Aussehen ist auch ihr Name – Grotte der Siebenschläfer.

Die Legende berichtet Folgendes: Einst standen sieben vornehme Bürger aus Ephesos in Diensten des Kaisers Gaius Messius Decius (249–251 n. Chr.), die den christlichen Glauben angenommen hatten. Als der Kaiser Ephesos besuchte, ordnete er an, die Anhänger des Christentums gefangen zu nehmen und alles, was mit der christlichen Religion zu tun habe, zu beseitigen. Auch die sieben Edelleute wurden zum Kaiser gebracht, der sie aufforderte, dem christlichen Glauben abzuschwören. Doch sie weigerten sich. Mit dem Rat, sich dies reiflich zu überlegen, wurden sie nach Hause geschickt.

Die Sieben jedoch wollten ihrem Glauben treu bleiben. So regelten sie ihre Vermögensverhältnisse und nahmen in einer Höhle Zuflucht. Dort verbrachten sie die Zeit mit Beten. Einer von ihnen, Malchas war sein Name, ging regelmäßig nach Ephesos, um Nahrung herbeizuholen und um Neues über den Kaiser zu erfahren. Dieser ließ, als er erfuhr, dass die Sieben dem christlichen Glauben immer noch treu ergeben waren und sich in der Höhle befanden,

Siebenschläfer-Grotte, oberer Teil, Ephesos

mächtige Felsbrocken vor dem Eingang der Grotte anhäufen. Doch Gott hatte vorher die Bitten der Sieben erhört. Er versetzte sie in einen todesähnlichen tiefen Schlaf, sodass die Soldaten des Kaisers sie für tot hielten und sie nicht anrührten. Es vergingen viele Jahre. Der Kaiser Decius starb, seine Nachfolger kamen und gingen – und die Sieben aus Ephesos waren längst vergessen.

Es war zur Regierungszeit von Kaiser Theodosius II. (408–450), als ein wohlhabender Epheser bei der Höhle einen Schafspferch errichten wollte. So ließ er die Felsbrocken vor dem Eingang der Höhle entfernen, bemerkte die Schlafenden jedoch nicht. Mit Gottes Hilfe erwachten diese zu neuem Leben, und es war so, als seien sie gestern erst eingeschlafen. Malchas musste wieder nach Ephesos hinunter zum Einkaufen. Da kam er aus dem Staunen und Wundern nicht heraus. Überall begegnete er Zeugen des Christentums: das Kreuzzeichen über dem Stadttor, Kirchen und dahineilende christliche Priester. Zunächst fiel er selbst nicht besonders auf. Als er jedoch auf dem Markt mit Münzen zahlen wollte, die noch das Bild des Kaisers Decius trugen, wurde man auf ihn aufmerksam und verdächtigte ihn, diese antiken Silbermünzen gefunden und unterschlagen zu haben. So wurde er vor den Statthalter geführt. Dort erzählte er von sich und den anderen in der Höhle. Der herbeigerufene Bischof begab sich sofort mit vielen Schaulustigen zu der Höhle, wo sie die Übrigen bei bester Gesundheit und Verfassung antrafen. Vor diesem Wunder fielen alle auf die Knie, und sie priesen Gott und dankten ihm für die Rettung der Märtyrer aus den Händen des Christenverfolgers Decius. Als Kaiser Theodosius davon erfuhr, reiste er sofort nach Ephesos, um an dieser Totenauferstehung teilzunehmen.

Gott sah sein Werk vollbracht, und er versenkte die Sieben erneut in einen Schlaf, doch dieses Mal auf ewig. In und über die Grotte errichtete man eine Grabeskirche für die Sieben. Fortan wollten viele darinnen begraben sein, und so entstanden im Lauf der Zeit zahlreiche Gräber. Die Höhle wurde eine Wallfahrtsstätte, zu der Pilger von weit her strömten.

Als man ab 1926 begann, die Höhle auszugraben und zu untersuchen, fand man tatsächlich eine kuppelgekrönte Kirche, tonnengewölbte Nebenräume, Spuren von Fußbodenmosaiken, Fresken mit Heiligen an den Wänden und Decken sowie 700 Grabstätten. Das alles war über mehrere Stockwerke verteilt. Allerdings hatten Grabräuber im Lauf der Jahrhunderte die Gräber aufgebrochen. So begegnet man nur schwarzen Grabhöhlen. Hier hat die Auferstehung schon stattgefunden.

DIE ISA-BEY-MOSCHEE

Zu Füßen der Johannes-Basilika, die in Größe und Wirkung das heidnische Artemision übertrifft, errichtete 1375 der seldschukische Sultan Isa Bey I., Sohn des Mehmed Bey aus der Dynastie der Aydinoglu, eine Moschee. Von allen Sakralbauten Ephesos' ist sie das am besten erhaltene Bauwerk. Ihr Bautyp ist für die Gegend ungewöhnlich, er ist vor allem in Syrien be-

Isa-Bey-Moschee, Ephesos

heimatet. Ein aus überhohen Mauern gebildetes Rechteck umfasst einen Innenhof, der fast zwei Drittel des Gesamtareals beansprucht; der lediglich auf ein Drittel beschränkte eigentliche Moscheebau besteht aus einem einzigen Betsaal. Die typischen Ornamentformen der seldschukischen Baukunst – wie die Stalaktiten in den hohen Portalnischen – wurden später in die osmanische Bautradition aufgenommen.

1476 zogen die Osmanen unter Sultan Murat II. in Ephesos ein und die Stadt fiel in einen rund 500 Jahre andauernden Dornröschenschlaf; die Juwelen hellenistischer, römischer und byzantinischer Baukunst gerieten in Vergessenheit. Ein Zeuge von alldem ist der Burgberg mit der byzantinisch-seldschukischen Zitadelle. Ihre erhaltenen Türme und Mauern, verbunden mit der Stadtmauer und dem Tor der Verfolgung umgeben heute ein leeres Areal. Der Berg hat viel gesehen und erlebt. Könnte er sprechen, wir besäßen fürwahr eine der ehemaligen Weltstadt Ephesos ebenbürtige Weltchronik.

DIE LUSTIGE WITWE VON EPHESOS

Neros hochgebildeter und geistreiche Hofmarschall Petronius Arbiter (gest. 66 n. Chr.) erzählt in seinem Roman über die Zustände zur römischen Kaiserzeit *Satyricon* eine „wahre Begebenheit aus Ephesos", die sich wie folgt anhört:

Byzantinisch-seldschukische
Zitadelle, 11. Jh., Ephesos

Zu Ephesos lebte eine Matrone von so allgemein anerkannter Sittsamkeit, dass auch Frauen aus den Nachbarländern sie als ein Vorbild ehrfurchtsvoll betrachteten. Als diese nun ihren Mann bestattet hatte, war sie nicht damit zufrieden, in landläufiger Weise mit aufgelöstem Haare die Leiche begleitet oder vor den Augen des Publikums ihre entblößte Brust geschlagen zu haben, nein, sie folgte dem verblichenen Gatten auch in seine Gruft, setzte sich wie eine Wächterin neben den nach griechischer Sitte in einem Grabgewölbe beigesetzten Toten und beweinte ihn hier Tag und Nacht. Weder Eltern noch Verwandte waren imstande, die Tiefbetrübte wegzubringen; sie schien durch fortgesetztes Fasten den Tod sich geben zu wollen; zuletzt kamen noch die Behörden, auch sie mussten unverrichteter Sache wieder abziehen. Diese exemplarische und einzige Gattin, von allen tief beklagt, schleppte sich schon fünf Tage ohne Nahrung dahin. Zur Seite der gemütskranken Frau saß eine treue Magd; sie weinte mit der Trauernden und füllte die Lampe nach, sooft sie auszugehen drohte. In der ganzen Stadt wurde von nichts anderem gesprochen: die Männer aller Stände mussten gestehen, da sei einmal ein leuchtendes, einziges und wahres Beispiel der Sittsamkeit und Gattenliebe wie eine Sonne aufgegangen. Unterdessen ließ die Regierung jener Provinz ganz nahe an jener Gruft, worin die Matrone den Neuverblichenen beweinte, eingefangene Räuber ans Kreuz schlagen. In der darauffolgenden Nacht nun sah ein Soldat, dem die Bewachung der

Kreuze deshalb übertragen war, damit die Leichname der Räuber nicht etwa heimlich begraben würden, ein helles Licht aus den Grabmälern hervorschimmern; zugleich vernahm er Klagen und Weinen und, einer menschlichen Schwäche nachgebend, wünschte er zu erfahren, wer da sein möchte und was da getrieben werde. Er stieg also in die Gruft hinab, und als er plötzlich ein sehr schönes Weib erblickte, stand er betroffen still, als hätte er ein Gespenst oder einen Schatten aus der Unterwelt gesehen. Als er dann den Leichnam ausgestreckt da liegen sah und die Tränen und das von den Nägeln zerkratzte Gesicht der Matrone betrachtete, erriet er unschwer die wahre Lage der Dinge, nämlich dass die Gattin den Schmerz um den Verblichenen nicht zu ertragen vermöge.

Er holte nun seine bescheidene Mahlzeit herein und begann die Trauernde aufzufordern, einem unnützen Schmerze nicht nachzuhängen und sich nicht weiter abzuhärmen. Alle seien ja sterblich, alle gingen denselben Weg und so weiter, kurz, was man zu sagen pflegt, um Untröstliche zu trösten.

Jene aber, durch den ungewohnten Trost schmerzlich erschüttert, zerfleischte sich heftiger die Brust und streute ihre ausgerauften Haare über die Leiche aus. Der Soldat ließ sich indessen nicht abwendig machen, sondern versuchte, durch fortgesetztes Zureden der armen Frau die Nahrung beizubringen, bis die Magd, mutmaßlich durch den Duft des Weines verführt, selbst zuerst der Freundlichkeit des Einladenden die besiegte Hand entgegenhielt, dann, erfrischt durch Essen und Trinken, die Hartnäckigkeit der Gebieterin zu bestürmen begann, indem sie bemerkte: „Was wird es dir im Grunde nützen, dass du verhungert bist, wenn du dich schon lebend begräbst, wenn du vor dem Schicksalstage freiwillig dein Leben opferst? Glaubst du, die Toten kümmern sich um das? Kehre zurück zum Leben, lass ab von dem Wahne eines liebenden Frauenherzens und genieße, solange es dir noch gestattet ist, das schöne Sonnenlicht. Diese Leiche da selbst muss dich zum Leben auffordern!"

Wer zum Essen und zum Leben aufgefordert wird, hört niemals ungerne zu. So ging es auch unserer guten Frau. Das mehrtägige Fasten hatte sie gründlich trockengelegt, und so gab sie endlich nach und nahm nicht weniger gierig als die schon besiegte Magd die dargebotene Nahrung ein. Ich brauche euch nicht zu sagen, was den satten Menschen als das Schönste vorkommt. Dieselben Schmeichelreden, durch welche der Soldat die Matrone zur Lebenslust zurückgebracht, bestürmten nun auch ihre Keuschheit. Der Mann erschien der schamhaften Frau weder hässlich noch unberedt, die Magd half treulich nach und zitierte beiläufig den Vers: „Wie, du bekämpfst des eigenen Herzens Zug?" Genug, die Matrone schonte einen anderen Teil ihres Leibes so wenig als ihren Magen und unser Soldat gewann auch diese zweite Schlacht. So lagen sie beisammen nicht nur jene Nacht,

an der sie Hochzeit machten, sondern auch am zweiten und am
dritten Tage; die Türen des Grabgewölbes wurden selbstverständlich geschlossen, dass Bekannte und Unbekannte, die zum Grabe
pilgerten, glauben mussten, die keuscheste der Frauen sei über
der Leiche ihres Mannes bereits verschieden. Dem Soldaten
behagte die schöne Frau nicht weniger als die Heimlichkeit des
Abenteuers, er kaufte so viel gute Sachen zusammen, als die
Gelegenheit ihm bieten wollte, und trug sie mit einbrechender
Nacht hinein in seine Gruft. Die Familie eines der gekreuzigten
Räuber bemerkte unterdessen, dass die Wache lässig sei,
nahm den Leichnam nächtlicherweise vom Kreuze und erwies
ihm die letzte Ehre. Als nun der übertölpelte Soldat am folgenden
Tage eines der Kreuze leer fand, geriet er in Schrecken vor der
ihm drohenden schweren Strafe und erzählte das Geschehen
seiner Matrone. Er werde, fügte er bei, das Urteil nicht abwarten,
sondern seinen Leichtsinn mit dem eigenen Schwerte richten.
Sie solle ihm nur gestatten, sich hier zu entleiben, damit den
Gatten und den Freund ein und dasselbe Grab umfange.
Unsere Matrone aber war ebenso gefühlvoll als schamhaft:
„Das wollen die Götter nicht zugeben, dass ich zu derselben Zeit
den Doppelverlust meiner zwei teuersten Freunde zu beklagen
habe. Lieber will ich den Gestorbenen opfern, als den Lebenden
töten." Nach solcher Rede befahl sie, den Leichnam ihres Gatten
aus dem Sarge zu nehmen und ihn ans leere Kreuz zu schlagen.
Der Soldat benutzte gern die Erlaubnis der klugen Frau,
und tags darauf wunderte sich alles Volk, wie die Leiche an
das Kreuz gekommen sei.

ZISTERNEN

Dank der überwiegend gebirgigen Mittelmeerküsten der Türkei, in denen unzählige Quellen und Bächlein, ja sogar richtige Flüsse für eine üppige Vegetation sorgen, herrscht in diesen Gegenden kaum Wassermangel. Wenn allerdings in den glühend heißen Sommermonaten Temperaturen von über 45 Grad die Landschaft austrocknen lassen, haben zahlreiche Dorfgemeinschaften Schwierigkeiten, sich, ihre Tiere und Pflanzen ausreichend mit Wasser zu versorgen. Dann greifen sie noch heute auf das seit Jahrtausenden gepflegte und bewährte Zisternensystem zurück, mit dem sich Regenwasser auffangen und speichern lässt.

Das System des Wassersammelns ist eigentlich überall dasselbe. Eine tiefe, ausgehobene und gut abgedichtete Grube am Fuße eines geglätteten Hanges dient zum Auffangen des Regenwassers, das in der westlichen Türkei zur Regenzeit aber auch

Kuppelgewölbte Zisterne

während eines kräftigen Sommergewitters mehr als ausreichend herniederprasselt. Meistens rinnt das Wasser über ein System von Auffangbecken mit Überlaufrinnen in die Zisterne. In den Becken setzen sich Schmutz, Steine und Hölzer ab, sodass das Wasser klarer wird. Dennoch müssen die Zisternen ständig überwacht und peinlich sauber gehalten werden.

Einige Zisternen gleichen durch ihre Kuppelaufbauten kleinen Moscheen. Sie sind begehbar und enthalten im Innenraum ein tiefes Rundbecken, aus dem man das Wasser in kleine gemauerte Tröge schöpfen kann.

Recht seltsam hingegen muten die bei Bektas, unweit von Assos, gelegenen „Rundtische" an, die in ihrer Mitte eine nach oben offene, röhrenförmige Erhöhung aufweisen. Diese kleinen gemauerten Zisternen dienen nicht ausschließlich als Wasserreservoir, sondern sind auch als Vorratskammern für Lebensmittel wie Getreide, Bohnen, Zucker, Salz, Öl oder Honig verwendbar. Auch sie sind begehbar – allerdings bedarf es eines Seiles, an dem man sich in die Kammern herablässt. Die „Rundtische" selbst dienen als Arbeitsfläche und können zum Abstellen der Gefäße genutzt werden.

GLOSSAR

Akroterion Zierstück an Giebelspitze, Ecken und Relieftafeln des griechischen Tempels in Form von Blättern, Ranken und Figuren

Ambo Kanzel in frühchristlichen und romanischen Kirchen

Anten vorgezogene Seitenwände der Cella eines Antentempels, dadurch Entstehung einer Vorhalle

Antentempel Tempel mit Vorhalle, dabei stehen die Säulen der Vorhalle zwischen zwei vorgezogenen Seitenwänden (Anten)

Architrav von einer Säulen- oder Pfeilerreihe getragener Steinbalken mit meist horizontalen Schmuckformen

Cella innerster Raum des Tempels mit Götterbild, das Allerheiligste

Diadochen griech.: Nachfolger; Feldherren Alexanders d. Großen, die sich nach seinem Tod sein Reich teilten

Diakonikon ein in frühchristlichen Kirchen neben der Apsis gelegener Nebenraum für die Diakone und zum Aufbewahren von Kirchengeräten und Messgewändern

Dipteros Tempel mit doppelter Säulenstellung an den Seitenwänden

Doppelantentempel wie Antentempel, doch mit einer zweiten Vorhalle am hinteren Teil des Tempels (Opisthodomos)

Exedra halbkreisförmige Erweiterung eines Säulengangs an Tempelhöfen und -plätzen

Geison Kranzgesims des griechischen Tempels

Gurtbogen quer zur Längsachse verlaufender Verstärkungsbogen unter der Deckenwölbung

Kline Ruhebett (in der Antike)

Metopen quadratische Steinplatten, meist mit Relief, Teil des Tempelfrieses

Mihrab Gebetsnische in der Moschee

Minbar Kanzel in der Moschee

Mutulus Hängeplatte an der Unterseite des Geison

Narthex Vorhalle der frühchristlichen und byzantinischen Kirchen

Opisthodomos offener Raum hinter der Cella eines Doppel-antentempels

Peripteros griechischer Tempel mit ringsum laufender Säulenreihe

Peristyl einen Hof umgebende Säulenhalle

Pronaos Vorhalle der Cella eines Antentempels

Propylon Torbau eines griechischen Tempelbezirks

Prostylos Antentempel mit Vorhalle (Pronaos) und einer Säulenvorhalle

Prothesis ein in frühchristlichen Kirchen neben der Apsis, symmetrisch zum Diakonikon gelegener Nebenraum, dient zur Vorbereitung des Messopfers

Pseudodipteros Tempel mit Wandsäulen an den Außenseiten und umlaufendem Säulenkranz

Satrapie Statthalterschaft

Sima Traufrinne im griechischen Tempel

Spolien in späteren Bauten wieder verwendete Fragmente älterer Bauten

Stylobat oberste Stufe des Tempelunterbaus, Standfläche für die Säulen (dorischer Tempel)

Triglyphen griech.: Dreikerb; rechteckige, gekerbte Stein-platten im Gebälk eines dorischen Tempels

Tympanon Giebelfeld beim griechischen Tempel und über einem Portal

Zahnschnitt Fries unterhalb des Geison im griechischen Tempel, meist korinthischer Ordnung

THRAKIEN

SCHWARZES MEER

MARMARAMEER

Gelibolu
Kilitbahir
Lapseki
Erdek
Kyzikos
Abydos
Kanal von Canakkale
Kumkale
Biga
Bozca Ada
Troja
Kocabas
Odunluk
Neandreia
TROAS
MYSIEN
BITHYNIEN
Alexandreia-Troas
Ezine
Gülpinar
Ayvacik
▲ Kaz Daği
Chryse
Edremit
Behramkale Assos
Kücükkuyu

ÄOLIEN

Lesbos
Pergamon
Bergama
LYDIEN
Yenisakran
Kaikos
Köseler
Akhisar
Foca
Phokaia
Aigai
Marmara
Gölü
PHRYGIEN
Gediz Nehri
Manisa
Chios
Izmir (Smyrna)
▲ Manisa Daği
Bin Tepe
IONIEN
Kemalpasa
Sardis
Teos
Menderes
Karabel
Seferihisar
Kolophon
Alasehir
Klaros
Kücük Menderes
Notion
Belevi
Philadelphia
Samos
Selcuk
Ephesos
Magnesia
Mäander
Priene
Aphrodisias
Milet
Didyma
KARIEN

Kos
PISIDIEN

LYKIEN

Rhodos

ORTS- UND SACHVERZEICHNIS

Kursiv gedruckte Zahlen verweisen auf die Seiten mit den Abbildungen zu den entsprechenden Einträgen.

PERSONENVERZEICHNIS

Kursiv gedruckte Zahlen verweisen auf die Seiten mit den Abbildungen zu den entsprechenden Einträgen. Aufgenommen wurden Namen von Personen, mythischen Gestalten, Völkern.

BILDNACHWEIS

Belser Archiv: S. 17, 35, 45, 48, 49, 51, 77, 78, 93
Staatliche Museen zu Berlin Preußischer Kultur-
besitz, Antikensammlung (Fotograph: Jürgen Liepe):
S. 89, 90
Biblioteca Ambrosiana, Mailand: S. 41
Martin-von-Wagner Museum, Würzburg:
S. 96, 97, 98

Museè du Louvre, Paris: S. 116
Museo Nazionale, Neapel: S. 10, 36, 37, 66, 95, 108
Alle anderen Abbildungsvorlagen stammen vom
Autor, der in diesem Zusammenhang dem
türkischen Ministerium für Kultur und Tourismus
für seine Unterstützung und überaus gute Zusam-
menarbeit dankt.